Spark:

The Revolutionary New Science of Exercise and the Brain

運動改造大腦

活化憂鬱腦、預防失智腦，IQ和EQ大進步的關鍵

活化大腦4.0版

John J. Ratey, MD
約翰·瑞提醫師

Eric Hagerman
艾瑞克·海格曼

中央大學認知神經科學研究所教授
洪蘭
——審訂推薦——

目錄

推薦 讓孩子贏在體育課 洪蘭 4

推薦 藥補不如運動補 魏國珍 8

推薦 快站起來體驗IQ、EQ驚人的改變！ 張金郎 10

推薦 給頑固的頭腦一次機會 蔡淳娟 12

引言 重新建立身心連結 14

1 **歡迎加入革命** 一則關於運動和大腦的個案研究 22

2 **學習** 增長你的腦細胞 50

3 **壓力** 最艱鉅的挑戰 74

4 **焦慮** 沒什麼好恐慌的 104

5 **憂鬱** 讓心情起飛 133

6 **注意力缺失** 遠離分心障礙 163

7 **成癮** 拿回自己的主導權 190

8 **荷爾蒙變化** 對女性大腦健康的影響 215

9 **老化** 一條智慧之道 241

10 **訓練計畫** 塑造你的大腦 269

後記 讓靈光繼續綻放 292

名詞解釋 294

推薦——

讓孩子贏在體育課

洪蘭

人在冷氣房坐久了，常會忘記自己是動物，需要動一動。每天出門坐車、茶來伸手、飯來張口、食不厭精，結果年紀輕輕心臟病、高血壓、糖尿病等都上身了，難怪演化學者把這些毛病叫「富貴病」或「文明病」。我們的祖先沒聽說過這些病，窮人家得這些病的也少，《紅樓夢》中賈母見到劉姥姥年歲比她大，但是身子硬朗、牙齒也咬得動、走路也走得動，很是羨慕，劉姥姥說莊稼人不做就沒得吃，我們是想吃白麵吃不到呢！每天吃粗糧，牙齒不好怎麼吃得動？每天拿鋤頭，身子不好怎麼拿得動？所以人其實要動，身體才會健康。

我們的祖先一天至少走十二公里去覓食，吃的是採集來的自然食物，所以他們的排泄循環都沒問題。有次黃春明到我的學校演講，他說科學家要有觀察力和推理能力，便問學生：「為什麼貓狗上完廁所不必擦屁股？」學生都呆住，回答不出來。黃春明說：「因為牠們沒有吃精緻的人工添加物，每天四條腿跑路，沒有汽車坐，如果人像動物這樣，也不必用草紙。」同學哈哈大笑之餘，卻沒有人去想這是非常有道理的，人只有歸真返璞才會終生不辱。

這本書講的都是跟我們身心健康息息相關的知識，而且都有科學的證據，非常有說服力。原書的副標題是：「革命性的運動大腦新科學」（The Revolutionary New Science of Exercise and Brain），它真的是革命性的新觀念，我們一般都不重視運動，體育課都是被借去上數學課、英文課，但是這本書告訴我們，運動對學習很有幫助，體育課不但不該被借，還應該借別的課來上體育才對。

我們在運動時會產生多巴胺（dopamine）、血清素（serotonin）和正腎上腺素（norepinephrine），這三種神經傳導物質都和學習有關。多巴胺是正向的情緒物質，人要快樂，大腦中一定要有多巴胺，我們的快樂中心伏隔核（nucleus accumbens）裡都是多巴胺的受體。我們看到運動完的人心情都愉快，打完球的孩子精神都亢奮，脾氣都很好。血清素跟我們的情緒和記憶有直接的關聯，很多抗憂鬱症的藥都是阻擋大腦中血清素的回收，使大腦中的血清素多一點；正腎上腺素跟注意力有直接的關係，它在面對敵人決定該戰或逃時分泌得最多。

有個實驗清楚說明了運動跟學習的關係：芝加哥附近有一所中學實施「零時體育課」（Zero Hour PE），就是還沒正式上課之前，先叫學生來學校運動，要運動到達到最大心跳率或最大攝氧量（氧消耗值）的七〇％。一開始時家長都反對，孩子本來就爬不起來上學了，再去跑幾圈操場豈不一進教室就打瞌睡？結果發現正好相反，運動完的孩子多巴胺多了，脾氣好了，在課堂吵架、打架的次數少了，老師不必一直喊「安靜，不要吵」，上課的氣氛就好了；血清素出來，記憶力增加了，學習的效果好了，正腎上腺素使孩子的專注力增強，所以上課專心，記得快、學得好，學生的表現就提升了，自信心與自尊心也出來了。他們還做了一個實驗，將學生最不喜歡、最頭痛的課，例如數學，排在上午第二節課上或下午第八節課上，結果發現上午那組的學習成果比較好，好到兩倍以上。因為上午第二節課運動完的神經傳導物質還在大腦裡，但是到下午時就已經消耗殆盡了。這些數據開始讓美國的父母看到運動對孩子學習和行為的幫助，就不再反對零時體育課了。現在美國學校推動每天都要有一堂體育課，對我們國三和高三每天要考試的學生來說，一天更是應該要有兩堂體育課，以紓解他們的壓力，增加他們的學習效果。

台灣南部有個收容精神病患者的「龍發堂」，曾讓精神病患套上腳鐐，帶去外面墾荒種菜。當時這麼做，並不知道背後的理由，只是從經驗上知道這樣做對病人有效，後來杜克大學（Duke University）的研究者發現，如果能使憂鬱症的病人走出家門去運動，他們大腦所產生的多巴胺、血清素等神經傳導物質效果跟吃「百憂解」一樣的好，所以杜克大學開始推行病人要運動。作者說得對，吃藥和運動是相輔相成的治療方式，運動的好處在操之在己、持之以恆，病情就會減輕，給病人一種自我操控的良好感覺，這種感覺帶回他對自己的信心，這個正向作用比吃任何藥都好。

運動甚至對注意力缺失和過動兒（ADHD）來說，都是非常好的自我控制良藥，因為目前醫生給ADHD患者所開的「利他能」（Ritalin）其實就是在增進大腦中的多巴胺，如果運動本身就會分泌多巴胺，為何不用大腦自己本身的多巴胺呢？自己分泌的對大腦沒有傷害，外來的現在已知會傷害伏隔核（對這方面有興趣的讀者可參閱《浮萍男孩》〔*Boys Adrift*〕，遠流出版），許多第一線的治療師都發現武術、體操等需要大量注意力的運動對ADHD的孩子非常有幫助，因為這些運動需要全神貫注，而且武術、體操比枯燥的跑步機有趣的多，孩子比較會持續練下去。任何運動都需要持之以恆，每天做，效果才會出來。

二〇〇三年我到德國開預防老化的神經學會，在會中看到瑞典的研究者追蹤七十五到九十五歲老人的大腦活動，發現他們只要每天運動四十五分鐘，大腦白質（神經纖維）的下降率就馬上改善許多。運動跟大腦有直接的關聯，它會增加我們大腦中新的微血管的生成，製造胰島素生長因子，減少糖尿病的風險，增進心理健康和大腦認知能力。在所有的醫學理論中，預防都是勝於治療，與其每年花那麼多錢去治療如憂鬱症、老人痴呆症等慢性疾病，不如讓每個社區有溫水游泳池、每個學校有體育館。或許全民每天都運動時，大家的情緒都會好起來，立法院就不會打架了。

（本文作者為中央大學認知神經科學研究所教授）

推薦——藥補不如運動補

魏國珍

你今天快樂嗎？

不論答案快樂與否，快樂在神經生理上，是由許多神經傳導物質間的交互作用所決定的，某些毒品能改變腦內神經傳導物質的相對比例，進而誘發令人難以戒斷的欣喜感，而治療憂鬱症等精神疾病的藥物，也是相同的原理。若有不用吃藥，就能解決憂鬱、失眠等問題，還能增加學習效能的方法，您願意試試嗎？

很簡單，那就是運動。

在本書中，瑞提醫師根據許多臨床或教育的實證，以及神經生理學的基礎研究，提出運動可以加強大腦的功能，匡正病態的思想，甚至對於一些被認為是正常的腦部老化現象，有治療的效果。

別懷疑，就是這麼簡單。

還記得上次生病，醫師除了開藥之外，有沒有鼓勵您要多運動？也許您覺得這是老生常談，還是將它當作耳邊風。然而運動早已被證實可改善糖尿病、高血脂症等慢性疾病；腦部手術後的患者，若能盡早接受復健治療，不僅肢體運動的恢復較佳，其神經與精神復原的速度及狀況，也遠優於只靜待身體自行癒合的人；甚至已在癌症患者身上證實，適度的運動已被證實能改善生活品質，也能增加存活率。運動對身體有這麼多不可思議的幫助，為什麼要懷疑運動無法改善精神方面的問題呢？

食補、藥補，不如「運動補」。除了一般所謂西醫之外，各國都有所謂的「另類治療」(alternative medicine)，來處理西醫無法治療的問題。本書舉出許多實例，原本都該是另類治療的掛號者，然而在運動之後，許多問題竟都不藥而癒。勝於坊間只能舉例證明的另類療法，書中更有許多大規模的臨床研究數據來支持作者的論點，若您周遭的親朋好友，甚或是您自己有書中所述的問題，別吝於嘗試這不用花錢、又不會擔心有副作用的治療方法：運動。

如果您被書中充斥的專有名詞嚇得有點退卻的話，那就直接讀最後一章吧。如果您能仔細讀完本書，那您會發現本書的論點，對於視從叢林生活改變到辦公室謀生為進化、腦部只需無止境填充知識的現代人來說，無疑是重大的思維衝擊。

（本文作者為新北市立土城醫院副院長‧腦神經外科醫師）

推薦——

快站起來體驗IQ、EQ驚人的改變！

張金郎

「四肢發達，頭腦簡單」似乎是一般人對體育運動愛好者所下的注解。閱讀本書，將讓您重新定義運動這件事：適當運動不但讓四肢活躍，還能讓頭腦更靈光！

我投入體適能教學逾十年，閱讀無數運動相關書籍及研究報告，大多著墨於運動引起的生理變化與促進之身心健康，本書是唯一針對運動能夠提升智商並改善情緒之完整研究報告！

書中提及之各項案例絕非單一事件或個別差異，乃透過多數的科學性實驗對照，佐證運動不僅能雕塑身形，也能改造大腦，同時進行心理的再建設！

讀了本書，您絕對能夠深入了解為何運動不但能提升學習能力，還能釋放壓力、避免焦慮和憂鬱，更能減緩老化、遠離身心障礙！

身為健身教練，早已切身體會以上的驚人效益，只是苦於沒有相關論述能有力說服一般大眾加入運動的行列，一同感受這些好處及改變！台灣以升學為導向的學校教育及社會普遍學歷至上的偏差價值觀，已讓體育及身體活動屏除於正規課程及工作生活之外；殊不知身體要動，學習才能更為專注，工作更有效率！而現今文明生活帶來的緊張及情緒上之低落，以及金融風暴造成的創傷壓力症候群，讓執政當局束手無策，在下位者苦無藥可醫，又怎知本書提及遠離焦慮及憂鬱之良方，就是運動！

這本書，不僅教育學者、政府官員、為人父母者要看，每一位身為人的單一個體皆應拜讀，並親身投入運動，體驗這些驚人的改變！

（本文作者為台灣體適能發展協會總培訓師）

推薦——

給頑固的頭腦一次機會

蔡淳娟

這是個滿「宅」的時代，電腦網路滲透摩登生活的每一時刻，人們五體不動，就能解決日常所需，讓人從心理到生理層面都出現許多毛病。然而，眾多宅男宅女仍緊抓著宅居的理由，成為社會的一大損失。

本書作者以強有力的證據，加上貼切的實例，很能説服讀者體認運動的重要與功效，再給頑固的頭腦一次機會，讓運動先騙一下大腦，大腦就會產生變化，我們就能活出健康快樂的人生，這是一本值得推薦給每一位現代人的好書。

（本文作者為高雄醫學大學醫學院教授・高雄醫學大學附設醫院小兒科主治醫師）

獻給肯尼士・庫柏❶、卡爾・卡特曼❷以及菲爾・勞勒❸
這三位革命先進，沒有他們，就沒有這本書。

為了讓人類擁有成功的生活，神提供了兩種管道：教育與運動。它們不僅是分離的（一個為了心靈，一個為了肉體），也是並行的。透過這兩種管道，人類便能臻至完美。

——柏拉圖

❶ Kenneth Cooper，有氧運動發明人。
❷ Carl Cotman，美國國家老化研究所所長，阿茲海默症權威。
❸ Phil Lawler，新體育課程發起人。

引言：重新建立身心連結

我們都知道運動能讓人心情愉快，但大部分的人並不明白為什麼會這樣，我們頂多推測那是因為自己在釋放壓力、減少肌肉緊繃或者刺激腦內啡的分泌，然後就不再深究下去了。事實上，我們之所以在熱血活絡之際感到愉快，是因為運動讓大腦進入了最佳的運作狀態，而且就我的觀點來看，這遠比它為身體帶來的好處更重要，也更令人驚奇，塑造肌肉和調節心肺機能基本上只是附加效益。我常告訴病患，運動的重點在於塑造和調節自己的大腦。

人類生來就要動

在今日這個科技導向、以電漿電視為收視媒介的世界，我們很容易忘記自己是天生的行動者——老實說就是「動物」，因為我們已經透過各種精心設計，把行動屏除在生活之外；諷刺的是，人類在建構這樣一個跟動物天性背道而馳的社會所用到的想像、計畫與創造力，其實是來自掌管運動的大腦區域。隨著過去五十萬年來人類不斷適應變化無常的生存環境，我們的大腦也從動作技能的磨練需求中逐漸演化，那些以漁獵採集維生的老祖先看起來或許像是憑蠻力過活的鄙野之人，但為了長久生存，他們也必須運用自身的聰明才智尋找和儲藏食物。因此，食物、體力活動與學習之間的關聯，是深深烙印在大腦迴路裡的。

然而，我們再也不必打獵和採集，於是問題就來了，多坐少動的現代生活不僅扭曲了我們身為動物的天性，也對我們的生存形成巨大的威脅，隨便舉個例子都可以證明這點：六五％的美國成年人有過重或肥胖的問題，一〇％的美國人患有第二型糖尿病——因缺乏運動或營養不足造成的可預防的有害疾病。第二型糖尿病過去幾乎是中年人的專利，但現在就連兒童也成了好發族群，說我們正在殺死自己真的一點都不為過，而且這不但是美國人最普遍的生活模式，也是所有已開發國家共同面臨的問題。更令人感到不安、也沒有人願意承認的是，這種**缺乏運動的生活模式正在殺死我們的大腦，讓它退化萎縮**。

身、心、大腦的生物關聯

西方文化普遍將身心視為分離的實體，而我想做的，就是把身心重新連結在一起。

我對身心關聯性這個問題著迷已久，一九八四年我在哈佛大學對醫界同儕發表的最早一場演講，就是以「身體與精神病學」為題，主要在談我在麻塞諸塞州立醫療系統當住院醫師時，偶然發現的一種對身體和大腦都能發揮作用的新型抗攻擊（aggression）藥物治療法。基於跟最棘手的精神病患接觸的經驗，我開始深入研究透過身體影響心理的方法；直到現在，這趟旅程依然精采無比，雖然尚在進行中，我想也到了該向外界傳遞這項訊息的時候，因為光是過去五年來神經科學家所得到的新發現，就足以勾勒出一幅迷人的身、心與大腦的生物關係圖像。

我們的身體要努力工作，才能讓大腦保持在最佳狀態。我將在本書中說明身體活動如何影響我們的思考與感覺，並從科學的角度解釋運動如何建構大腦的學習機制，如何改善情緒、焦慮與注意力，如何抵擋壓力、逆轉某些老化現象，以及幫助女性克服時而狂躁難安的更年期症候群。我不是在談什麼虛幻的理論，甚至不是在談理論，這些都是看得見的改變，都是經過白老鼠實驗、並在人們身上得到印證的事實。

我們已經知道運動能促進血清素、正腎上腺素和多巴胺（傳遞思考與感覺訊號的重要神經傳導物質）的分泌。你或許聽過血清素，也許知道憂鬱症跟血清素不足有關，但即使是我遇到的精神病專家裡面，有許多對運動對大腦造成的影響仍舊一知半解。他們不曉得過大的精神壓力會破壞數十億個腦神經細胞之間的連結，不曉得慢性憂鬱症會讓某些腦部區域萎縮，當然也不曉得運動可以釋放一連串能逆轉這些過程的神經化學物質和生長因子，從實質上鞏固腦部結構。其實大腦跟肌肉一樣，用則進，廢則退，腦神經元靠著位於「樹枝」結構上的「葉子」相連，而**運動能刺激樹枝增長，冒出新的葉芽，從根本上強化大腦的功能**。

雖然神經科學家才剛開始研究運動對腦細胞**內部**（也就是基因內部）所造成的影響，但即使在此處，也就是我們生物機制的源頭，他們也發現了身體能影響心理的跡象。原來我們在活動肌肉時，會製造出某些蛋白質，隨著血液進入腦部，然後在最高思考機制裡扮演關鍵角色，包括「第一型類胰島素生長因子」（IGF-1）和「血管內皮生長因子」（VEGF）在內的蛋白質，也讓我們對身心關聯性有了全新的見解。直到最近幾年，神經科學家才開始對這些因子的性質與作用有所了解，每一項新發現都為整個圖像增添了驚奇而具啟發性的深度。雖然我們還不是很了解發生在大腦這個微環境裡的事，但我想目前確知的部分已經足以改變人們的生活，甚至整個社會。

運動能促進神經連結

為什麼你應該關心你的腦子的運作方式？很簡單，因為它主宰了一切。就拿此刻來說，你大腦的前半部正把你讀的東西用訊號發射出去，你能吸收多少內容，也跟腦部是否有適量的神經化學物質與生長因子可以把神經元連結起來有很大的關係。運動能對這些重要成分發揮明顯且證據確鑿的效果，它會為你做好準備。當你坐下來學習新的事物，那些刺激就會強化相關的神經連結，透過不斷練習，你的大腦迴路會為你設下定義，就跟你在雜草叢生的森林裡踩出一條小路一樣。我在書裡提到的所有問題，都跟這種建立神經連結的重要性有關。比方說為了克服焦慮，你要做的就是另闢蹊徑，讓被你踩得光禿禿的小路能休養生息，藉由了解身體與大腦之間的這層互動關係，你可以掌控局面、處理問題，心情也會跟著緩和下來。假如今天早上你做了半小時的運動，就能以最佳的心理狀態安穩地坐著，專心閱讀這段文字，你的大腦也更容易記住書裡的內容。

過去這二十年來我寫的每篇文章，都以教導人們認識自己的大腦為宗旨。當你具備了大腦方面的知識，你的人生就會變得不一樣。如果你知道某些情緒問題其實有其生物基礎，你的罪惡感會減輕許多；此外，當你明白自己有能力影響那個生物基礎，就不會感到孤立無援。這也是我一直向病患反覆強調的一點，大家普遍把大腦想成一個在象牙塔裡發號施令、難以接近的神祕指揮官，完全不是這樣的，運動可以打破那些藩籬。我希望在你明瞭運動對大腦有多麼大的助益之後，能自然而然地將它融入生活，而不是把它視為一件**應該**做的事；當然，你應該運動，但我不會在這裡對你說教——恐怕也沒什麼用：根據白老鼠實驗顯示，被迫運動無法像自主運動一樣有效。如果你能時常對自己說運動是你**想要**做的事，那麼你就踏上了一條通往不一樣未來的道路：讓你不只是活著，而是活得更好。

本世紀暢銷新藥丸

二〇〇〇年十月杜克大學（Duke University）的醫療研究人員登上了《紐約時報》（*New York Times*）的版面，因為他們做了一項研究，發現運動比sertraline（商品名為樂復得〔Zoloft〕，一種抗憂鬱藥物）更適合治療憂鬱症，這是多麼棒的消息啊！如果運動能以藥丸的形式問世，肯定會成為《紐約時報》的大頭條，被譽為本世紀的暢銷藥物。

我在書裡會陸續介紹像這樣浮上檯面、結果又消聲匿跡的例子，希望能拼湊出故事的完整面貌。美國國家廣播公司世界新聞（ABC World News）報導過，運動有可能防止大鼠罹患阿茲海默症；肥胖危機持續蔓延的統計數據曾經快速閃過CNN的畫面；《紐約時報》做過一項調查，發現用來治療躁鬱症兒童的昂貴藥物不但只能勉強發揮少許效果，還會帶來可怕的副作用。這些報導卻沒有提到，那些看似毫不相干的消息其實都連結在同一個生物基礎上，而我即將藉由探索一些尚未公諸於世的新研究報告，對這個部分做出解釋。

在本書中，我將以淺顯的語言介紹結合運動與大腦的啟發性新科學，並說明它如何在人們的現實生活中發生作用。我想強化一種觀念：**運動可以對心理健康和認知能力產生深遠的影響。運動可說是治療多數精神疾病的最佳處方之一**。

我已經在病患和朋友身上親眼見證了這點，並獲得其中幾位的同意，在書中分享他們的故事。不過遠在我的辦公室之外、位於芝加哥近郊的一個學區，我還發現了一樁模範案例，能讓我們看到這個新研究的脈絡如何交織在一項革命性的體育計畫裡。在美國伊利諾州的內帕維市（Naperville），體育課已經把一萬九千名學生改造成幾乎是全國最健康的一群學生，一個班級裡只有三％的人過胖，遠低於全國學童的平均值（三〇％）；但更令人目瞪口呆的是，這個新體育計畫還讓他們成為全國最聰明的學生之一。一九九九年，來自世界各國的二十三萬名學生參加了一項名為「國際數學與科學教育成就趨勢調查」（TIMSS）的國際性標準化測驗，內帕維市的八年級生也參加了。美國近年來在數、理兩大學科上的表現始終落後中國、日本和新加坡，內帕維市卻創下特例，這裡的學生在TIMSS測驗中拿下科學排名世界第一、數學排名世界第六的優異成績。當政治人物與學者專家提出嚴重的警告，表示美國教育已經陷入危機，學生也缺乏良好條件可以戰勝今日科技導向的競爭環境時，內帕維市為我們捎來了天大的好消息。

我已經有幾十年沒見過像內帕維市體育計畫這樣令人振奮的事了，就在我們耳邊不斷傳來青少年過胖、缺乏學習意願、學業表現落後等壞消息時，這個例子給了我們一絲希望。在第一章，我將帶你到內帕維市，觸動我寫下這本書的那道靈光就來自這裡。

1 歡迎加入革命

一則關於運動和大腦的個案研究

在芝加哥西邊一塊略微突起的土地上，矗立著一棟磚造建築：內帕維中央高級中學（Naperville Central High School）。那兒的地下室裡藏著一間低矮無窗、擺滿跑步機與健身車的房間。這裡原本是學生餐廳，因為早已不敷使用，後來便成為學校的「心肺訓練室」。現在是早上七點十分，對一小群斜靠在運動器材上、睡眼惺忪的高一新生來說，這代表上體育課的時間到了。

一位身材修長，名叫尼爾・鄧肯（Neil Duncan）的體育老師，開始宣布今天早上的訓練內容：「好，做完暖身運動以後，我們要去跑操場。」他邊說邊拿出一只黑色小背包，裡頭裝滿傳輸胸帶和電子錶（就是渴望進步的運動員在進行訓練時，用來測量體力的那種心跳監測器）。「你每跑完一圈，就按一下**紅色**按鈕，這麼**做**的用意是讓你有個**區別**，讓你知道這是你第一圈、第二圈、第三圈的速度。等你跑完第四圈，也就是最後一圈以後，你就按一下**藍色**按鈕，知道了嗎？」他停頓了一下，掃視眼前這群無精打采的學生：「如果方法對的話，你的速度不會變慢——按鈕後你的錶就會停下來。你的目標是跑出最好的成績，還有，你的平均心跳率應該超過一八五下。」

這群高一新生魚貫從鄧肯老師面前經過，拖著沉重的腳步上樓，推開厚重的金屬門，在冷冽的十月早晨和雲朵斑駁的天空下三三兩兩地踏上跑道。完美得不得了的改革條件。

革命性的「零時體育計畫」

這不是傳統的體育課，它叫做「零時體育計畫」（Zero Hour PE，「零時」指的是第一節尚未開始前的時段），是由一群長期進行教育實驗、思想獨特的體育老師推動的最新課程。在他們的努力下，內帕維市二〇三學區的一萬九千名學生已經被改造成全國最健康的一群學生，同時也是最聰明的學生之一。零時計畫實施的目的，在於確認晨間運動對提升孩子的閱讀和其他學科能力是否有幫助。

說它可能有幫助，是因為有研究佐證，身體活動能觸發一系列促使腦細胞產生連繫的生物變化。大腦要學習，這些連繫就必須存在，它們反映了大腦適應挑戰的基本能力。神經科學家對這個過程發現得愈多，就愈清楚一件事：**運動可以為大腦提供獨一無二的刺激，它能創造一個讓大腦有準備、有意願並有能力去學習的環境。比如有氧運動就具有明顯的調適功能，可以調節失衡的系統、強化正常的系統，是任何希望把所有潛能發揮出來的人不可或缺的工具。**

在跑道上，滿臉雀斑、戴著眼鏡的鄧肯老師正盯著學生跑操場。

「我的錶沒在動！」一位男同學慢跑經過時對他說。

「**紅色**按鈕！」鄧肯老師喊道。「按**紅色**按鈕！等你跑完以後再按**藍色**按鈕！」

兩個女生，蜜雪兒和克莉西，肩並肩拖著腳跑過去。一個穿著滑板鞋而且沒繫鞋帶的學生，在跑完操場後繳回他的電子錶，上面顯示著八分三十二秒。

接下來是一個穿著鬆垮休閒短褲、身材又高又壯的男同學。

「道格，讓我們看看，」鄧肯說，「你花了多少時間？」

「九分。」

「九分鐘整嗎？」

「對。」

「很好。」

當蜜雪兒和克莉西終於輕鬆悠閒地歸隊，鄧肯詢問她們時間時，蜜雪兒的錶還在跑，顯然她並沒有按下藍色按鈕，不過克莉西有，而且兩人花的時間相同，所以她舉起克莉西的手腕給鄧肯老師看。「十分十二秒。」鄧肯說。一邊把數字記錄在寫字夾板上，但他沒說的是：「看樣子妳們兩個真的很會打混！」

事實上她們並沒有。鄧肯把蜜雪兒的心跳率下載到電腦時，發現蜜雪兒在那十分鐘的平均心跳率是一九一下——即使是訓練有素的運動員，也要全力以赴才能達到，所以她那天得了個A。

這些志願參加零時計畫，而且需要上一堂讀寫加強課以提升閱讀水準的高一新生，所受的運動訓練比其他上體育課的同學更加吃重，他們必須持續達到自己最大心跳率的八到九成。

「我們其實是透過嚴格的運動訓練，幫他們做好學習上的準備。」鄧肯說。「基本上，我們先讓他們進入高度覺醒的狀態，再把他們送進教室上課。」

對於成為鄧肯老師的白老鼠，學生們又有什麼感覺？

「我想還不錯吧，」蜜雪兒說，「除了每天必須早起、流一身臭汗，我覺得自己的頭腦變得比較清楚了，我是說，去年我動不動就亂發脾氣。」

除了情緒獲得改善，蜜雪兒也即將發現，自己的閱讀能力有很大的進步，其他參與零時計畫的同學也一樣：這個學期結束時，這些學生的閱讀理解能力比剛開始高出一七%，其他習慣晚起並且上正常體育課的英文課學生，則進步了十．七%。

因為結果太令人滿意了，校方決定把零時計畫納入正式課程，訂為第一節的「學習準備體育課」（Learning Readiness PE），並繼續進行實驗，把讀寫加強班的學生分為兩班，一班在第二節上，也就是運動效果還很明顯的時段，一班等到第八節再上。結果就跟預期的一樣，第二節讀寫加強班的表現最好。這個計畫後來把高一以外所有需要加強閱讀能力的在校生都列為實施對象，指導顧問也建議全校學生都應該在上完體育課後，接著上他們最頭痛的學科，以便充分發揮運動帶來的成效。

這確實是一個我們可以從中學習的革命性新觀念。

運動的成果轉化成傑出的學習成就

從內帕維市二〇三學區獨特的體育教學方式所發展出來的零時計畫，不僅吸引了全美國的目光，也成為任何讀到這裡的人不可能辨認不出來的體育新典範。在這裡，學生不再成為躲避球鎖定的目標，不再因為沒有淋浴而被當掉，也不再活在最後一個被選上的恐懼裡。

基本上，內帕維市二〇三學區的體育課不是在教運動，而是在教體適能（fitness），它背後的理念是，如果體育課能教會孩子監測及維持自己的健康，他們將會一輩子受用，或許還能享有更長久、快樂的人生。這裡教的其實是一種生活形態，學生正在培養他們的健康習慣、技能與樂趣，並認識身體的運作方式；內帕維市的體育老師也正透過各式各樣有趣的活動，開啟學生的新視野，讓孩子愛上運動，而非一天到晚坐在電視機前——這真是再重要也不過了。尤其是統計指出，經常運動的孩子，長大後很可能會繼續保持這種習慣。

不過最早吸引我注意的，是這個新體育課程對孩子的學業造成的影響。這個計畫至今實施了十七年，成效也開始展現在一些出人意料的地方，那就是教室裡。

內帕維市二〇三學區的學業表現經常排名在伊利諾州前十名之內，這絕非偶然，儘管他們花在每個學生身上的錢（被教育工作者視為成敗與否的關鍵指標）比同州的其他頂尖公立學校少了很多。本學區共有十四所小學、五所初中和兩所高中❶，為了做比較，我們就來看看零時計畫的發源地：內帕維中央高中。內帕維中央高中二〇〇五年的學生單位經費支出是每人八、九三九美元，而溫內特卡鎮（Winnetka）的新特里爾高中（New Trier High School）卻高達一五、四〇三美元。新特里爾高中畢業生的ACT成績（美國大學入學考試成績）平均比內帕維中央高中多兩分（二六．八分），但在強制所有學生、而非只有畢業生參加的州測驗裡，他們的學科總成績遠遜於內帕維中央高中。二〇〇五年內帕維中央高中畢業生的ACT總分是二四．八，明顯超越了全州的平均分數二〇．三。

但這些測驗都不如「國際數學與科學教育成就趨勢調查」（TIMSS）更足以說明一切。這是一項用於評比世界各國學生數理知識水準的標準化測驗，正是這個測驗，讓《紐約時報》社論撰寫人及《世界是平的》作者佛里曼（Thomas Friedman）禁不住感嘆新加坡學生「正在吃我們的午餐」。佛里曼指出，美國與亞洲之間的教育差距正在拉大，有些亞洲國家幾乎有半數學生能拿到高分，但美國學生只有七％可以達到這個標準。

TIMSS自一九九五年起就固定每四年舉辦一次，一九九九年總共有來自三十八國、二十三萬名學生參加，其中有五萬九千名是美國學生。當新特里爾高中與其他十八所來自芝加哥北岸（North Shore）這個富庶地區的學校，共同組成聯盟參賽時（可以掩飾個別學校的成績），內帕維市二〇三學區卻選擇獨立報名，以得知自家學生的國際水準。內帕維學區有九七％左右的八年級生參加了這項測

❶譯注：Naperville Central High School與Naperville North High School。

驗——不只是成績最好、最聰明的學生參加而已。結果他們的表現如何？**在TIMSS的科學項目裡，內帕維學區拿到世界第一，贏過新加坡和北岸聯盟；在數學項目，內帕維僅次於新加坡、南韓、台灣、香港和日本，排名第六。**

就整體表現來說，美國學生的世界排名是科學第十八、數學第十九，而在這兩個學科中墊底的分別是澤西市和邁阿密市的學區。「我們的學區落差真的很大，」TIMSS的共同負責人伊娜．穆里斯（Ina Mullis）說道：「慶幸的是，我們至少還有內帕維——這證明我們是辦得到的。」

我不敢說內帕維市的孩子之所以聰明過人，全是因為他們參加了一項特別的體育計畫，還有很多因素促成了這個學術成就，更確切地說，內帕維市二〇三學區是個有人口優勢的學區：八三％是白人，低收入人口僅占二．六％，遠低於整個伊利諾州的四〇％，學區內兩所高中的畢業率高達九七％，而且鎮上有多家頂尖的科技機構進駐，包括阿岡國家實驗室（Argonne）、費米國家實驗室（Fermilab）和朗訊科技（Lucent Technologies）。這表示許多內帕維市孩子的父母都具有很高的教育程度，無論從環境或基因條件來看，情勢都對內帕維市有利。

不過當我們把目光放在內帕維學區時，確實可以發現兩個因素相當突出：獨特的體育教學方式與學業成績，而兩者之間的相關性實在有意思到很難讓人不列入考慮，也吸引我不得不走一趟內帕維市，親眼看看那裡發生的事。很久以前我就注意到TIMSS以及它如何點破美國公立教育的失敗，但內帕維市二〇三學區卻征服了這項測驗，為什麼？內帕維市並不是這個國家唯一擁有高教育程度父母的富庶郊區，而且在其他實施內帕維式體育課的貧窮學區裡，例如之後我會介紹的賓州土泰斯維市（Titusville），學生的課業成績也有顯著的改善。我所堅信的以及內帕維吸引我的，是他們對體適能的重視確實在學生的學業成就上扮演關鍵性角色。

「體適能教主」：救救孩子，盡全力比跑得快重要

就像所有的改革，內帕維市的改革也是源於一半的理想主義和一半的生存考量。一九九〇年，一位深具遠見的初中體育老師菲爾・勞勒（Phil Lawler）在報上讀到一篇美國兒童健康狀況每況愈下的報導，便在校園裡推動體育革命。

「報上說孩子的健康變差是因為活動量不夠，」五十多歲，戴著無框眼鏡，穿著卡其色服裝和白色慢跑鞋的勞勒回憶道，「這年頭，沒有人不曉得肥胖是美國的流行病，」他繼續說：「但十七年前你拿起報紙，這種報導是很少見的，我們都說自己天天跟孩子在一起，難道我們沒辦法改善他們的健康嗎？我心想，如果這是我們自己的事業，我們很快就會破產了。」

勞勒老早就覺得自己的職業不受重視，很多學校已經在縮減體育課時數，現在又看到這種報導！在大學當過棒球投手卻無緣進入大聯盟的勞勒，原本是個正直的業務員和天生的領導者，後來因為想繼續接觸運動，便選擇當體育老師，除了在二〇三學區的麥迪遜初級中學（Madison Junior High School）教體育，他也是內帕維中央高中的棒球教練與二〇三學區的體育召集人；然而即使擁有這些值得尊敬的職位，有時候他也不得不承認自己只是在討生活而已。所以當他讀到那篇報導，似乎

也在裡面看到一個機會——一個可以讓自己的職業重要起來的機會。

勞勒跟他在麥迪遜的同事將體育課做了一番檢視，結果看到很多「無活動」狀態，而這正是團體運動的本質：等待輪流揮棒、等待開球、等待足球跑來自己面前，大部分的孩子多半都只是晾在那裡而已。所以勞勒決定把重點轉移到心肺適能（cardiovascular fitness）的訓練上，並且開始實行一項激進的新政策：要孩子在每週的體育課時跑操場，每週都要！結果勞勒的決定引來學生的哀嚎、家長的抱怨，還有醫師的警告。

但他並不退縮，他很快就注意到現有的評分標準會打擊跑得最慢的學生，為了讓這些非運動健將有機會得高分，體育組添購了數部Schwinn牌Airdyne室內健身車，讓學生可以額外爭取一點分數。他們隨時可以抽空來騎個八公里，拉高自己的成績。「這樣任何想得A的人都可以得到A，只要他付出努力，」勞勒解釋道，「在這個過程中，你總會達到個人最佳成績，一旦你達到了，無論分數多少，你都會想往下一個目標邁進。」這也就是他融入**「新體育計畫」裡的基本原則：以努力的多寡評量學生，而不是技能的優劣。你不一定要是天生的運動好手，才能勝任體育課。**

但是，要如何在同一時間內評判四十位學生的個別努力程度？勞勒在每年春天由他舉辦的一場體育研討會上，找到了答案。為了讓這場大會成為新想法和新科技的交流平台，勞勒投入相當多的心力，每年大會召開前，他都會推著手推車採買球棒、棒球等各種運動用品，並且說服贊助廠商提供摸彩獎品，以提高出席率。有一年，獎項裡出現一個最新型的心跳監測器，在當時可是價值好幾百塊美元的大禮！為了改革，他無法克制自己，偷偷把它給獨吞了！「我看到那玩意兒，」他大方承認，「然後我告訴自己，那是給麥迪遜初中的獎品！」

就在每週一次的跑步訓練中，勞勒用這個小儀器測試了一位身材纖瘦但毫無運動細胞可言的六年級女生；當他下載她的紀錄時，他簡直無法相信自己的眼睛。「她的平均心跳率是一八七下！」他驚呼。以十一歲的年紀來說，最大心跳率❷大約是二〇九下左右，這表示她幾乎是處於全力衝刺的狀態。「她越過終點線時，甚至飆到了二〇七下！」勞勒繼續說，「**天啊**！我對自己說，這一定是**開玩笑**的吧！如果是以前，我老早就走過去對她說：『給我認真一點跑，小姐！』從那一刻起，我們的體育課就出現戲劇化的轉變，而心跳監測器是一切的起點。我開始回想那些沒有受到我們肯定、因而對運動失去興趣的孩子；我班上的運動好手，沒有一個人知道要怎樣才能達到那個小女孩的水準。」

勞勒這才明白，跑得快跟身強體壯之間並沒有絕對關係。

有個統計數字，勞勒一向愛掛在嘴邊：二十四歲以上會持續透過團體運動保持身材的成年人，連三%的比例都不到，充分突顯出傳統體育課的失敗。但他知道他不能叫學生每天跑操場，便制訂了一項名為「小場地比賽」的計畫，也就是三對三籃球賽或四對四足球賽，好讓學生可以持續活動。「我們還是在做運動，」勞勒說，「只不過是按照體適能的模式來做。」至於內帕維市學生的體育成績，並不是在講究規格等芝麻小事的正規排球場上決定的，而是以他們從事任何活動時，花

❷譯注：220減去年齡。

多少時間維持目標範圍內的心跳率做為評分標準。

「我們是在誤打誤撞中研發出這套計畫的。」勞勒說。不過這套「新體育計畫」，卻成功地實踐了和運動與大腦新研究不謀而合的科學原理。

體育組負責製造腦細胞，再交棒給學科老師

每個革命領袖都需要一員大將，對勞勒來說，內帕維中央高中體育主任暨前美式足球教練保羅‧齊恩塔斯基（Paul Zientarski）就是他心目中再適合不過的人選。齊恩塔斯基是同事與學生口中的齊先生，一個眼神堅定，開口閉口都講究事實，集職業美式足球名教練麥克‧迪卡（Mike Ditka）與比爾‧帕索斯（Bill Parcells）霸王氣概於一身的灰髮男人。「我花了好長一段時間才說動他，」他的好友兼盟友勞勒說，「但只要他相信了某件事，最好離他遠一點，因為必要時他會用盡一切方法逼你接受。」

在改革運動進行的過程中，勞勒負責對外宣揚以體適能取代運動技能的理念，比如上《新聞週刊》（*Newsweek*）、進參議院做證，齊恩塔斯基則在校內堅毅地履行使命，把內帕維中央高中的體育課轉型成一個運作無礙的「新體育計畫」典範。後來，勞勒被診斷出罹患大腸癌，於二〇〇四年退休：即使在與病魔纏鬥的期間，他依然奮力推動將體育課列為學校每日課程的遊說工作。

這對搭檔已經成為運動與大腦方面的草根專家。為了獲取新知，他們拷問受邀前來研討會的講

者、參加運動生理學相關的研習課程、閱讀神經科學方面的研究論文，並不時用電子郵件分享彼此的新發現；此外，他們也開始教育同事，對齊恩塔斯基來說，在走廊上攔住一位英文導師、遞給她一疊最新的大腦研究資料（體育課的指定作業），並不是什麼稀奇的事。

正是這種不屈不撓的研究精神，讓我說什麼也要認識這兩個人，何況勞勒還曾經在美國國家公共廣播電台《心識大無限》❸（*The Infinite Mind*）的節目裡，聽到我把一種透過運動製造出來的蛋白質稱做「腦的神奇肥料」，並且在我不知情的情況下把這個詞用在自己的訪談裡，好比二〇〇四年一部探討美國肥胖問題的紀錄片《麥胖報告》（*Super Size Me*）的導演，就跟他有過這段對話。

我一直想為本書找到能具體呈現運動對學習發揮功效的方法，聚焦在一個學區上是很自然的結果，但我認為引起共鳴的是內帕維市的實驗本身。它雖然發生在學生身上，但成年人也能從中汲取寶貴的經驗。內帕維市提供了一個藉由有氧運動讓生理與心理同時得到改變的成功案例，恰好也可做為重塑社會的完美範本。

為此，我到伊利諾州走了一趟。我跟勞勒和齊恩塔斯基一同坐在內帕維市假日飯店的大廳裡，聽他們說了一些話，而我從來沒想過這些話會從一對體育教練口中冒出來。「體育組只負責製造腦細胞，」齊恩塔斯基說，「剩下的就看其他老師怎麼裝滿了。」

❸ 譯注：這個節目固定會請醫學專家分享神經和精神科學的研究成果。

建立新典型：四肢很發達，頭腦不簡單

勞勒的做法顯然背離了美國公立學校縮減體育課，增加數學、自然、英文課時數的潮流——以協助學生通過《有教無類法案》（No Child Left Behind Act）明文規定的各項測驗。全美國的高中生只有六%每天上體育課，而孩子們每天坐在螢幕前（不管是電視、電腦或各種手持電子產品）的時間，平均長達五．五個小時，難怪現在的美國兒童比過去沒活力。

這就是為什麼內帕維市會給我帶來那麼大的啟發。我第一次造訪該地，剛好碰上學校即將放暑假，不過光看麥迪遜初中的體育課，卻完全沒有這種感覺，因為一定會有三十幾個學生在跑跑跳跳，渾身散發著只有學期初時才看得到的衝勁與熱情：排隊準備爬上攀岩牆、爭論著誰該使用接了電動遊戲螢幕的新款健身車、在跑步機上狂奔、對著跳舞機大跳勁舞，他們全都戴了心跳監測器，最重要的是，他們全都很**投入**。

全美有三〇%的學童過胖，是一九八〇年的六倍之多，另外的三〇%接近過胖；而勞勒那個學區的新生，卻有高達九七%的人落在美國疾病管制局（CDC）訂定的身體質量指數（BMI）準則的健康範圍內。二〇〇五年春天，某項針對內帕維市二〇三學區所做的體適能評估，甚至呈現了更好的結果。有位叫布洛德（Craig Broeder）的運動生理學家率領一組來自本篤大學（Benedictine University）的研究生，到內帕維學區隨機抽取六年級到高三的兩百七十位學生進行檢測。「我可以告訴你，以體適能來說，內帕維學校系統的表現已經超越全國常模值。」這位美國運動醫學學會（American College of Sports Medicine）的前區域會長說道。「不只是超越了一點而已，他們一百三十幾個人才有**一個**男生過胖，真的很不可思議，他們的體脂肪遠低於用疾病管制局身高體重標準算出的全國常模值；在其他體適能變項方面，也有九八%左右的學生合乎標準。」

布洛德很清楚內帕維市的人口結構，但這個結果還是令他印象深刻。「那些數字已經高到不能光用人口結構來解釋，」他說，「這個新體育計畫絕對有加分的效果。我這樣說好了，你不能斬釘截鐵地說全都是新體育計畫的功勞，但他們的體適能遠高於水準之上，絕不可能只因為這裡是**內帕維**。」

不過，關於體育課對學業成績所發揮的效果，我們究竟知道些什麼？儘管很少有研究者觸及這個問題，但根據維吉尼亞理工學院（Virginia Tech）所做的一項研究顯示，縮減體育課並把時數增加到數學、自然和英文課裡，對考試成績的改善並沒有幫助——雖然很多學校行政人員認為有。由於體育課牽涉的層面很廣，這方面的研究都把焦點放在體適能跟學業成就的相關性上，其中最具代表的就是加州教育廳（CDE）所做的研究報告。過去五年來，**加州教育廳的研究持續顯示體適能水準較佳的學生，考試成績通常也比較好**。

加州教育廳把超過一百萬名學生的標準成就測驗（standard achievement test）和州政府指定採用的FitnessGram ❹體適能測驗的分數做了相關性研究。FitnessGram的測驗項目共分為三大類或六小項：

---

❹譯注：位於美國德州達拉斯的庫柏有氧協會（Cooper Aerobic Institute）在一九八二年研發出來的一套體適能檢測法。庫柏是有氧運動一詞的創始人。

「心肺耐力」、「身體組成」與「肌力／肌耐力／柔軟力」（此大類又可分為「腹部肌耐力」、「背部肌耐力」、「上半身肌力」與「整體柔軟度」四項）。學生只要有一項超過最低標準就能得一分，故滿分是六分。值得一提的是，這個方法不在檢測學生的體適能**有多好**，而是判斷他們**有沒有**達到體適能標準；換句話說，只有通過和不通過兩種結果。

二〇〇一年，體能健康的學生的考試分數是體能不健康者的兩倍。以加州二十七萬九千名九年級生為例，那些在FitnessGram測驗裡得滿分六分的人，在史丹佛成就測驗（Stanford Achievement Test）裡的數學百分位數（percentile）平均是六十七，英文百分位數平均是四十五❺；如果你覺得這個成績不夠亮眼，不妨看看體適能測驗只得到一分的學生：他們的數學百分位數平均是三十五，英文百分位數平均是二十一。

二〇〇二年，加州教育廳再度進行這項研究時，把社經地位也列入考慮；結果跟預期的一樣，生活水準較高的學生通常考試成績也比較好，也顯示低收入族群中，體能健康學生的考試成績優於體能不健康的學生。這是個極為有力的統計資料，表示雖然父母無法立即搞定自己的財務狀況，還是可以藉由鼓勵孩子保持良好的體能，提高他們獲得好成績的機率。運動可以打破這個循環。

加州的研究並不孤單。二〇〇四年，一組由運動學、小兒科等領域十三位知名專家共同組成的團隊，針對八百五十件關於體能活動對學童影響的研究報告進行大規模的回顧，這些研究大多是對

❺譯注：數學勝過全體六七％的學生，英文勝過全體四五％的學生。

每週三到五次、每次三十到四十五分鐘溫和到激烈程度的運動效果做了衡量，而且觸及層面相當廣，包括肥胖、心肺適能、血壓、憂鬱、焦慮、自我認知、骨質密度和學業表現等。根據其中幾項顯示的有力證據，這個研究團隊公開建議學童每天應該做一個小時（或者更多）的溫和或激烈運動；特別在學業表現方面，研究團隊發現了足以支持加州研究報告的證據，也認為**運動能對記憶、專注力和教室行為產生正面的效果**，雖然後者並不專指體育課，但你可以看到內帕維市的學生如何跨出了健康的第一步。

全新的賽局：要讓孩子贏在體育課

「我不是什麼研究專家，我只是個體育老師。」齊恩塔斯基說。他一邊說一邊把加州教育廳的研究報告發送給擠在他辦公室裡的十幾位教育工作者。這些人一部分來自鄰近郊區芝加哥南區（South Side）的一間學校，一部分來自奧克拉荷馬州土爾沙市（Tulsa）的一個近郊學區。他們會出現在這裡，是因為內帕維市二〇三學區已經成為「PE4life」❻這個推廣新體育計畫的非營利組織之下的培訓據點。伊利諾州是全美唯一要求學校每天提供體育課的州，而PE4life正透過遊說改善這個狀況，還有體育課的上法。接著，齊恩塔斯基站起來宣布：「我們現在就來參觀一下。」

❻譯注：網址為http://www.pe4life.org/

齊恩塔斯基帶頭穿過走廊，他的步伐就跟老練的潛艇指揮官一樣從容穩健。來到第一站，三個學生助理正用一種名為TriFit的電腦輔助系統為一批高二生進行電腦化健康診斷。齊恩塔斯基對大家說，讓學生自己訂定心跳率、血壓、體脂肪及休息目標，已證實是一種能激勵他們維持健康的有效方法；事實上甚至有研究指出，過重者每天早上只要站到體重計上就能提高瘦身的機率。不過勞勒和齊恩塔斯基想做的，遠超過關注學生身體質量指數的高低。

「我常告訴人們，顧好孩子的體能並不是我這個體育老師的工作，」齊恩塔斯基說，「我的工作是讓孩子們知道所有維持身體健康該知道的事。運動本身並不是樂趣，它是工作，如果你能讓他們了解這點，把好處證明給他們看，那才算是徹底的改變。對我們教練來說尤其如此，我們是控制狂，只要一聲令下，馬上就能讓全班學生乖乖排成一列，而我們一直以來都在做這種事。」

內帕維市二〇三學區的學生在還沒有網路之前，就已經有了心跳監測器。今天你走進學區內任何一所學校的體育館，都能感覺自己置身在最先進的成人健康俱樂部裡，每所學校都有一部TriFit健康評量機和專門為初中生量身訂做的體重測量器，他們還有攀岩牆以及結合了電動遊戲的有氧運動器材（在勞勒的遊說和齊恩塔斯基的「威逼」之下，大部分的器材都是捐贈來的）。

這套課程是為了教授體適能的原理、訓練方法和重要性而設計的。當孩子上了高中，就會有更多課程可以選擇，從單人划艇到舞蹈、攀岩，還有排球、棒球等一般團體運動等，並且學會自己擬定體適能計畫，一切都以他們從五年級開始每年都要做一次的TriFit健康評估報告為中心。從高一開始，每位學生都要替自己訂定體適能目標，並且追蹤進度到畢業為止，到時他們會拿到一份長達十四頁的健康評估報告，裡頭包括體適能分數和血壓、膽固醇等健康項目，還有用來推估疾病風險與預防之道的生活習慣和家族史調查。這是一份符合任何專業健康標準且詳盡得令人不敢置信的文件，更不用說它是一個十八歲青少年可以帶著邁入成年生活的珍貴紀錄，真希望我們其他人也能如此幸運。

在內帕維學區進行體適能研究的運動生理學家克雷格．布洛德（Craig Broeder），注意到學生總共有十八項體育活動可以挑選。「很多人都會忘記一點，那就是你必須提供一些能讓學生做得有成就感的選擇，」他說，「這樣他們在做的時候才會覺得像**自己**。如果你給的選擇有限，例如打棒球，你會讓他們感覺像是在受罰或者進了新兵訓練營一樣，要他們持之以恆是不可能的。**在內帕維市，他們給了孩子很多可以勝任的選擇，他們設計的是終生的體適能活動。**」這也是正在思考如何保持體能的成年人需要記住的一點。

齊恩塔斯基帶領參觀小組進入舊女生體育館，向他們炫耀中央高中體育課裡的「鎮課之寶」：高空繩索設備，以及一面七．三公尺高、二十七．四公尺長的攀岩牆；他還舉了個例子，說明自己如何利用攀岩牆教導信任和溝通技巧：攀岩者戴上眼罩後，只能靠夥伴的指令抓附下一個岩塊。這面牆還有一塊新區域，是給肢體障礙和智能障礙的學生使用的簡易攀岩區。在回答關於安全方面的明顯顧慮時，齊恩塔斯基說這裡很少有受傷的情況發生，因為孩子們都會互相合作，而不是競爭。這也是他和同僚在課堂上教導學生最重要的觀念之一。

「如果你問大家，我們希望學生在念完高中踏出校門時具備什麼能力？」齊恩塔斯基解釋道。

「他們會說，**我希望學生具有溝通能力，我希望他們具有小組合作的能力，我希望他們具有解決問題的能力，我希望他們成為勇於冒險的人**，但這些會在什麼課程中訓練？」他一邊問，一邊注視他的客人：「自然課嗎？我不這麼認為。」

對身體好的，對大腦也好

在距離內帕維南方二一七公里左右的伊利諾大學香檳分校（University of Illinois at Urbana-Champaign），一位名叫查爾斯・希爾曼（Charles Hillman）的人體運動學家也針對二五九位三年級與五年級生，進行了個人版的加州教育廳研究，並且在體適能與學業成就之間找到相同的關聯。他跟研究夥伴妲爾拉・卡斯塔利（Darla Castelli）發現了一件很有趣的事：在FitnessGram的六大檢測項目裡，有兩個項目似乎跟學業成就特別有關。「身體質量指數和心肺適能在我們的迴歸方程式裡真的很突出，」卡斯塔利說，「它們是最大的貢獻者，我真的沒想到結果會那麼明顯。」

不過希爾曼並不以此為滿足，他想找出神經科學方面的意義，便找來四十位半數體能健康、半數體能不健康的小朋友，然後測量他們的注意力、工作記憶和處理速度。在進行認知能力測驗時，他讓小朋友戴上一頂很像泳帽、並且嵌入電極以便偵測腦電波的東西，結果**根據腦波圖（EEG）的顯示，體能健康者有較頻繁的腦波活動，也就是說有更多牽涉到注意力的神經元受到啟動，參與被指派的任務**。「我們在這裡看到了更清楚的完整性。」希爾曼解釋。**換句話說，體能愈健康，注意力**

就會愈集中，成績當然就愈好。

希爾曼還發現一個顯而易見的現象，那就是受試者在犯錯時的反應。在測量腦波活動時，他採用所謂的「旁側辨識作業」（flanker test），這個測驗一次會有五個大寫字母（包括H和S）在螢幕上閃現，唯一要注意的是夾在正中間的字母：如果夾在中間的字母是H，受試者就要按一個按鈕，如果夾在中間的字母是S，就必須按另一個按鈕，所以當螢幕以每次一秒的速度閃過像HHSHH這種字母組合時，受試者很容易就會犯錯，而且你馬上會知道自己犯錯。根據希爾曼的發現，「體能健康的孩子會放慢反應速度，以確保自己答對下一題。」而這種停下來思考適當反應的能力，這種利用錯誤經驗導引到下一個正確決定的能力，跟大腦的前額葉皮質區所控制的執行功能有密切的關係（在後面的章節裡我會繼續探討大腦的執行功能，尤其是談到注意力缺失過動症〔ADHD〕的部分，這種障礙症的起因有部分就是因為前額葉皮質區出了問題，如果讓一個ADHD的孩子進行旁側辨識作業，他可能還來不及停下來思考，就按下錯誤的按鈕，或者遲遲無法按下正確的按鈕。由此可見，我們有多麼依賴大腦的執行功能）。從錯誤中學習是日常生活中極為重要的一環，而希爾曼的研究結果顯示運動（或者至少運動所帶來的體適能水準）可以對這項根本技能產生巨大的影響。

學會用運動管理大腦

內帕維學區深信運動具有改造力量，而潔西・伍夫朗姆（Jessie Wolfrum）可以說是最好的證明。

這個自稱是書呆子、在中央高中一路拿A的女學生，二〇〇三年畢業後進入佛羅里達州達通灘市（Daytona Beach）的安柏瑞航太大學（Embry-Riddle Aeronautical University）就讀，主修工程物理學。身為一個從小經常依賴姊姊，很少跟其他孩子來往的雙胞胎妹妹，潔西始終是個害羞的人。「我三年級的時候，我媽要我在鋼琴和足球之間做選擇，」潔西笑著回憶道，「想到要跟一大群女生在一起做一件我可能做不來的事，我就感到很害怕，所以我選了一件我根本不喜歡做的事，我學了八年的鋼琴！」

當然，在潔西成為麥迪遜初中的學生時，勞勒並沒有給她鋼琴這項選擇，潔西必須像其他人一樣參與活動。雖然體育不是她很喜歡的一門課，但並不算太糟——至少沒有到身心受創那麼嚴重的地步，她也學到了讓她受用多年的體能知識。

當潔西和姊姊貝琪一同升上中央高中時，因為各有各的課表，所以她們無法繼續當彼此的靠山，潔西不得不硬著頭皮跟其他同學交談。潔西為了克服自己的人際焦慮，報名參加演講班，但她說真正幫助她展現自我的是單人划艇課。潔西很快就愛上這項高度講求技巧的運動，而且發現自己竟然也擅長學業以外的事物，這對她的改變大有幫助。

「如果有人注意到你正在做一件他們做不來的事，你就會吸引到一些目光，」潔西說，「在單人划艇課裡，大家開始注意到我，我再也不是壁花，它讓我變得更放得開；就算你很害羞，但如果有人問你是怎麼做的，你會忘記害羞，只會向他解釋：你必須把頭這樣轉或者這樣划你的槳。」

游泳池還能在其他方面發揮一視同仁的作用。「一旦大家換上泳衣，就分不出來誰是最受歡迎的人，」她說，「整個班都跳脫了身分地位的隔閡，我在這方面一直有很大的困擾，直到我加入單人划艇課為止。」

受到單人划艇課的激勵，潔西報名加入齊恩塔斯基所教授的領導訓練課，而齊恩塔斯基做的第一件事，就是把潔西和她雙胞胎姊姊（以及其他難分難捨的小團體）給拆開。所有上領導訓練課的學生都要學會攀岩，而這正是特別吸引潔西之處，她還加入歷險俱樂部（Adventure Club），這個社團就跟零時計畫一樣，可以讓學生在早上六點半就進來使用攀岩牆或利用泳池練習單人划艇。

甚至連在「大草原州❼成就測驗」（Prairie State Achievement Examination）這個相當於伊利諾州版學術性向測驗（Scholastic Aptitude Test, SAT）舉行的當天早上，潔西和姊姊也照常練習划艇，她們對自己是那麼胸有成竹，那麼明瞭運動對專注力的幫助，所以她們在大考之前，還能從容自在地在寒冷的泳池裡大玩水上運動，你認識的高中生有多少會這麼做？你認識的**成年人**有多少會這麼做？

「我們去應考時，全身還是濕濕冷冷的，」潔西回憶說，「我們兩個走進教室，我們是唯一清醒的人，結果我們都考得很不錯。」她們兩個在滿分一千六百分裡拿下一千四百分——成績好得沒話說。

潔西上了大學後，還是不斷在學業和社交上鞭策自己，她是個成績非A即B的好學生，而最令人意想不到的是，她當上了宿舍輔導員，負責照顧宿舍裡的一群學妹，給予她們關懷、管教和諮

❼譯注：伊利諾州的別名。

詢。她再也不是一朵壁花。

雖然離開高中之後運動習慣很不容易繼續保持下去，但潔西並未荒廢體能訓練太久。她在安柏瑞念大一的那年，**只要遇到有壓力的事情，都會跟室友在宿舍裡跑幾趟樓梯，這是她在內帕維學到的一件事——用運動管理她的大腦**，而這也是我希望藉由本書傳遞出來的訊息。

「現在我隨時隨地都有事情要忙，管理宿舍、上課……」潔西說，「每當我沒時間做運動，真希望我有！每當我有一堆考試即將到來、感覺壓力真的很大時，我就會告訴自己，沒關係，妳知道怎麼應付。知道自己有個東西可以依靠真的很好，如果不運動，我可能會跑去大吃特吃還是什麼的，但我知道運動可以刺激我的大腦，所以我會告訴自己，儘管去做吧。如果不是以前上的那些體育課，我可能永遠也不知道這點。」

是體育課，也是磨練社會技巧的戰場

我跟很多人一樣，從小就認為體育課是個笑話。我們上得還算開心，但就我印象所及，體育課並不特別具有教育意義。所以當我長大成人，開始對教師與醫師大談運動對情緒、注意力、自尊心和社會技巧的正面影響時，我自然沒有把體育課當成解藥一般看待。在我的經驗裡，體育課並不真的跟運動有關，甚至恰恰相反——根本讓人無法運動。一個殘酷而諷刺的事實是，那些生性害羞、動作笨拙、身材走樣（剛好可以從運動得到最多幫助）的孩子，通常只有被推到一旁坐冷板凳的份，像潔西這樣的學生，大概也早已被邊緣化，深陷在自我的羞愧中。許多年來，我聽過不少病患提起他們在體育課的受辱遭遇，運動場的邊線已經成了一塊滋生著各種其實靠運動就能解決的問題的溫床。

內帕維學區的奇蹟，有部分原因來自勞勒和齊恩塔斯基對這個現象的敏銳觀察。「以前我們都要學生拉單槓，」齊恩塔斯基帶著近乎厭惡的語氣回憶說，「我會說大約六成五的男生連一下都拉不起來，他們來到體育課注定只能當個失敗者！」

從一個魔鬼士官長蛻變成大腦與身心的雕塑家，齊恩塔斯基最令我震撼的，是他願意**重新定義體育課**的那種魄力。比如他在中央高中所做的最突破性的改革之一，就是增加一堂高一學生必修的方塊舞課。這聽起來或許不怎麼新潮，但他的目的是利用舞蹈做為基礎架構，讓學生熟稔社會技巧。從許多方面來看，這都是個很棒的主意。在課程開始的頭幾個星期，所有學生都會拿到一份向舞伴進行自我介紹的對話稿，而且每個人在跳完一支舞後都要交換舞伴。隨著課程進行，老師會給學生一點時間，讓他們在不依靠稿子的情況下跟別人互動，一開始是三十秒，然後慢慢延長時間。至於期末成績，則是以他們跟舞伴閒談十五分鐘後，能否正確記住對方的十件事實做為評分標準。

有些生性羞怯的孩子，從來沒有機會學習如何跟人交談或者交朋友，所以很容易就會退縮，對異性尤其如此。與其將學生個別挑選或排擠到特殊的人際訓練班裡，齊恩塔斯基選擇用方塊舞讓學生在安全的情境中練習人際互動的方法，它兼具轉移注意力和建立信心的功用。雖然有些人駕輕就熟，有些人只是不再恐懼，但因為每個人都在練習，感覺起來就沒有那麼難為情。

當我向同事提起內帕維學區的改革，告訴他們那裡的體育課正在教學生這些社會技巧時，我得到的反應是目瞪口呆——就跟我一樣，他們也很吃驚。從我投身研究工作以來，我花了那麼久的時間企圖分辨和解釋發生在我所謂「社會腦」（social brain）裡面的問題，但齊恩塔斯基已經**在體育課裡找到了現代生活日漸增加的孤獨與疏離的完美處方！藉由方塊舞給予方法、機會和期待，有人際焦慮的孩子將能得到關於如何接近對方、要站多近，還有何時該讓對方說話等等的正面記憶。運動成了人際關係的潤滑劑，它之所以對這類學習大有幫助，正因為它可以紓解焦慮。受到肢體動作的啟動，孩子的大腦會把經驗烙印到神經迴路中，一開始或許很難適應，但置身在全班共同分享經驗的氛圍裡，情況會逐漸改善。**在這個人人在乎自我的慘綠年少時期，能夠像這樣把孩子帶出自己的殼，真的是渾然天成的聰明方法。齊恩塔斯基把孩子們全放在同一條船上，然後給他們工具和鼓勵，建立起他們的自信心，方塊舞讓整個課程發揮了功效。

我相信就是因為有這樣的課程，才會有那麼多內帕維市的父母反映體育課是最受他們孩子歡迎的一門課。一位名叫歐菲特・艾爾—瑪拉克（Olfat El-Mallak，她的兩個女兒分別上麥迪遜初中和中央高中）的母親就說：「這幾乎可以說是一種激勵訓練，我的女兒是那麼地相信自己，對自己充滿信心，但她們不是一開始就這樣的，這全都要感謝二〇三學區的體育計畫。」

所向披靡的新運動計畫

全美國公私立幼稚園到十二年級的學生共有五千兩百萬名，如果他們都能得到像內帕維體育計畫那樣的幫助，我們下一代的成年人將活得更健康、更聰明、更快樂，而這也正是PE4life（聘請勞勒向教育界推廣體適能理念與方法的非營利組織）的終極目標。目前PE4life已經培訓了來自三百五十所學校一千名左右的教育工作者，而且很多結訓者從此開始推展屬於自己的一套新體育計畫。

提姆．麥寇德（Tim McCord）就是其中之一。這位學區體育召集人來自賓州的土泰斯維市，一個苟延殘喘於匹茲堡和伊利湖之間的山坡地、只剩六千居民的廢棄工業城。這裡是一八五九年全世界第一座油井成功鑽探出來的地方，但隨著石油的枯竭，此處的經濟榮景也走入歷史：居民的中位數所得（median income）目前是兩萬五千美元，貧窮人口高達一六％；就在幾年前，還有大約七五％的幼稚園孩子需要政府補助營養午餐。換句話說，這並不是個有錢的郊區。

一九九九年，麥寇德造訪了內帕維市，回到自己的學區，然後在近乎一夕之間改造了土泰斯維市的體育課。這個學區一共有一所高中、一所初中、四所小學以及一所幼稚園在內的兩千六百名學生。土泰斯維學區不僅在兩所中學內設置體適能中心，添購心跳監測器，請當地醫院出資贊助Tri-Fit健康診斷機，甚至還重新安排學校的課程表。一方面將體育課延長十分鐘，一方面從學術科目中挪出時間做為每日體育課之用。「這根本不花我們一毛錢，」麥寇德說，並且強調那是一位行政人員的建議：「這是《有教無類法案》下的一個大膽舉動，因為所有人都在走另一條路。」

如今土泰斯維市的中學已經有攀岩牆，體適能中心裡也擺滿最先進的體能訓練器材，大部分還是捐贈而來的，比如長得像座直立電腦站，可以讓學生藉由追逐螢幕光點達到健身效果的全新設備「Cybex Trazer互動訓練系統」，以及讓孩子們透過電動遊戲彼此競速，或者在環法自由車賽中跟虛擬的藍斯・阿姆斯壯（Lance Armstrong）一較高下的健身車。在校內，他邀請其他科目的老師共同參與新體育計畫：請英文課的學生在演講時戴上心跳監測器，然後把數據交給數學課學生，讓他們練習繪圖；在校外，麥寇德把觸角伸向社區，開放體適能中心給老人中心的會員使用。

這項計畫自從二〇〇〇年開辦以來，土泰斯維學區的標準化測驗成績已經從原本的低於州平均分數，進步到閱讀表現高於州平均十七個百分點、數學表現高於州平均十八個百分點的亮眼水準。

另一件重要性不輸於此的事，就是麥寇德注意到的一個心理社會（psychosocial）效應：從二〇〇〇年開始，**全校五百五十個初中生裡沒有一個人打過架**。土泰斯維學區自立自強的故事不久便吸引各州代表前來觀摩，甚至包括美國疾病管制局主任。就在一場類似的參觀行程裡，正當麥寇德帶領一群人經過土泰斯維初中的攀岩牆時，他發現一位名叫史黛芬妮的女孩子卡在半空中進退不得。這個看起來離不開書本，身材有點粗壯的女孩，眼看就要在眾人面前上演丟人現眼的一幕，但她的同學一發現她在掙扎，就開始大喊：「史黛芬妮，加油！」最後她成功爬到最高點，麥寇德也走向前去跟她說話。「她開始哭，不敢相信其他同學竟然會幫她加油，」麥寇德回憶說，「她說，那給了她向上拉的力量。」

運動對學生引發種種成效的消息，現在也已傳到政府官員的耳裡。美國愛荷華州參議員湯姆・

哈金（Tom Harkin）不久前就根據PE4life讓一所市中心學校減少了六七％違紀問題的新聞，舉行關於重建學校體育課的公聽會。密蘇里州堪薩斯市的伍蘭小學（Woodland Elementary School）是一所幾乎所有學生都靠政府補貼營養午餐費的學校，二〇〇五年，該校的體育老師決定把體育課從原本的每週一節增加到每天上四十五分鐘，而且幾乎完全以心肺活動為主；在實施一學年之後，學生的體適能水準有了驚人的改善，輔導人員也反映校內的暴力事件從二二八件大幅減少到九十五件。

對一個社經環境較差的市中心學校，還有土泰斯維這個沒落已久的城市來說，能這樣脫胎換骨、起死回生，真的很了不起。麥寇德的社群提供了每一個「史黛芬妮」除了足球隊以外的各種支持，而且隨著這些學生漸漸成長，很多人將會繼續運動和保持活力下去。他們手中握的會是自己的划艇和自行車，而不是電動玩具，他們的頭腦與感受也會變得更加清晰敏銳。

改革要趁年輕，但是在勞勒、齊恩塔斯基和麥寇德身上，我們可以看到就算是在成年人身上，也能產生巨大的轉變，並且體認到運動如何影響大腦的運作。如果土泰斯維市能找到這道靈光，我們同樣也可以。我希望我們能把這些例子當作一種新的文化模式，最終重新連結身體和大腦。因為你將會看到，這兩者是分不開的。

2 學習
增長你的腦細胞

當土泰斯維市或內帕維市的學生在跑操場時，他們也做好了學習其他科目的準備：他們的感官能力增強了，注意力和情緒變好了，不再那麼緊張煩躁，也感覺自己更有衝勁與活力。對置身在人生教室裡的成人來說，道理也是一樣，**運動除了能讓我們的心態做好準備，還能從細胞的層面直接影響學習，提高大腦輸入及處理新資訊的潛力**，而這也正是革命性新科學著力之處。

達爾文（Charles Darwin）告訴我們，學習是人類為了適應環境變化所採用的一種生存機制，在大腦這個微環境裡則是指細胞跟細胞間會形成新的連結，以便接力傳送訊息。當我們學習某一件事，無論是一個法文字還是騷莎舞步，細胞都會形塑自己，達到解碼資訊的目的，也就是說，記憶會實質成為大腦的一部分。這個想法雖然在理論上已經存在超過一個世紀，但直到最近才在實驗室裡獲得證實，目前我們知道的是，大腦是有彈性的，或者用神經科學家的話來說，是有**可塑性**的——比較像是黏土，而非瓷器。大腦是個適應性很強的器官，輸入什麼，就會變成什麼樣子，這跟舉啞鈴可以雕塑肌肉是差不多的道理：愈使用，就變得愈強壯、愈有韌性。

可塑性的概念是我們了解大腦運作與運動如何強化大腦功能的基礎，我們所做、所想、所感受的每一件事，都受到腦細胞或神經元之間的連結所宰制。大多數人認知的心理特質也根植於這些連結的生物機制，同樣的，我們的思想、行為和環境會回頭反射給神經元，影響其連結形態。大腦電路非但不像科學家曾經以為的那樣固定不變，反而經常**重新**接受配置，我在這裡就是要教你如何當自己的配電工。

運動能平衡大腦

一切全在於溝通。人腦是由一千億個不同種類的神經元所組成，這些神經元會透過數百種化學物質互相對話，主宰我們每一個思想和動作，而每個腦細胞在發射自己的訊號前，可能會收到來自其他成千上萬個腦細胞的訊號。細胞與細胞的樹狀分支交接處叫做「突觸」（synapse），也就是所有試煉見真章的地方。突觸並不真的互相接觸，這有點令人混淆，因為神經科學家講到突觸時，都說它們「連結」在一起。實際的情況是，電訊號從軸突（axon，也就是往外延伸的發送端）一路傳到突觸，然後在神經傳導物質的載運下，以化學的形式跨越突觸空隙：此時在另一邊，也就是樹突（dendrite，或者說是接收端），神經傳導物質就會像鑰匙插入鎖孔那樣嵌進一個受器裡，打開細胞膜裡的離子通道，將化學訊號重新變回電訊號。當神經元接收到的電荷超過某個閾值，該神經細胞就會沿著自己的軸突發射訊號，讓同樣的過程反覆進行下去。

腦內訊號的傳遞工作大約有八〇%是由兩個相互制衡的神經傳導物質負責執行，一個是刺激訊號活動的麩胺酸（glutamate），一個是抑制訊號活動的γ胺基丁酸（GABA）。每當麩胺酸在兩個尚未對話的神經元之間傳遞訊號，它就促成了一道連繫，這道連繫被啟動得愈頻繁，神經元之間的吸引力就愈強，這也是神經科學家所說的「連結」，正如同海伯理論（Hebbian Theory）著名的那句話：「當兩個神經元同時興奮，彼此之間的連繫就會增強。」❶基於這個緣故，麩胺酸便成為我們學習上不可或缺的元素。

儘管勞苦功高的是麩胺酸，但精神病學更關注一群負責調節傳遞腦部訊息與所有其他運作事項的神經傳導物質——血清素、正腎上腺素與多巴胺。負責製造它們的神經元雖然只占全部腦細胞的一%，但這些神經傳導物質卻具有舉足輕重的影響力。它們可以命令神經元製造出更多的麩胺酸，也能提高神經元的效率或者改變受體的敏感度，還可以宰制其他進入突觸的訊號，把「噪音」消掉，或者反過來增強這些訊號。雖然這些神經傳導物質可以像麩胺酸和γ胺基丁酸那樣直接傳遞訊號，但最重要的功能還是調節大腦的資訊流，以便微調神經化學物質的整體平衡。

血清素，這個在接下來的章節會經常出現的名詞，由於能協助控管腦部活動，因此又有「大腦

❶譯注：neurons that fire together wire togrther，亦即同步發射的神經迴路會形成同一種迴路。

警察」之稱，它對情緒、衝動行為、生氣和侵略行為都有影響，比如我們會用fluoxetine（商品名為百憂解〔Prozac〕）這種血清素藥物，就是因為它能修正失控的腦部活動，改善憂鬱症、焦慮症與強迫症的症狀。

正腎上腺素是最早被科學家用來研究情緒問題的神經傳導物質，具有增強注意力、警覺心、動機與喚醒意識的功用。

至於被當成學習、報償（滿足）、注意力與動作神經傳導物質的多巴胺，則在不同的腦部區域扮演不同的角色，例如methylphenidate（商品名為利他能〔Ritalin〕，兒茶酚胺的成分之一）這種藥物就是藉由刺激多巴胺的分泌，達到抑制注意力缺失過動症的目的。

雖然大部分用於改善精神疾病的藥物都把目標鎖定在這三種神經傳導物質上，但正如同我希望大家能明白的，光靠刺激或抑制一種神經傳導物質的分泌並不能引發一對一的結果，畢竟人體系統相當複雜，只操控其中一種神經傳導物質，極可能在不同的大腦裡引發不同的漣漪效應。

我常告訴人們，**跑步很像服用少量的百憂解或利他能，因為運動也有促進這些神經傳導物質分泌的作用；更深入地說，運動可以平衡這些神經傳導物質，還有腦部所有其他的神經化學物質，而且你將會發現，維持大腦的平衡可以改變你的一生。**

BDNF是大腦神經元的神奇肥料

跟神經傳導物質同等重要的，還有一群在過去十五年來大大改變我們對腦部連結性的認知（更明確地說，改變我們對腦神經成長發育的認知）的主要分子，那就是一群泛稱**「因子」**的蛋白質，尤其是「腦衍生神經滋養因子」（brain-derived neurotrophic factor, BDNF）。雖然在腦內負責傳遞訊號的是神經傳導物質，但BDNF這些神經滋養因子才是建構並維護細胞電路（即基礎結構）的幕後功臣。

一九九〇年代，隨著神經科學家終於弄清楚記憶的細胞機制之後，BDNF開始成為新研究領域的焦點。過去跟這個因子相關的研究論文不過十多篇，但自從一九九〇年科學家發現BDNF存在於腦部，並且可以像肥料一樣滋養神經元以後，套句參與早期BDNF研究工作的瑞典卡洛林斯卡醫學研究院（Karolinska Institute）神經科學家卡斯特倫（Eero Castrén）的話，「實驗室和藥廠就如排山倒海般」紛紛加入戰局，現在關於BDNF的研究文獻已經有超過五千四百篇。科學家一發現BDNF存在於掌管腦部記憶與學習工作的海馬回，就迫不及待進行實驗，確認BDNF是否為此一運作過程的必要元素。

大腦要學習，就必須透過一種名為「長期增益作用」（LTP）的動態機制強化神經元之間的連結。大腦奉令接收新的資訊時，其指令會自然而然引發神經元之間的活動；隨著活動愈來愈頻繁，神經元之間的吸引力就變得愈強，也愈容易發射訊號並取得連繫。在活動的一開始，大腦會把現存於軸突內即將傳送出去的麩胺酸整理好，並重新配置突觸接收端的受器，以利訊號的接收；此時接收端會在電壓不斷增強的狀況下，開始像磁鐵般把麩胺酸訊號吸過去，如果訊號的發射持續進行，神經元細胞核裡的基因就會被啟動，製造出更多用於連結突觸的材料，於是在基礎結構不斷強化的過程中，新資訊就固化在腦海裡，成為一段記憶。

比方說你正在學某個法文字，你初次聽到它時，你的神經細胞會調派出一組新的迴路，在神經元之間傳送麩胺酸訊號，要是你不再複習這個字，突觸之間的吸引力就會消失，訊號就會減弱，你就會忘記它。有項讓記憶研究專家大感驚異——並且讓哥倫比亞大學（Columbia University）神經科學家肯戴爾（Eric Kandel）成為二〇〇〇年諾貝爾生理暨醫學獎得主之一——的新發現是，重複啟動腦部迴路，或者說練習，可以讓突觸自行膨大並建立起更強的連結。神經元就像一棵長了突觸葉片的樹，終究會冒出新的分支，提供更多的突觸來鞏固神經元之間的連結。這種變化是一種叫做「突觸可塑性」（synaptic plasticity）的細胞適應機制，也就是BDNF扮演要角的地方。

早先研究人員就發現，如果把BDNF撒在培養皿內的神經元上，神經細胞會自動冒出新的分支，提供和學習所需相同的構造性成長，正是基於這點，我開始把BDNF看成「腦的神奇肥料」。

除此之外，BDNF也能跟突觸上的受器連結，釋放離子流，達到增加電壓和訊號強度的效果。在細胞內部，BDNF可以啟動基因，製造出更多的BDNF及建立突觸所需的血清素和蛋白質，它還能疏導並監控腦部的活動。整體來說，**BDNF可以增進神經元的功能，促進神經元生長，鞏固神經元，預防它們發生細胞死亡的自然現象，還有，正如同我希望在本書中清楚交代的，BDNF是連結我們思想、情緒與動作的關鍵物質。**

運動身體＝大腦思考，使用的是同一組腦部迴路

只有會動的生物才需要腦，這是紐約大學（New York University）神經生理學家羅道夫・里納斯（Rodolfo Llinás）在他二〇〇二年的著作《渦漩之我：從神經元到自我》（*I of the Vortex: From Neurons to Self*）一書所提出的重點，而他舉的例子是一種長得像水母、名為「海鞘」的小動物：海鞘天生有一條簡單的脊索和一個由三百個神經元組成的「腦部」，當牠還是幼蟲時，會在淺水處到處移動，尋找合適的珊瑚礁附著，牠只有十二個小時可以做這件事，否則就會死：然而一旦附著成功，牠卻會把自己的腦吃掉。海鞘一生中多半以植物的形態生活，既然不再需要移動，腦子也就沒什麼用了。里納斯根據這個現象所做的解釋是：「我們所謂的思考，其實是活動力逐步內化的結果。」

隨著人類物種的演化，我們的動作技能也往抽象的層面發展，所以我們可以預測、排序、估算、計畫、演練、自我觀察、判斷、糾正錯誤、改變策略，並記憶所有我們做過的事，以達成生存目的，今天我們用來學習法文的腦部迴路，跟遠古祖先用來鑽木取火的腦部迴路並沒有兩樣。

以負責協調肢體動作，讓我們從揮拍擊球到對抗地心引力無所不能的小腦為例，過去早有證據指出，人類小腦與前額葉皮質區之間的神經幹在比例上比猴子的還要粗，現在更有證據顯示，這個運動中心也具有統整思維、注意力、情緒甚至社會技能的功用，我把它稱為「節奏藍調中心」❷

❷譯注：節奏藍調R&B，曲風的一種。作者用這個詞，是因為小腦跟肢體動作（rhythm，節奏）和情緒（blue，憂鬱）有關。

（rhythm and blues center），當我們從事運動，尤其是需要用到複雜肢體動作的運動時，我們其實也在運動所有牽涉到認知功能的腦部區域，並且促使大腦沿著相同的細胞網路發射訊號，鞏固彼此之間的連結。

當我們學習某件事時，一大串相連的腦部區域會奉命展開行動，而海馬回必須要有前額葉皮質區的照管才能發揮作用。概括來說，前額葉皮質區負責統籌我們的生理與心理活動，並且透過大腦最周延的神經網路接收訊號、發布指令，換句話說，前額葉皮質區是老大，因此它的眾多職責之一就是透過所謂的工作記憶（working memory）密切注意我們目前的狀況、抑制刺激、採取行動、計畫、判斷和預測事物（全都屬於執行功能），身為大腦的執行長，前額葉皮質區必須跟大腦的營運長（運動皮質區）及其他許多區域密切保持連繫。

海馬回就像個製圖員，它會從工作記憶那裡接收新的資訊，跟現存記憶裡的資訊進行交叉比對，彙整出新的關聯性，然後回報給執行長。科學家相信記憶是腦部各處零散資訊集結而成的結果，當海馬回接收到來自皮質區的零散資訊，它會把它們集中起來，製成一張獨特而新穎的連結形態圖，然後再上傳回去。

根據腦部掃描顯示，我們在學習新事物比如一個新單字時，我們的前額葉皮質區會因為開始活動而亮起來（海馬回和聽覺皮質區等其他相關區域也一樣），一旦神經迴路在麩胺酸的發射下建構完成，單字也學會了，前額葉皮質區就會暗下來——既然已經監督好開頭的工作，就可以把棒子交給一群能幹的手下，繼續迎向新的挑戰。

這就是我們認識新事物、把騎腳踏車等活動變成天生本能的方法，藉由將自主的思考與運動模式儲存於基底核、小腦和腦幹這些直到最近才被科學家認為只跟運動有關的潛意識區域裡，讓它們掌管基礎知識與技能，我們的腦可以撥出餘力繼續適應外界事物。這是個相當重要的安排，想想看，如果我們每個念頭都必須停下來思考如何處理、每個動作都必須回憶如何執行，那會是什麼樣的狀況，恐怕我們在還沒倒下起床後第一杯咖啡之前，就已經累垮了。這也就是晨跑之所以那麼重要的原因。

第一道靈光：運動讓腦內的神奇肥料變多

一九九五年我在為我的書《A User's Guide to the Brain》蒐集資料時，剛好在《自然》（*Nature*）期刊裡看到一篇文章，它講的是運動跟老鼠的BDNF之間的關係，雖然整篇文字不超過一頁，但卻解釋了一切，那就是運動可以提升腦中神奇肥料的含量。

「我原本預料這個重大改變會出現在腦的運動感覺區——運動皮質區、感覺皮質區、小腦、或許還包括一小塊基底核——因為它們全跟動作有關，」負責設計這項研究計畫的美國加州大學爾灣分校（University of California, Irvine）大腦老化與失智研究中心（The Institute for Brain Aging and Dementia）所長卡爾．卡特曼（Carl Cotman）回憶道，「但是等我們洗好第一批片子以後，乖乖，它居然發生在海馬回，這可是意義重大，因為海馬回是主掌學習而且對退化疾病毫無招架之力的腦部區域，所以當場我就說，這把過去的一切都推翻了。」

這個消息當然也出乎我的意料，多年來，基於從病患身上看到的轉變，以及運動可對神經傳導物質發揮效果的認識，我一向是呼籲用運動治療注意力缺失過動症和許多其他心理問題的支持者；但這次不同，藉由證實運動能夠觸發大腦學習過程的主要分子，卡特曼明確找出了運動與認知功能在生物方面的直接關聯，他照亮了神經科學在運動領域的研究之路。

卡特曼是在BDNF被發現存在於腦部不久之後進行這項實驗的，而且當時並沒有跡象顯示它跟運動有任何關係，他的假設純粹來自大膽的創意，他剛完成一項有關腦部老化的長期研究計畫，試圖了解腦袋靈光的人有無任何共通點，結果在那些歷經四年追蹤，認知功能衰退程度最少的人們身上，他發現了三個要素，那就是教育程度、自我效能的認知和運動，前兩個並不太令人意外，但最後一個卻令卡特曼相當好奇，「我不禁在想這究竟是怎麼一回事，」他說，「原本以為運動不會鍛鍊到腦，但我的猜想是，它不知怎的就是對腦起作用了。」

在那個時候，如果你問影響整體腦部健康的潛在因子是什麼，大多數的科學家都會回答是神經滋養因子，因為「它可說是當紅炸子雞」——套句卡特曼和每個知道BDNF有助神經元存活的人的話說。這已經是個很大的突破，但如果卡特曼能把運動跟BDNF連在一起，他至少可以找到一個說得過去的理由，解釋為什麼他的腦部老化研究結果會跑出運動這一項來。

卡特曼設計了一個實驗，測量運動組老鼠的BDNF含量，但重點是那些運動必須出於自願，因為如果他強迫老鼠去跑跑步機，他怕同事會說那是人為操弄下的結果，沒問題，他用給老鼠跑的轉輪就是了。從一點可以看出這個研究領域有多新，那就是光是尋找可以讓校方核准用於實驗的老鼠設備，就夠折磨人的——卡特曼得花每組一千美元的代價購買合乎實驗計畫要求的不鏽鋼轉輪。「記得在簽採購單的時候，我還在想：這真是心疼極了；我只求它別給我漏氣。」他自嘲地說。不只如此，他的博士後研究員沒有一個想要碰這個研究計畫，最後他還得過濾好幾個研究生，才能找到一個主修物理治療、對這個題目感興趣的學生。

跟人類不同，嚙齒動物似乎天生就喜愛運動，而且卡特曼的老鼠一個晚上可以跑好幾公里。這些老鼠共分成四組——跑兩晚、四晚與七晚的實驗組，以及沒有轉輪可跑的對照組，當牠們的腦部被注射一種可以跟BDNF結合的分子，經過掃描後，不只實驗組的BDNF含量明顯高於對照組，而且**老鼠跑的距離愈長，BDNF含量就愈高**。卡特曼在看到實驗結果也就是亮區落在海馬回之後，還不敢相信那是真的：「那時我說：糟糕，各位，我們有個地方出錯了，海馬回他媽的亮了起來，我們得重來一次，這實在太離譜了。所以我們又重做了一次實驗，但結果還是一樣。」

隨著BDNF與運動的研究並行發展，有件事愈來愈清楚，那就是**BDNF不只對神經元的存活很重要，對它們的成長（冒出新的分支）同樣重要，因此也有助於學習**。艾洛．卡斯特倫教授和哥倫比亞大學肯戴爾博士實驗室的蘇珊．派特森（Susan Patterson）都發現，如果你讓老鼠學習，誘發牠們的LTP（長期增益作用），其BDNF含量就會增加，仔細觀察腦部，研究人員也確定如果老鼠缺乏BDNF，就不具有長期增益的能力，相反的，如果把BDNF直接注射到老鼠的腦部，就能增加長期增益的能力。隨後卡特曼的前博士後研究員，神經外科醫師佛南多．哥梅茲．皮尼拉（Fernando Gomez-Pinilla）也指出，如果你把老鼠腦部BDNF的效用中和掉，牠們需要花更長時間才能找到隱藏的平台，離開泳池。這些全都是運動有利於大腦學習的鐵證。

「運動最顯著但有時不易受到研究青睞的特色之一，就是它可以提升學習速率，而我認為這真的是很酷的提醒，」卡特曼說，「因為這代表如果你的體能好，你就會有更高的學習和運作效率。」

事實上，在一項**發表於二〇〇七年的研究報告裡，德國研究者就發現人在運動過後學習字彙比在運動前還要快二〇%，而且這個學習速率跟BDNF有直接的相關性**，不僅如此，腦部有基因變異導致BDNF被剝奪的人，比較可能出現學習障礙；也就是說，如果缺乏「神奇肥料」，腦部會自行斷絕跟外界的連結。

精神病學界已經勉強認同運動可藉由創造出一個引導式的學習環境，讓我們的心境好轉，但卡特曼的研究卻為運動強化細胞的學習機轉，提供了一個極為重要的基礎。BDNF能提供突觸所需要的工具，讓它們可以吸收、處理、連結、記憶資訊並將之放入情境裡，但這並不表示出去跑一圈就能讓你成為天才，「你沒辦法光靠注射BDNF就聰明起來，」卡特曼指出，「面對學習，你必須用新的方法去回應某件事，但前提是要先有那件事才行。」

毫無疑問，那件事是什麼才是關鍵所在。

大腦真的會長大

科學家早從桑地牙哥．拉蒙卡哈（Santiago Ramón y Cajal）——也就是以中樞神經系統由神經元組成，而且神經元會在他所謂的極化連結點進行溝通的理論，贏得一九〇六年諾貝爾生醫獎的神經解剖學家——開始，就已經假設學習跟突觸發生變化有關，這個說法雖然受到不少讚賞，但大多數的科學家對它還是抱持懷疑的態度，直到一九四五年一位來自加拿大麥基爾大學（McGill University）的心理學家唐納德．海伯（Donald Hebb）在無意間發現第一道跡證為止。由於當時實驗室的規定沒有現在嚴格，再加上海伯顯然不認為有什麼大礙，所以他決定把幾隻白老鼠帶回家給孩子當寵物玩玩，結果這項安排居然帶來了雙重好處：當海伯把白老鼠帶回實驗室，他發現跟困在籠中的同伴相比，這些老鼠在學習測驗上有較為出色的表現，那些被人類戲耍把玩的新奇經驗，在某種原因下提高了牠們的學習效能，也就是像海伯所解釋的那樣，這些經驗改變了牠們的腦。海伯在他著名的教科書《行為的組織：神經心理學理論》（*The Organization of Behavior: A Neuropsychological Theory*）裡，把這種現象稱為「使用依賴可塑性」（use-dependent plasticity），意思是突觸在受到學習刺激時會進行自我重組的工作。

海伯的研究跟運動大有關係，因為至少對腦來說，運動可以算是一種新奇的經驗。一九六〇年代，美國加州大學柏克萊分校（University of California, Berkeley）的一批心理學家正式確立了一個所謂「環境豐富化」（environmental enrichment）的實驗模型，用來測試海伯的「使用依賴可塑性」，不同於把白老鼠帶回家，這些研究者選擇為鼠籠添置更多的配備，在裡頭放入玩具、障礙物、轉輪和隱藏的食物，而且還把老鼠湊在一起，讓牠們彼此可以交際和玩耍。

不過這一切也不盡然幸福快樂，最後這些小動物的腦部都遭到解剖。**根據實驗結果顯示，在一個感官與社會刺激較充足的環境下生活，腦部的結構與功能會跟著產生改變，那些老鼠不僅在學習表現上較為傑出，牠們的大腦也比獨居空籠者的還來得重**，但這點並沒有包括在海伯的可塑性定義裡。「在那個年代，說大腦可以改變簡直是離經叛道的事，」神經科學家威廉．格林諾（William Greenough）說，當時他還是個對柏克萊的研究報告感到高度興趣的年輕研究生，「尤其是透過經驗在實質上發生的改變。」

格林諾很想對「環境豐富化」做進一步的研究，卻被拒於門外。「我的指導教授說，如果你挑這個當論文題目，你肯定會到越南當大兵去。」格林諾回憶說。不過隨著柏克萊的研究發現持續得到複證，經驗能影響大腦的這個論點開始有了穩固的基礎。在另一條研究的平行線上，哈佛有一組人也從反面證實了這點，那就是「環境剝奪」（environmental deprivation）會導致大腦**萎縮**，藉由檢驗從小就有一隻眼睛被縫起來的貓隻，他們發現這些貓的視覺皮質區明顯變小。這些研究在在證明，用肌肉比喻大腦以及「用進廢退」的觀念是成立的。

「環境豐富化」不僅挑戰了長久以來將生物學與心理學分開看待的現象，也造成一股徹底的社會影響，柏克萊大學的研究後來帶動了「啟蒙計畫」（Head Start Program）的開展，這是美國聯邦政府補助弱勢家庭幼童接受學前教育的幼教方案，為什麼貧窮家庭的孩子就該被丟在空籠子裡？從此之後，這個領域開始蓬勃發展，神經科學家也開始研究各種刺激大腦成長的方法。

格林諾在伊利諾大學安穩地坐上教授的位子後，立刻重拾這項研究工作，他在一九七〇年代初期一項重大的研究計畫裡，用一架電子顯微鏡證實了「環境豐富化」會讓神經元冒出新的樹突，他發現這種受到學習、運動、社會接觸等環境刺激所產生的分支現象，會使突觸形成更多連結，而那些連結表面的髓鞘（myelin sheath）也比較厚，可以讓它們更有效率地發射訊號，現在我們知道這種成長必須要有BDNF才行。突觸的重組對腦部迴路處理資訊的能力有著巨大的影響，這是個天大的好消息，它代表你有能力改造你的大腦，你唯一要做的就是繫好你的慢跑鞋。

運動能為大腦製造替換零件？誘發神經新生

隨著突觸可塑性的概念在神經科學界成為主流，另一個更根本的概念也得到了證實。二十世紀大半段時間以來，科學界始終認為大腦一旦過了青春期就會定形，也就是說我們一生能擁有多少神經元，在出生時就已經固定了，我們可以依照自己的喜好重組突觸，但神經元只會變少，不會增加，當然，我們還可能加速這種衰滅現象，就像你的國中生物老師在警告未成年飲酒的壞處時，會這麼嚇唬你：「記住，酒精會殺死你的腦細胞，它們死了就不會再長回來。」

但你猜怎麼著？它們**會**再長回來——而且是數以千計地長回來。科學家直到具備了能清楚窺視腦組織的先進影像工具，才找到足以採信的證據，而它就發表在一九九八年一份劃時代的研究報告裡。這個重大發現來自一個令人意想不到之處，癌症病人有時需要注射染劑，以便透過增生細胞的染色，追蹤腫瘤的擴散情形，研究人員在檢視同意捐贈大體的病患大腦後，發現他們的海馬回充滿了染色標記，這證明神經元跟身體其他細胞一樣會分裂與增殖——也就是一種名為「神經新生」的過程。根據這點，他們正式確立了神經科學界其中一項最重大的發現。

自此以後，不管是斯德哥爾摩、南加州還是紐澤西的普林斯頓，神經科學家都在爭先恐後地探索我們的新生腦細胞能做什麼事，因為它牽涉到的層面很廣，它代表帕金森氏症和阿茲海默症這些腦部退化疾病的根本原因，就出在細胞的死亡與受損，老化本身就是一種細胞死亡，而我們也突然認識到，至少在某些區域，大腦有它內建的因應對策，只要知道如何啟動神經新生過程，或許我們就能為大腦製造出替換零件來。

那麼它對健康腦的意義又是什麼？神經新生的早期線索之一是來自金絲雀的研究，這種鳥每年春天都會學習新的鳴唱曲目，其海馬回也有明顯的細胞新生現象，這會是巧合嗎？那些新生細胞似乎扮演著某種學習上的角色，但科學家一直很難找到確切的證據，如同突觸可塑性一樣，「神經新生很明顯的跟我們與環境之間的互動有關，不論在情緒還是認知方面。」加州拉荷雅市（La Jolla）沙克研究院（Salk Institute）的神經科學家弗瑞德．蓋吉（Fred Gage）說。他也是一九九八年跟瑞典的彼特．艾瑞克森（Peter Eriksson）共同提出那份劃時代研究報告的學者之一。「去了解（神經新生）究竟在幹什麼，真的是很有趣的一個問題。」

神經元生成時原是「空白」的幹細胞，需要經歷一段發育過程，找點事做才能存活下來，但大部分都會死亡，一個剛形成的細胞大約要花二十八天才能連上整個網路，就像已存在的神經元一樣，它們也適用於海伯「活動依賴學習」（activity-dependent learning）的概念：如果我們不使用那些新生神經元，就會失去它們。後來蓋吉回頭採用「環境豐富化」模型，在老鼠身上測試這個想法❸。「我們剛開始做這項實驗時，幾乎什麼現象都出現了，」蓋吉解釋道，「我們不得不剔除某些條件，結果令人意外的是，光是放一架轉輪在籠子裡，就能對神經元新生的**數量**造成巨大影響，然而諷刺的是，跑步組的細胞死亡率跟控制組其實是一樣的——差別只在於牠們的本錢比較雄厚而已，細胞若要能存活和結合，就必須發射軸突才行。」**運動可以製造出神經元，而豐富的環境刺激會幫助它們存活下去。**

第一個在神經新生與學習之間找出明確關聯性的人，是蓋吉的同事亨莉埃塔·凡布拉格（Henrietta van Praag）。她的研究小組在老鼠用的水池內注入不透明的水，讓水池一角的平台剛好被覆蓋起來。老鼠不喜歡水，所以這項實驗的目的是測試牠們是否記得從平台下水處開始的逃生路線。研究人員把缺乏運動的老鼠跟每晚跑轉輪四到五公里的老鼠做了一番比較，結果發現運動組順利脫險的速度比另一組快很多。這兩組游水的速度都一樣，但有運動的老鼠會筆直朝平台奔去，不運動的老鼠卻四處亂闖才找到出路，而且根據大腦切片的結果顯示，運動組老鼠海馬回的新生幹細胞數量，

❸ 譯注：刊登於《Nature Neuroscience》第二期一九九九年三月號，頁266–270。全文：http://www.nature.com/neuro/journal/v2/n3/full/nn0399_266.html

是不運動組的兩倍之多。在總結這項研究結果時，蓋吉說：「神經細胞的數量跟（老鼠）執行複雜任務的能力有明顯的相關性，如果你阻礙了神經新生，老鼠就無法回憶資訊。」

雖然這些研究都是以老鼠為對象，但你可以看到它們跟內帕維孩子們之間的關聯：體育課為大腦提供了正確的學習工具，那些課堂上的刺激也促使新生成的腦細胞可以接上神經網路，成為傳訊團隊中不可或缺的一員，神經元肩負著使命，但透過運動所產生的神經元，似乎具備更多激發長期增益作用的能力，它們是細胞界的尖兵，也就是這些尖兵，使得普林斯頓大學的神經科學家伊莉莎白・顧爾德（Elizabeth Gould）認為它們或許在前額葉皮質區決定意識思維應否固化為長期記憶時，扮演了某種重要的角色。顧爾德是第一位證實靈長類動物會長出新的神經元，同時也為人類神經新生的研究奠立基礎的研究者。

目前她跟所有神經科學界的人仍在解開神經新生和學習之間的關聯性，而運動一直是很重要的實驗工具，不過我發現很有趣的一點是，大部分的科學家並不是因為對運動感興趣而去研究運動的，他們之所以讓老鼠跑步，是因為就像二〇〇六年《海馬回》期刊（*Hippocampus*）登出的一篇研究報告的題目一樣，運動能「大量增加神經新生」，進而讓他們可以解構整個過程背後的連鎖訊息。這點也是藥廠所需要的，他們一直夢想能製造出抗阿茲海默症的藥丸，使神經元可以再生、保有記憶力。「（海馬回）裡面一定有什麼化學成分可以察覺到運動現象，然後說，好，讓我們開始生點新細胞來吧！」哥倫比亞大學神經學家史考特・史莫（Scott Small）說，最近他才用先進的核磁共振造影（MRI）技術追蹤人類活體裡的神經新生過程，「如果能辨識出這些分子通路，我們或許可以想到更聰明的方法，從生化的層面誘發神經新生。」

想像一下他們真的**把運動瓶裝起來**的樣子。

鍛鍊身體的同時，也在鍛鍊大腦

假如我們真的得到了新細胞，我們勢必要給它一些養分才行，而打從一開始，神經新生的專家就把目標指向BDNF，他們已經知道腦沒有「神奇肥料」的幫助就無法接收新資訊，現在他們更發現，BDNF是製造新細胞的必備原料之一。

BDNF就聚集在突觸附近的囊泡裡，當我們運動時，它們會被釋放出來，此時存在於體內的數種荷爾蒙也會奉令支援，而這又為我們帶來了一張新的英文縮寫名單：IGF-1（第一型類胰島素生長因子）、VEGF（血管內皮生長因子）和FGF-2（纖維母細胞生長因子），這些生長因子會在運動過程中衝過血腦障壁（blood-brain barrier）——也就是一層可以過濾掉細菌等大型物質，由緊密接合的微血管所組成的薄膜組織。科學家最近才認識到，這些生理因子只要存在於腦裡，就會跟BDNF共同合作啟動學習的分子作用機制。還有，它們是在腦內生成的，而且可以促使幹細胞分裂——尤其在運動的時候，更廣泛的好處是，它們可以追蹤從身體通往腦部的直接連結。

就拿IGF-1，也就是當察覺到人體需要更多能量從事活動時，會從肌肉釋放出來的荷爾蒙為例。葡萄糖是肌肉主要的能量來源，也是大腦唯一的能量來源，IGF-1的職責就是與胰島素合作，把葡萄糖運送到你的細胞裡，有趣的是，IGF-1在腦部扮演的角色跟補充管理區域的能量並沒有關係，而是和學習有關——大概這樣才能讓我們記得到哪裡找東西吃。**當我們運動時，BDNF會幫助腦部增加IGF-1的攝取量，並且啟動神經元，製造出傳遞訊號的神經傳導物質如血清素和麩胺酸，接下來，它會刺激更多的BDNF受器生成，擴充神經之間的連結以便固化記憶，尤其是長期記憶。**

這十分符合演化上的道理，如果拋開一切身外之物，那麼我們需要具備學習能力就只是為了尋找、取得並儲存食物而已。我們需要體力從事學習，而我們需要學習以便尋找食物——以及體內所有可以讓學習過程順利進行，讓我們達到適應和生存目的的神經傳導物質。

為了把能量輸送到新的細胞裡，我們需要新的血管。當我們的身體細胞缺乏氧氣時，例如肌肉因運動而收縮時所出現的情況那樣，VEGF就會開始努力在腦部及體內建造更多的微血管。研究人員懷疑，VEGF之所以對神經新生那麼重要，是因為它可以改變血腦障壁的穿透性，把這道圍籬撬開，好讓其他因子可以在運動時穿越過去。

另一個從體內一路發展到腦部的重要元素是FGF-2，它跟IGF-1和VEGF一樣，不僅會在運動時大量分泌，也是神經新生不可或缺的成分之一。在體內，FGF-2可以促進組織生長，在腦部，它能對長期增益作用發揮作用。

隨著年紀漸長，這三個生長因子和BDNF的製造量會自然下降，神經新生現象也會愈來愈少，甚至如同後面即將看到的，即使我們還很年輕，生長因子和神經新生也會因為壓力和憂鬱而衰減。所以對我來說，**這是個令人振奮的消息，因為如果動動身體就能增加BDNF、IGF-1、VEGF 和FGF-2的**

含量，那麼這表示我們還是有能力可以控制這種狀況。

這是一場生長與衰退、活動跟休止之間的對抗，我們的身體是用來鍛鍊的，而在鍛鍊身體的同時，我們也在鍛鍊大腦，學習與記憶跟我們老祖宗賴以覓食的運動功能是一起演化的，所以對大腦而言，如果我們不動，就沒有學習任何事的必要。

能鍛鍊大腦的運動選擇：兼顧技巧訓練和有氧訓練

現在你曉得運動如何在三個層次上改善學習能力了：第一，**它能使你的心智最佳化，提高你的警覺性、注意力和動機；第二，它能促進神經細胞互相結合，為接收新的資訊奠立基礎；第三，它能刺激海馬回裡的幹細胞發展出新的神經細胞。**好，現在你想知道什麼才是最好的運動計畫，我很希望自己能告訴你要做哪種運動、要具備多少運動量才能達到塑造大腦的目的，但科學家目前也才開始面對這些問題而已。「還沒有人做出這方面的研究，」威廉．格林諾說，「但我猜不到五年我們就會知道得更多。」

不過我們還是可以從現有研究中得出一些結論，至少科學家很確定的一點是，你無法一邊從事激烈運動一邊學習高難度的事物，因為此時血液會從前額葉皮質區往外流，所以腦部的執行功能會受到阻礙。例如，當大學生們以最大心跳率七到八成的激烈程度在跑步機或健身車上運動二十分鐘時，他們在複雜事物的學習表現上就相當不理想（所以請別一邊揮汗狂踩橢圓機[4]，一邊準備你的法學院入學考試），然而一旦你停下運動，血液幾乎會立刻回流到前額葉皮質區，而這就是你把注意力放在需要大量思考與分析的學科的最佳時刻。

根據二〇〇七年一項值得注意的研究報告顯示，只要在跑步機上以六到七成最大心跳率進行一節三十五分鐘的運動，認知彈性（cognitive flexibility）就可以獲得提升。這項實驗要求五十九位介於五十歲到六十四歲的中年男女，隨意想出日常物品的變通用法，比如像報紙，它本來是供人閱讀的東西，但也有包魚、包碗盤、墊鳥籠等其他功用。這些部分被指定看電影（控制組）、部分被指定做有氧運動（實驗組）的受試者，分別在活動開始前、結束時以及結束後二十分鐘進行認知測試，結果研究人員發現，看電影組的反應速度及認知彈性並無變化，但另一組只在跑步機上跑完一節就有明顯的進步。認知彈性是腦部一項重要的執行功能，它可以反映我們靈活思考、持續產生創意想法及答案而非機械性做出尋常反應的能力，也是我們在從事需要耗費腦力的工作時，能否擁有最佳績效的重要因素。所以如果你下午準備開一場腦力激盪的會議，趁午餐時間去快跑一圈會是個聰明的做法。

我在本章提到的研究報告，很多都圍繞在運動對海馬回的作用上，那是因為海馬回有助於記憶形成，所以才會在學習上扮演關鍵角色，不過海馬回並沒有唱獨角戲，它不是靠自己踩出新的腦部

[4] 譯注：一種長得像健身車，雙手抓手把、雙腳踩踏板的運動器材。

迴路的，很多區域都會奉前額葉皮質區的命令參與學習過程。我們的腦必須時時注意接收進來的刺激，把它暫存成工作記憶，給它一點情感的分量，跟過去經驗做個比較，然後把所有資訊連回海馬回。前額葉皮質區會將資訊加以分析、排序、集結，它也會跟小腦和基底核合作，讓這些功能得以順利進行，維持資訊往返的規律性。改善海馬回的可塑性可以讓連結得到強化，學習則能為腦部創造出更茂盛、更健康、更相連的神經元；我們愈是擴充這些網絡、愈是豐富自己的記憶與經驗，就愈容易達到學習效果，因為那些已知的事物提供了一個可以形成更多複雜思維的基礎。

關於你需要多少有氧運動才能保持頭腦靈活這件事，日本有一項小而有力的研究報告發現，只要連續十二週每週進行兩到三次三十分鐘的慢跑，就能改善腦部的執行功能，但重點是必須在跑步之外結合一些需要用到協調功能的活動。格林諾多年前曾做過一項實驗，他把單純跑步以及學習複雜肢體技巧如穿越平衡木、搖晃物體和彈性繩梯的老鼠做了比較，結果經過兩個星期的訓練，特技組老鼠小腦裡的BDNF含量增加了三五%，跑步組老鼠小腦裡的BDNF並沒有增加，這個結果延伸了我們對神經新生研究的原有認知：有氧運動和複雜的肢體活動會對腦產生不同的效果，好消息是它們彼此可以互補。「同時含括兩者是很重要的，」格林諾說，「雖然證據還不夠完美，但真的，你的運動計畫必須要有技巧訓練和有氧訓練這兩部分。」

所以我的建議是，**你可以選擇一種同時鍛鍊心肺和腦部的運動——打網球就是個好主意，或者可以先做十分鐘的有氧熱身操，然後再進行以技巧為主的無氧運動，比如攀岩或平衡練習。有氧運動的好處是可以提高神經傳導物質的數量，製造新生血管以輸送生長因子，還能促進新細胞的生**

成；複雜的技巧運動則能藉由強化及拓展神經網路，將所有的元素全部派上用場，而且動作愈複雜，突觸的連結也會愈複雜。雖然這些腦部迴路是透過動作產生的，但它們還是會在其他區域的召喚下加入學習過程，這也就是為什麼學鋼琴可以讓孩子更容易理解數學，我們的前額葉皮質區會收編技巧運動所產生的心智力量，然後運用在其他狀況裡。

無論是瑜伽、芭蕾、體操、溜冰、彼拉提斯還是空手道，這些訓練都會跟腦部的神經細胞產生關聯，例如一些針對舞者所做的研究就發現，隨著不規律節奏擺動會比隨著規律節奏擺動更能增加腦部的可塑性。這些活動觸及的技巧都是屬於非自然的動作形式，因此它們具有「活動依賴學習」的特性，也就是讓海伯的白老鼠變得更聰明，讓格林諾發現突觸變得更茂密的同一特性。

任何比走路還複雜的肢體技巧都需要學習，也因此為大腦帶來挑戰，剛開始你會有點退縮，有點手忙腳亂，但隨著神經迴路連上小腦、基底核，前額葉皮質區也開始活躍起來，你的動作就會變得更準確，透過反覆練習，你的神經纖維外層還會形成更厚的髓鞘，提升訊號傳遞的品質和速度，進而增加迴路的運作效率。以空手道為例，當你練成某幾個套路，你可以把它們運用到更複雜的動作上，不用多久你就能在面對新的狀況時隨機應變。這個道理對探戈也同樣成立，你必須隨著舞伴做出反應的這項事實，會讓你更需要提高注意力、判斷力與動作精確度，相對地的又增加了整個狀況的複雜性。只要再加點樂趣和人際互動，你就能全力啟動大腦和肌肉系統，然後你會準備好迎向下一個挑戰，就是這麼一回事。

3 壓力
最艱鉅的挑戰

蘇珊的壓力很大，已經一年多了，裝修包商還沒把她的廚房弄好；然而跟震耳欲聾的施工聲響相比，穿插在其中的寂靜無聲更令她害怕，因為寂靜代表工作停擺，任何理由都有可能，而這又代表完工日將繼續延宕下去，她不曉得自己什麼時候才能重掌這間廚房，更別提她的生活了。問問任何一個經歷過裝修夢魘的人，都可以證明這種狀態多麼令人不安：陌生人成天在家裡進進出出、無法掌控自己的時間、整間屋子都是灰塵——完全亂成一團，從頭到尾只有在包商出現時，你才會看到有人舒適自在地把你家當成自己家。

四十多歲的蘇珊一直是個活潑外向的女人，她是三個學齡男孩的母親、家長會會長、馬術家、班表排滿檔的專業義工。但突然間，她被迫成天守在屋子裡等工人來，而且常常臨時被放鴿子，這足以把任何人給逼瘋。足不出戶地守著滿目瘡痍的屋子，蘇珊不曉得自己能幹什麼，為了不讓自己抓狂，她開始小酌一杯，又一杯。沒多久，她就發現自己在午餐前會開整瓶的夏多內白酒來喝。「永遠是夏多內，」她說，「那是我唯一會喝的東西。」

蘇珊的世界正在縮小，而且就像我即將解釋的一樣，**她的大腦也在縮小**。她來看診，因為她擔心自己的處理機制會變成一種癮。當她坐在我的辦公室裡，我們討論了很多可以讓她在壓力大時不去碰酒的方法，我試著幫她找出在家裡立刻能做的事，先轉移她的注意力，然後漸漸解除她的壓力感。她不愛上健身房，但還滿有運動細胞的，結果我們發現原來她喜歡跳繩，太好了，我建議她每次一感覺有壓力時，就開始跳繩。

下次再見到她時，她告訴我她已經把跳繩放在家裡的各個樓層備用，也不再靠酒紓解壓力了。即使只靠那麼短暫的運動，她都能立刻找回主導權，成為自己命運的主人，也感覺到徹底的放鬆：肌肉比較不緊繃，腦子也比較不會胡思亂想。她自己的解釋是：「我感覺腦袋好像重新啟動了。」

重新定義壓力

每個人都知道壓力是什麼，但真的是這樣嗎？壓力有不同的形式、大小和期間長短，人際壓力、生理壓力、代謝壓力不過是其中幾種而已。大多數的人用這個詞的時候並沒有因果上的區分，它可以是外界加諸我們身上的重擔：「我現在工作上有很大的壓力」，也可以是當我們似乎承受不了一切時，心裡所產生的一種感覺：「我壓力好大，腦子根本無法想事情」，就連科學家自己有時也分不清楚壓力的心理狀態與其生理反應之間的差別。

壓力是個不容易界定的名詞，部分原因在於它涵蓋的情緒範圍很廣，小至輕微的警覺狀態，大到無力擺脫的挫折感都包括在內，而遠在情緒光譜末端的，就是我們所謂的壓力過大：一個讓人把小挑戰看成大難題的寂寞所在，待在那裡太久，我們就會面臨長期壓力，原本的情緒反應會被轉譯成生理反應，再透過漣漪效應全面引發焦慮、憂鬱等精神問題，以及高血壓、心臟病、癌症等疾病，長期壓力甚至會進一步支解腦部結構。

那麼我們該如何理解壓力這個模糊的概念？藉由記住它的生物定義。其中最重要的一點就是，**壓力是對身體平衡的一種威脅，它會催促、呼喚我們做出適當的反應及調適**。在腦內，任何會引發細胞活動的事物都會構成壓力，為了讓神經元發射訊號，我們的腦需要補充能量，而消耗能量的過程會對細胞造成耗損。**壓力基本上就是你的腦細胞遭遇威脅時，投射在情緒上的一種現象**。

你大概不認為從椅子上站起來是一件有壓力的事——它不會讓你**感覺到**有壓力，但從生物學的角度來看，它幾乎百分之百是壓力，它不能與失業的壓力相比，但事情是這樣子的：這兩種狀況都會在大腦和體內啟動相同的反應機制，從椅子上站起來會誘發協調動作的神經元，擔憂失業也會引發大量的腦部活動，因為情緒是神經元互相傳遞訊號的結果。同樣的道理，學法文、認識新朋友、活動你的筋骨都需要用到大腦，而這一切都是壓力。對你的大腦來說，壓力就是壓力，差別只在於程度的輕重而已。

壓力是必須的，沒有好壞

身體和腦會如何反應壓力，跟很多因素有關，其中之一是基因背景和個人經驗。今天人類生物演化與社會演化之間的差距不斷拉大，我們不再需要逃離獅子等野獸，但這項本能還是緊緊跟著我們。「戰或逃反應」不見得會在會議室裡奏效，當你在公司遇到壓力時，你會直接甩老闆一個耳光？還是轉身逃走？祕訣就在於你怎麼面對。**決定用什麼方法面對壓力不但會改變你的感受，也會改變你的大腦**，如果你的態度很消極或者根本無路可逃，壓力就會對你造成傷害。和大多數的精神疾病一樣，長期壓力會使大腦落入一種固定模式，通常是充滿悲觀、恐懼和退縮的固定模式；積極面對卻能讓你擺脫這種命運，撇開本能不談，你**確實**有能力可以控制壓力對你造成的影響，而且，就像蘇珊會認同的一樣，控制是最重要的關鍵。

運動可以控制壓力產生的心理及生理影響，還能在細胞層面上發揮效果。但如果運動本身就是一種壓力，又怎麼能辦到這點呢？運動在引發腦部活動時，會產生耗損細胞的副作用，但只要在正常狀況下，修復機制都會讓細胞變得更經久耐用，以應付未來的挑戰。神經元就像肌肉一樣會塑造、分解，而壓力會使它們變得更有彈性，運動就是這樣強迫身心做出調適的。

壓力與復原，這是個可以帶來強大且驚人結果的重要生物範例。

一九八〇年代美國能源部（Department of Energy, DOE）曾經委外進行一項研究，調查持續性的輻射是否會對人體健康產生影響。研究人員比較了巴爾的摩市核子造船廠兩組工人的健康情況，這兩組工人的工作內容大致相同，但有個地方不一樣：其中一組暴露於施工材料所產生的低劑量輻射之下，另一組則否。美國能源部從一九八〇到八八年持續追蹤這些工人，結果他們的發現震驚了每一個參與者。

研究發現，輻射讓工人變得更健康。暴露於低劑量輻射下的兩萬八千名工人，死亡率比另外三萬兩千名未暴露於輻射下的工人低二四%。原本公認會危及造船工人健康的有害成分，最後竟帶來相反的結果。對細胞來說，輻射是一種壓力，劑量很高時，會殺死細胞，導致癌症等疾病的發生；但在這個例子裡，由於輻射劑量很低，所以並沒有殺死工人體內的細胞，反而讓細胞變得更強壯。

或許壓力終究有好的一面，但因為這份研究報告做得「不成功」——它沒有反映出輻射有害人體健康的預期結果，所以從未公諸於世。根據我們此後對於壓力與復原生物機制的了解，壓力似乎可以對大腦發揮類似疫苗的作用，在劑量有限的情況下，壓力可以促使腦細胞產生過度補償反應，做好因應未來需求的準備，神經科學家把這種現象稱為「壓力免疫」（stress inoculation）。

所有教人如何減輕現代生活壓力的建議都不該遺漏一點，那就是壓力是我們學習和成長的動力來源，而且在細胞層面上，**壓力可以刺激大腦生長。只要壓力不超過合理範圍，神經元也有時間復原，我們的心理機制就會運作得更好，神經之間的連結也會更強。壓力無所謂好壞——它是必需的。**

演化的禮物：壓力會啟動大腦內建的警報系統

受原始生存欲望所誘發的壓力反應，是我們與生俱來的一份演化禮物，沒有它，我們今天就不可能在這裡。壓力依據原因不同有大小輕重之分，過度的壓力會啟動緊急機制，也就是我們熟知的**「戰或逃反應」，這個複雜的生理現象會分配資源，讓大腦和身體動員起來，並且將發生的事件烙印成記憶，以免我們重蹈覆轍。**但**獅子究竟在哪裡？**威脅必須大到一定的程度才會使身體有所反應，然而任何程度的壓力都會啟動基本的腦部系統，也就是那些負責管理注意力、能量和記憶的區域。如果拋開一切身外之物，我們固有的壓力反應將會是注意危險、補充應變所需的能量，以及將經驗登錄在腦海中，做為未來的參考——我視之為智慧。直到最近幾年，科學家才開始認識並描述壓力在記憶形成及回溯上所扮演的角色，這方面的研究發展相當令人興奮，因為它可以讓我們明瞭壓力為何及如何深深影響我們對這個世界的感知。

「戰或逃反應」會號令體內數種最強大的荷爾蒙及腦中許多神經化學物質展開行動。大腦的警急按鈕，也就是所謂的杏仁核（amygdala），在接收到可能對身體平衡產生威脅的感官訊息後，會觸發一系列的連鎖反應。這個現象不僅可見於遭受掠食的一方，也出現在掠食者身上。杏仁核的工作是反映外界訊息的強度，這些資訊不見得都跟生存明顯相關，除了恐懼，它也跟任何激烈的情緒狀態有關，欣快感（euphoria）及性興奮就是其中之一，中樂透或者跟超級名模共進晚餐也可能觸動杏仁核。這些事件看起來或許沒什麼壓力可言，但是別忘了，我們的腦子並不會區分哪些調度訊息是好的，哪些是壞的，何況從演化的觀點來看，發大財跟一場浪漫約會都跟生存有關——分別是豐衣足食與傳宗接代的象徵。

杏仁核跟腦部許多區域都有連繫，因此會接收到大量的訊息。這些訊息有部分取道自高層的前額葉皮質區，有些則繞過前額葉皮質區間接傳遞進來，這也解釋了為什麼甚至連一段潛意識的感知或記憶，也有辦法誘發壓力反應。

當警報響起，杏仁核會在不到十毫秒的時間內發射訊號，讓腎上腺在不同階段釋放出不同的荷爾蒙。首先，正腎上腺素會觸發快如閃電的電脈衝，通過交感神經系統啟動腎上腺，促其將腎上腺素釋放到血液中，此時我們的心跳和呼吸加快、血壓升高，形成面臨壓力時會出現的激躁感，同時，由正腎上腺素與促腎上腺皮質素釋放因子（corticotropin-releasing factor, CRF）所傳遞的訊號會從杏仁核抵達下視丘，轉交給傳訊者繼續在血液中慢速前進；這些傳訊者會促使腦下垂體啟動腎上腺的另一個部分，釋放出第二種主要壓力荷爾蒙：皮質醇。這個從下視丘到腦下垂體，再到腎上腺的接力傳導路徑，就是所謂的「下視丘—腦下垂體—腎上腺軸」（HPA axis），而它在號召皮質醇分泌及關閉壓力反應上所扮演的角色，也讓它成為整個事件裡的關鍵成員。另一方面，杏仁核會通知海馬回開始錄製記憶，另一道訊息也會被送往前額葉皮質區，決定這個威脅是否值得反應。

人類有個其他動物所沒有的特點，那就是即使危險沒有真正降臨或發生得很明顯，我們也會產生壓力反應——我們能預期它、記憶它、將它概念化，而這種能力也大大增加了生活的複雜性。

「腦的力量相當強大，只要想像自己處於受威脅的狀態，就能啟動（壓力）反應。」美國洛克斐勒大學（Rockefeller University）神經科學家布魯斯・麥克尤恩（Bruce McEwen）在《壓力終結點》（*The End of Stress as We Know It*）一書裡這麼寫道。換句話說，我們光用想的就能讓自己抓狂。

不過麥克尤恩的論點有個很重要的相反面：我們也能把自己**趕出**那個抓狂狀態。就像心理會影響身體，我們的身體也會影響心理，不過這個透過身體活動改變心理狀態的概念，到現在還有很多醫生無法認同，更別提廣泛的社會大眾了。這一直是我研究工作的主軸，而它跟壓力特別有關係，畢竟「戰或逃反應」的主要用意是要讓我們採取行動，因此**身體活動是我們預防壓力負面後果的自然措施之一。當我們用運動紓解壓力時，我們所做的是過去幾百萬年來的人類一直隨著演化在做的事情**，從某個層面上來看，它就是那麼簡單。當然，我們還有許多層面需要探索。

壓力讓人專注，也會讓你上癮

「戰或逃反應」的最高指導原則就是將後備資源予以整編，以供緊急需求之用：一切先做了再說。腎上腺素所引發的激躁感會讓身體專注起來，我們的心跳會加快、血壓會升高、肺部的支氣管會擴張，以便輸送更多氧氣讓肌肉使用，腎上腺素會與肌梭（muscle spindles）結合，增加肌肉的靜止張力，以便隨時爆發行動。此外，我們皮膚內的血管會收縮，以便限制受傷時的出血量，腦內啡也會釋放，鈍化疼痛感。在這個情境中，進食與生殖等生物需求會被擱置，消化系統會停止活動，負責收縮膀胱的肌肉會鬆弛，以節省葡萄糖的消耗，唾液的分泌也會減少。

如果你經歷過上台演說的緊張時刻，對這種心跳加快、口乾舌燥的感覺應該不陌生。你的肌肉和腦袋突然變得很僵，幾乎沒辦法放輕鬆、沒辦法樂在其中，甚至，如果皮質區跟杏仁核之間的訊號中斷，你的腦筋還會一片空白，當場僵在那裡。嚴格說來，這種全面引爆的壓力反應應該叫「戰或逃或僵反應」才對！雖然這種反應機制對站在講台上的你一點幫助也沒有，但基本上是古今皆然的——不管你面對的是一隻餓獅，還是一群躁動不安的聽眾。

有兩種神經傳導物質會提高大腦的警覺性：喚起注意力的正腎上腺素，以及能讓大腦更清楚、更專注的多巴胺，有些注意力缺失過動症（ADHD）的患者之所以對壓力上癮，就是因為這兩種神經傳導物質出現失調現象。他們必須有壓力才能專心，這就是他們做事拖拖拉拉的主要原因之一，他們學會了等待火燒屁股的一刻降臨——只有在此時，當正腎上腺素與多巴胺因為壓力而釋放出來，他們才能坐下來開始工作。這種對壓力的需求，也解釋了為什麼ADHD患者有時候老愛跟自己過不去，當一切都很美好時，他們總會替自己找麻煩，下意識地製造出危機狀況。我有個病患在經歷一連串不順遂的戀情之後，終於找到一個她很欣賞、也對她很體貼的男人，但每次只要事情進展得很順利，她就會找理由吵架；而這一番關於壓力成癮的提醒，能幫助她對自己這種傾向更有警覺性，並且像我期待的那樣，及時阻止自己再度惹禍。

壓力能促進能量補給，也可能拖垮大腦

為了讓肌肉與大腦有能量從事即將展開的活動，腎上腺素會立刻將肝醣和脂肪酸轉換成葡萄糖，而穿梭在血流中的皮質醇，雖然運作的速度比腎上腺素慢，效用卻是廣大無比。皮質醇會以數種面貌在壓力反應過程中出現，其中之一就是參與新陳代謝勤務的交通警察，它會接手腎上腺素的工作，通知肝臟製造更多葡萄糖到血液裡，並且堵住非必要組織與器官的胰島素受器，封閉某些交叉路口，以便能量可以全部流向與「戰或逃反應」相關的重要區域，這項策略的用意是使身體對胰島素產生阻抗，讓大腦有足夠的葡萄糖可以使用。此外，皮質醇還會開始「補貨」，補充腎上腺素消耗的能量，它會將蛋白質轉換成肝醣，開始把脂肪儲存起來。

如果皮質醇的運作有增無減，如同面臨長期壓力的情況那樣，它就會將多餘的脂肪累積在腹部，形成肚皮上的一圈肥油（這就是為什麼一些馬拉松選手就算再怎麼操練，還是免不了有小腹——他們的身體始終沒有機會充分復原）。這種與生俱來的壓力反應所衍生的問題就是，它會持續儲存沒有機會用到的能量，這部分後面還會再詳談。

在壓力反應進行之初，皮質醇還會刺激第一型類胰島素生長因子（IGF-1）的分泌，因為它是能量補給過程中相當重要的連繫元素。我們的腦是葡萄糖重度消耗者，它雖然只占身體重量的三%，卻會用掉二〇%的可用能量，由於缺乏儲存能量的能力，所以皮質醇在穩定供應葡萄糖上所扮演的角色，對腦部的正常運作有著決定性的影響。受制於固定的能量供給，腦也演化出一種在必要時調

撥能量的機制，也就是說，我們的腦部活動彼此之間有競爭性，因為不可能讓所有的神經元同時發射，所以如果某個部分活躍起來，另一個部分勢必會有所犧牲。**長期壓力衍生出的一個問題就是，如果HPA軸（下視丘—腦下垂體—腎上腺軸）狂耗所有能量以維持系統的警覺性，腦部思維區域的能量就會被剝奪。**

壓力教我們的事：人類的集體智慧

把壓力錄製成記憶是一種明顯具有演化利益的適應行為，它是我們賴以生存的集體智慧，而皮質醇就在其中扮演關鍵性角色。一九六〇年代，神經內分泌學家麥克尤恩首度發現皮質醇受器存在於大鼠的海馬回裡，後來他發現恆河猴的腦部也有，現在我們知道它也存在於人類的腦部。這項發現原本一開始讓科學家很擔憂，因為根據實驗顯示，壓力荷爾蒙會對腦細胞造成損害。「皮質醇究竟是如何固化記憶的？」麥克尤恩提到，「我們只能說，海馬回在記憶形成時如果缺乏適當的皮質醇受器，學習效率就會降低，至於詳細內容還有待了解。」

看來皮質醇就跟壓力一樣，不只是好或壞那麼簡單，它少則幫助記憶，多則會壓抑記憶，過量還會侵損神經元之間的連結，摧毀記憶。海馬回負責為記憶提供人、事、時、地、物這些情境訊息，杏仁核則提供恐懼、興奮等情緒訊息，在前額葉皮質區的指示下，海馬回可以進行新舊記憶的比對，然後說：「放心，那是草繩不是蛇。」並且直接關閉HPA軸，讓壓力反應消退，只要它沒有興奮過度。

當大腦開始拉警報，主要的壓力介質——皮質醇、親腎上腺皮質素釋放因子和正腎上腺素，不到幾分鐘就會跟刺激麩胺酸分泌的細胞受器結合在一起，海馬回內所有訊號傳遞的工作，都靠麩胺酸這個興奮性神經傳導物質來執行。當麩胺酸的活動增加，海馬回的資訊流會變快，突觸的活力會變強，訊號會更容易發射，相對地就不必用到太多麩胺酸。也就是說，**壓力在初期可以為長期增益作用（也就是基本的記憶機制）帶來提升的作用。**

這段海馬回神經元愈來愈趨於興奮的初期過程，很可能就是短期記憶的來源。當皮質醇的含量達到頂點，可製造更多蛋白質以建構組織的細胞基因也會受到激化，促使其他細胞擁有更多樹突、受器和更粗大的突觸。而這也是事情開始變有趣的地方，壯碩飽滿的細胞會固化生存記憶，保護參與迴路的神經元，以免神經元被奪走挪做他用。神經元雖然可用於任何數量的記憶裡，但如果記憶是在壓力狀態下形成的，召集神經元進入這個新迴路將會變得很困難，它需要跨越某道門檻才能留下痕跡。

這也解釋了為什麼跟壓力無關的記憶無法在壓力反應過程中進入腦海，為什麼含量居高不下的皮質醇（因長期壓力而引起）會讓學習新事物變得困難，還有為什麼深陷憂鬱的人會有學習上的問題。這不僅是缺乏動機而已，而是因為海馬回的神經元已經固化了麩胺酸的運作機制，把次要的刺激關掉，它們完全被壓力給迷住了。

根據針對人體所做的研究顯示，過量的皮質醇會封住現有記憶的進出管道，這正是為什麼有人在火災發生時會忘記逃生口在哪裡，發生我們所謂「腦筋短路」現象的原因。壓力過大時，我們會失去記憶其他不相關事物的能力，也可能無法調出現有的記憶。下次你參加火災演練時，請想想它對強化腦部迴路以及烙印記憶的重要性；至於過量的壓力，就如同我後面所解釋的那樣，會帶來侵蝕神經元的後果。

現代文明生活簡直是跟人體本能作對

壓力反應是一種精細的適應行為，但因為在這個現代社會，光靠它發揮不了多少作用，能量會愈積愈多，沒有出口可以宣洩，所以你得做些額外的努力，啟動戰或逃的生理機制才行。

人體是為了從事日常活動而設計的，但活動量有多少？在二〇〇二年刊登於《應用生理學期刊》（*Journal of Applied Physiology*）的一篇文章裡，有一組專家藉著檢視老祖先的活動形態，也就是他們口中的「舊石器作息模式」（Paleolithic rhythm），對這個問題進行研究。從兩百萬年前地球上出現人屬（Homo）到一萬年前農耕生活問世為止，所有的人類都是靠漁獵採集維生，而且過的是辛苦勞動個幾天再休息幾天、有一餐沒一餐的日子。藉由計算這些老祖先的「運動量」，再跟今天的數字做比較，我們很容易就可以看出問題所在：我們平均每單位身體質量所消耗的能量，連石器時代祖先的三八％都不到；更不容否認的是，現代人攝取的熱量比以前多，就算遵照官方建議的最嚴格要求，每天慢跑三十分鐘，我們的能量消耗還是達不到基因設定標準的一半，舊石器時代的人平均每天要走八到十六公里，才能有東西吃。

今天，我們幾乎不必花太多力氣覓食，也不必花太多腦筋張羅下一餐，這是近百年來才有的情況。但我們的生理機制卻已經演化了數萬年之久：我們的生活模式與基因之間存在著差距，人類天生就帶有老祖先遺傳下來的節約基因（thrifty genes），於是當我們老是坐著不動時，它們就開始囤積熱量。

從壓力的層面來看，現代社會似乎有個很矛盾的地方，那就是苦日子少，壞消息倒是很多——而且多過了頭，每天透過各式各樣的電子媒介像洪流般湧來的悲劇和需求，讓我們的杏仁核幾乎不得片刻休息，所有負面、狂亂與無助的事不斷累積成壓力。但我們猜想自己應該應付得來，因為我們一向如此，至少到某個程度。然後，我們唯一希望的就是能放鬆一下、喘口氣，於是我們會抓杯飲料，一屁股坐在電視機前或者某片沙灘上——難怪美國的肥胖人口會在過去二十年增加一倍，我們現在的生活模式不僅更有壓力，也更沒活力。

或許你看過標榜可以抑制皮質醇、達到瘦小腹的藥品廣告，其實小腹也只是做它該做的事，把熱量囤積起來，為下次挨餓做好準備；只不過在長期壓力之下，它不僅會破壞我們的體格，也對我們的健康不利，因為囤積的脂肪很容易進入心血管導致梗塞。如果還有人對壓力會致命存有懷疑，請看看這個壓力和心臟病之間的具體關係。

雪上加霜的是，我們在壓力事件過了之後，常常會想用吃來慰勞自己，因為我們的身體正需要補充葡萄糖，而簡單的碳水化合物與脂肪（比如裝在Dunkin' Donuts紙盒裡那些閃閃發亮的甜甜圈）很容易就可以轉換成能量，於是又加重了脂肪囤積的問題。此外，現代人不再過著部落生活，比較缺乏同伴和精神上的支柱，而孤單寂寞對大腦而言並不是一件好事。

科學家經常用來誘發老鼠生理壓力反應的一種做法，就是把牠們從團體中抽離，因為光是孤立牠們，就足以啟動壓力荷爾蒙。這個道理對人類而言也同樣成立：被人冷落或孤立是一件很有壓力的事，不巧的是，當我們的身體愈不活躍，就愈不可能跟他人有所接觸。研究指出，藉由把運動融入生活中，我們將擁有更熱絡的社交生活，它能激發我們的自信心並提供與人接觸的機會。運動所帶來的活力與幹勁，可以幫助我們建立並維持人際關係。

所以問題並不出在你對休息的渴望，而在於你決定用什麼方式度過這個時光，你會選擇安撫性食物、速成的脂肪與糖分、酒精，還是毒品或其他會惹來麻煩的癮習？如果你選擇做運動或者純粹跟他人互動，你就找到了革命性的紓壓方法。

如同我的病患蘇珊證明的，有時候這只是取代的問題而已，雖然她不見得每天都會賣力地跳繩，但當她沒那麼起勁時，至少會提醒自己運動帶給她的感覺。「當我認真保持運動習慣時，它取代了我在喝酒或吃東西時得到的快樂，」她說，「它取代了我腦子裡那股莫名的渴望和欲望，讓我可以把眼光放遠一點，為將來的日子做打算。」

反制壓力天然對策：做運動、限制熱量攝取……

眾所周知，塑造肌肉的方法就是先破壞它，再讓它休養生息，這個方法也適用於會在輕度壓力的誘發之下，啟動內建修復機制的神經細胞。運動最棒的一點就是能激發肌肉及神經元的修復機制，讓身心變得更強壯、更堅韌，更能應付未來的挑戰，擁有更好的反應力與適應力。

規律的有氧運動能安定身體，可以讓我們在尚未出現與心跳率和壓力荷爾蒙相關的嚴重生理反應前，就有辦法應付更大的壓力，也就是提高生理反應的誘發臨界點。運動引發的輕度壓力可以啟動腦細胞的基因，讓它們製造出某些防止細胞受損或致病的蛋白質，強化神經細胞的基礎架構，所以也能提高我們神經元的壓力閾值。

這種細胞層次的壓力復原動態關係，可見於氧化、代謝和興奮三大過程中。

當神經細胞奉令採取行動，它的代謝機制就會像星火燎原般，啟動一連串廣泛效應。細胞在吸收葡萄糖後，粒線體會把它轉換成腺核苷三磷酸（adenosine triphosphate, ATP），也就是細胞可以燃燒的主要能量形態。這個轉換過程當然也會產生廢物，構成氧化壓力（oxidative stress），不過在正常狀況下，細胞都會製造酵素清除掉包括自由基（一種為了讓本身電子中和，到處破壞細胞結構的頑劣分子）在內的廢物，這些具有保護作用的酵素就是我們體內的抗氧化劑。

當細胞因為葡萄糖進不到細胞裡或者因為葡萄糖不足，無法製造出適量的ATP時，就會出現所謂的代謝壓力（metabolic stress）。

興奮壓力（excitotoxic stress）在麩胺酸活動激增，以致沒有足夠的ATP可以應付資訊流所需能量的情況下形成。如果這個狀況一直沒有改善，就會有問題產生，因為此時細胞等於是在挨餓及受損情況下被迫工作，樹突會開始萎縮，最後導致細胞死亡，而「神經退化」（neurodegeneration）正是引發阿茲海默症、帕金森氏症，甚至老化現象發生的潛在因素。科學家就是在對這些疾病進行深入研究時，發現了人體反制細胞壓力的天然對策。

美國國家老化研究院（National Institute on Aging）神經科學實驗室主任馬克・麥特森（Mark Mattson）會那麼吝於餵食他的白老鼠，原因就出在這裡。在許多實驗裡，麥特森都利用「飲食限制」（dietary restriction）來引發老鼠的輕度細胞壓力：讓老鼠沒有足夠的葡萄糖可以製造適量的ATP，結果他發現熱量攝取比平常少三分之一的大鼠及小鼠，壽命最多可以延長四〇%。透過這項研究，科學家也辨識出各種壓力形態（包括有氧運動在內）所釋放出來的保護分子。

比如我在第二章提到的BDNF（腦衍生神經滋養因子）、IGF-1（第一型類胰島素生長因子）、FGF-2（纖維母細胞生長因子）和VEGF（血管內皮生長因子），就是功能最強大的幾種修復分子，其中BDNF因為在能量代謝與突觸可塑性上扮演著雙重角色，所以格外引起研究者的注意。BDNF需要間接靠麩胺酸啟動，它可以促進抗氧化劑和保護性蛋白質在細胞內生成。我之前也提過，它能激發長期增益作用與神經新生，加強大腦的抗壓性，而**我們用運動幫大腦做好壓力免疫工作的好處就是，它能帶動的成長因子比其他刺激更多**。除了在腦內生成，FGF-2和VEGF還會在肌肉收縮時製造出來，然後沿著血液進入腦部，強化鞏固神經元的效果，而這個過程正是身體影響心理的最佳例證。

成長因子代表著壓力、代謝與記憶之間有所連結。「我們的大腦需要演化到很複雜的程度，才能讓我們爭取到有限的生存資源，」麥特森說，「這很合理，畢竟在演化過程中，有機體必須鬥智才能找到食物吃。」

最近，麥特森還做了一項將改變我們看待健康食物角度的科學研究。全球現正興起一種龐大的產業，強力鼓吹抗氧化食物及食品的抗癌效果。他們的邏輯是，你吃愈多花椰菜，就能活得愈久、活得愈健康。話雖沒錯，卻不是出於市場行銷人員要你相信的那些理由。

原來，這些食物之所以對健康格外有幫助，並不只是因為它們含有抗氧化物，而是因為它們還含有毒素。「為了避免被昆蟲和其他動物吃掉，蔬菜和水果這些植物裡的很多有益化學物質，都已經演化成毒素，」麥特森解釋說，「它們的作用是在細胞裡引發輕度且可適應的壓力反應，比方說，青花菜裡面就有一種名為蘿蔔硫素（sulforaphane）的化學物質，可以明顯地開啟細胞內的壓力反應通道，讓抗氧化酵素的成分增多。青花菜裡雖然有抗氧化物，但以你從飲食中可以攝取到的量來說，它們並不會像抗氧化物那樣運作。」

前面提過，微量的有害物質會在核子造船廠工人體內引發一種可適應的應力反應，讓細胞變得更強壯；同樣的，飲食限制與運動也能引發這種現象。麥特森有一篇期刊報告的標題：「神經保護性信號傳導及老化的腦：拿走我的食物並讓我跑步」，就清楚說明了一切。

人體的復原力是由可以清理廢物的酵素、神經保護因子以及可預防細胞自然死亡的蛋白質共同建構而成的，我喜歡把這些元素想成是值勤中的士兵，隨時準備面對下一波壓力的來襲。至於建造這些元素的最佳方式，就是加點輕度壓力在自己身上：動動腦筋、限制熱量攝取、做運動，還有麥特森和你媽媽會提醒你的：把你的青菜吃掉，這些活動全都會對你的細胞造成挑戰，並且製造出足以形成壓力的廢物。弔詭的是，我們必須有壓力，才能有完美的適應與成長能力；我們不可能完全只要好處，而不要絲毫的壞處。

適當休息，讓身體有機會啟動復原機制

如同一切發生在大腦裡的事一樣，壓力反應也取決於所有我前面提到的（以及許多我尚未提到的）成分是否達到精密的平衡。如果輕度壓力持續過久，失調的皮質醇就會誘發基因採取行動，切斷突觸之間的連結，造成樹突萎縮、細胞死亡，最後使海馬回變得跟葡萄乾一樣乾癟。

有好幾種情況會讓身體無法停止釋放壓力荷爾蒙，最明顯的一種就是無止境的壓力，如果我們從不休息，復原機制就無法開始，杏仁核會持續發射訊號，導致皮質醇的分泌量超過健康水準。有時候，戰或逃的開關會卡在「開」的位置。根據流行病學調查的結果顯示，這種狀況有可能是遺傳引起的：如果你把隨機選取的一群人置於上台演講的壓力場合中，雙親患有高血壓的人，在演講完畢二十四小時之後還是會有很高的皮質醇含量；也有可能是環境引起的：懷孕的大鼠媽媽如果持續處於壓力狀態下，胎兒出生後會有較低的壓力閾值，也就是說在生理和心理上，牠們都比其他正常大鼠更缺乏抗壓性。

另外，自尊心較弱的人也會有較低的壓力閾值，不過科學家還不確定哪個是因、哪個是果，而且任何人無論其性格特質或成長背景如何，只要沒有紓解挫折的出口、沒有掌控感、沒有人際支持，都會出現長期壓力的不良影響。基本上，只要看不到希望，我們的大腦就會一直反應下去。

每個人的壓力閾值都不相同，而且會隨著我們的環境、基因、行為或任何條件而升降。就像人腦的神經化學機制一樣，我們的壓力閾值也不斷在變化。雖然老化必定會降低壓力閾值，但我們還是可以藉由有氧運動把它拉高一點。科學家沒辦法很精確地說壓力會在哪一點解除，但他們只要看到這個現象，絕對可以辨認得出來。

過量的壓力讓反應失去彈性，變成惡性循環

雖然壓力可以烙印我們生存上不可或缺的記憶，但如果壓力太大，反而會損及負責烙印記憶的那個結構體。當皮質醇藉由增加麩胺酸、BDNF、血清素和IGF-1等成分的傳導流動，在初期增強長期增益作用時，它也在啟動那些終究會壓抑資訊進入相同迴路的基因，很多次要的資訊都會被重大事件擋住，不得其門而入，於是系統就變得較沒有彈性，只能按照愈來愈窄化的路線排定先後順序。

過多的麩胺酸也會對海馬回造成實質傷害，因為神經傳導物質要發揮作用，就必須讓會搶奪電子的鈣離子進入細胞；但這樣一來就會產生自由基，如果沒有足夠的抗氧化物提供保護，自由基就

會在細胞壁上鑿出破洞，最後讓細胞裂解死亡。

會出狀況的還有樹突，如果這些樹狀分支在長期壓力的失衡狀態下一直躁動不安，它們就會像麥克尤恩說的那樣，「像隻縮頭烏龜」般縮回去，避免細胞死亡。再加上成長因子和血清素因為沒有流動，神經新生的過程中斷，每天新生成的幹細胞不再變成新的神經元，當然也就沒有足夠的建造材料可以改變訊號路徑，打破這個循環。

美國密西根大學（University of Michigan）的莫妮卡・史塔克曼（Monica Starkman）博士是研究庫欣氏症（Cushing's syndrome）的學者。庫欣氏症是皮質醇過量而導致的一種內分泌功能障礙，從它的學名hypercortisolism（高皮質醇症）就可以看得出來，而其症狀跟長期壓力之間有著莫名的巧合：腹部肥大、瓦解肌肉組織以製造不必要的葡萄糖及脂肪、胰島素阻抗或糖尿病、恐慌、焦慮、憂鬱及高心臟病風險。史塔克曼博士發現的眾多相關性之一是：皮質醇累積得愈多，海馬回萎縮和記憶喪失的程度就愈嚴重。

就在海馬回遭受長期壓力摧殘（修掉樹突、幹掉神經元、阻擋神經新生過程）的同時，杏仁核正忙著大顯神威。過多的壓力會在杏仁核內部製造出更多連結，使得它雖然已經有足夠的荷爾蒙可以使用，還是不斷地發射訊號，召集更多的皮質醇，而這個負面現象還會從中得利。杏仁核愈勤於發射訊號，就變得愈強壯，最後甚至凌駕海馬回，奪下夥伴關係的主導權，它會壓抑情境資訊，致使現狀遭到扭曲，然後將恐懼烙印在記憶裡。接著，這股壓力會開始擴散，演變成更廣泛的焦慮感，好像所有事情都難以承受，而這又會為我們的認知加油添醋，引發更大的壓力。「動物就算認知技能受損也會焦慮不安。」麥克尤恩說。

當你受到長期壓力所苦，你就失去了比較現狀和其他記憶的能力，你會沒辦法想起其實自己抓根跳繩就能立即釋放那股壓力，或者有朋友可以傾訴，或者這並非世界末日。那些正面而實際的想法會變得遙不可及，到最後，大腦的化學機制就往焦慮或憂鬱的方向發展。

長期壓力並不是焦慮和憂鬱唯一的原因，也不一定會引發這些疾病，但它很顯然是我們痛苦的根源，無論生理和心理層面都一樣，而我在接下來的章節裡，將會繼續回到這個主題。

從某方面來看，認識長期壓力對我們的種種危害其實是件好事，因為這樣我們就能明白：**壓力對身心造成的影響，其實取決於我們處理它的方式**。人類的演化絕大部分都是在漁獵採集時期發生的，這雖然是個無法改變的事實，但我們還是可以對它做點什麼，套句麥克尤恩在《壓力終結點》一書裡所寫的話：「那個原本用來保護我們的系統要反過來威脅我們，並不是一件必然或正常的事。」

阻斷腦部壓力回饋迴路的推手：運動

現在，你已經知道大腦的功能是把資訊從一個突觸傳遞給另一個，還有，它需要能量才能做這件事。運動能影響新陳代謝，所以也有強大的力量可以影響突觸功能，進而影響我們的思考和感覺。運動可以增加全身血液的流量和葡萄糖取得量，這些都是細胞生存的基礎，當血液變多，攜帶的氧氣也會變多，有了氧氣，細胞才能把葡萄糖轉換成ATP（腺核苷三磷酸）餵飽自己。接下來，大腦的血流會從前額葉皮質區轉移到中腦，也就是我們一直提到的杏仁核和海馬回所在之處，這個先後次序或許解釋了為什麼研究者會發現人在進行激烈運動時，較高層的認知功能會減弱。

這就是運動把大腦推向巔峰之後發生的事，**除了提高壓力閾值，運動還能開啟我前面提過的細胞復原機制，它可以增加細胞間製造能量的效率，讓神經元達到能量需求標準，卻不致加重有害人體的氧化壓力**。雖然這個過程的確會造成廢物的堆積，但我們也有酵素可以消化它們，更不用說辛勤地清理DNA碎屑以及其他正常細胞運作與老化過程下的副產品——這兩者都是有助於預防癌症和神經退化的作用機制。雖然運動可以誘發壓力反應，但如果不是極端激烈的話，應該不會導致皮質醇在體內氾濫成災。

運動提高能量使用效能的方法之一，就是刺激身體製造更多的胰島素受器，而這意味著葡萄糖會得到更有效的運用，細胞也會變得更強壯；最棒的一點是，那些受器會一直待在那裡，讓剛取得的效能不會流失。如果你經常運動，讓你的胰島素受器跟著增加，那麼當你的血糖值往下掉或者血流減少時，細胞還是可以擠出足夠的葡萄糖到血液裡，維持正常運作。除此之外，運動也能增加體內的IGF-1，協助胰島素調節全身上下的葡萄糖含量。

不同於在體內各處調節葡萄糖，IGF-1在腦部並不會跟補充細胞能量有太大的牽連，然而迷人的是，它可以在海馬回裡增加長期增益作用、神經可塑性和神經新生的形成，這是運動幫助神經元產生連結的另一個方法。運動還能促使體內製造FGF-2和VEGF，建造新的微血管並擴展腦部的血管系統，當通道愈多、愈大，血流的效率自然就愈高。

另一方面，有氧運動也能增加BDNF的生成。整體來說，這些成長因子的作用就是合力促進大腦的發展，預防長期壓力的侵害。除了啟動細胞復原機制，它們還會監控皮質醇的狀況，適時增加血清素、正腎上腺素和多巴胺這些調節性神經傳導物質的含量。

在機械層面上，運動可以鬆弛肌梭的靜止張力，打斷通往腦部的壓力回饋迴路。當身體不再緊繃，大腦就會想到自己或許也該放鬆一下，經常性的運動還能提高心血管系統的效能，讓血壓降低。最近心臟病學家發現，一種由心肌組織所製造的荷爾蒙心房利鈉胜肽（atrial natriuretic peptide, ANP），會藉由抑制下視丘—腦下垂體—腎上腺軸（HPA軸）以及消除腦中噪音，直接緩和身體的壓力反應。**ANP**最有意思的是，它會在運動期間隨著心跳率的上升而增加，而這也勾勒出另一條運動紓解壓力感及壓力反應的路徑。

運動引發的壓力具有可預測性與可控制性，因為是你在啟動它，而這兩項都是影響心理狀態的重要變數。藉由運動，你會更有掌控感、更有自信。當你愈來愈察覺自己處理壓力的能力，不再依賴負面的處理機制，你就能振作起來，並且開始相信自己有辦法面對壓力，這正是讓我的病患蘇珊找回自己的重要因素。藉由跳繩，蘇珊成功抑制了壓力感以及伴隨而來的逃避念頭。「對我來說，了解我的大腦化學機制是最棒的一點，」蘇珊說，「是我的動機帶我走出那個狀態。當我的情況有了改善，那個動機就變得簡單多了——跳繩幾乎變成一種需要。」

蘇珊的體悟，正是我希望可以灌輸給所有讀者的概念。無論在細胞或心理等任何層面，運動都能趕走長期壓力帶來的不良影響，甚至逆轉。目前已經有研究顯示，如果讓處於長期壓力之下的大鼠做運動，牠們的海馬回會長回到先前尚未萎縮的狀態。這種藉由運動改變我們思考和感受的紓壓機制，比甜甜圈、藥物和酒都還要有效，當你說你在游完泳或甚至快走一圈之後感覺輕鬆多了，那絕對是千真萬確的事。

身心合一：派爾斯的四十七場馬拉松

羅伯特・派爾斯（Robert Pyles）的壓力很大，那是在一九六九年，他已經完成住院醫師訓練，正從海軍退役。服役期間，他每天都要聽取從越南直接送來波士頓基地的阿兵哥報告罹患戰鬥精神官能症的病況。不過問題並不出在工作上——他是個年輕的精神分析師，且做得相當稱職，問題出在他自己：他的父親和岳父在短期內相繼去世，以致他年少遭逢母喪時不敢面對的悲痛情緒，全部湧上心頭，重重地打擊他。

他的身體狀況也不好，壓力大到開始出現喉頭哽咽、呼吸困難的怪現象。前陣子他好不容易才結束跟病毒性腦膜炎（viral meningoencephalitis）長達一年的搏鬥，現在又進了醫院，而這次他認為可能是喉癌。在當時，似乎完全沒有跡象顯示他有一天會當上美國精神分析學會（American Psychoanalytic Association）的會長，或者到哈佛任教、擔任美國職棒大聯盟「新人生涯發展課程」的顧問。事實上，對羅伯特・派爾斯博士來說，當時似乎完全沒有跡象顯示他可以活過三十三歲。

X光在他肺部照到一顆顆小雪球，經過診斷發現那些是散布性類肉瘤（disseminated sarcoidosis），類似惡性腫瘤，好發於淋巴系統，接著侵犯其他器官、致人於死的疾病。「我幾乎很確定自己會發生這種事，因為那時我正處於極大的壓力和憂鬱狀態中，」派爾斯說，「我想這大概是因為我的免疫系統棄守了，所以才又得到另一種病。」

我在前文探討過長期壓力對腦部造成的影響，但它對身體的影響也很大，甚至與一些最具殺傷力的疾病有關，比如血管因反覆的血壓刺激而受損，導致脂肪凝塊堆積時，就會引發動脈粥樣硬化症（atherosclerosis）。我先前提過，過量的壓力反應會為肚皮添上一圈肥油，根據研究顯示，這比脂肪堆積在其他地方更危險，**長期壓力帶來的過量皮質醇，會在維持血中葡萄糖水平的同時，縮減IGF-1含量，形成一種可能引發糖尿病的代謝失衡現象。更廣泛的影響是，源源不斷的皮質醇會壓制免疫系統，讓身體完全暴露在各種疾病的威脅之中，最後可能導致死亡。**

派爾斯對自己不抱任何希望，在那個時候，醫界並沒有治療散布性類肉瘤的方法，更別提有什麼解藥。前一刻，他還是個受過哈佛教育、剛要成家立業的年輕醫師；下一刻，他卻被判了死刑。「我不知道該怎麼辦才好，」他說，「我愈來愈恐慌、愈緊張，結果我開始做一件事，我開始跑步。」

求學時期，派爾斯一直是個很有運動細胞的人，但後來他不再要求自己，使得一七五公分高的骨架負荷了八十六公斤的重量。「大學畢業後，我就跟所有人一樣，再也沒做任何運動，」他說，「我頂多只能跑四百到八百公尺，但我告訴自己，如果我可以跑那麼遠，大概就活得過今天。過了一段時間，我開始跑到兩公里，接著是五公里，再來是八公里、十二公里。我發現當我跨過了某個很不舒服的門檻，有個東西會讓我豁然開朗，然後我就能繼續跑下去。」

派爾斯養成了跑步的習慣，但他跑步並不是為了活命，而是為了不讓自己抓狂。散布性類肉瘤患者唯一能做的，就是每三個月照一次X光，記錄小雪球的數量。但對派爾斯來說，**病情似乎受到了穩定的控制，數月變成數年，短跑變成馬拉松，X光片也開始回復清晰的模樣。大概過了五年，那些類肉瘤就完全消失了。**

那個年代是當你生病時，醫師的首要建議永遠是叫你多休息的年代，而且肯尼士．庫柏博士才剛發明「有氧運動」這個名詞，我們也還不清楚心肺體適能對健康有什麼好處。派爾斯雖然受過醫學訓練，但他和精神分析師並不知道那些憂鬱原來是壓力引起的。「我想跑步對我的幫助是，它帶給我某種掌控感——讓我知道我還能**做點什麼**，」派爾斯說，「憂鬱跟那場病最大的問題在於，我徹底地感到無助，好像我什麼都不能做，連想奮力一搏都不可能。」

派爾斯的醫師把他的痊癒視為奇蹟，並且將案例寫進醫學報告。但當派爾斯提到這一切或許跟跑步有關時，這位醫師卻「完全嗤之以鼻」。

派爾斯從沒想過跑步會成為他生命中如此重要的一部分，他戒掉了抽菸斗的習慣，也不再吃肉，原因是這些習慣會讓他變得沉重，他甚至把這項日益增長的個人興趣跟工作結合在一起，成為一位運動精神科醫生，專門治療因受傷無法從事運動而罹患憂鬱症的運動員。當然他自己也受過傷，但除了有一陣子因為腿部骨折無法參賽之外，他從一開始就每年固定跑兩場馬拉松，加起來總共有四十七場之多。

「那個年代的醫師一點都不重視運動在任何方面提供的好處，」派爾斯說，「我還是認為運動應該得到更高的評價，尤其在精神病學方面，那些一路念書長大的知識份子，對運動幾乎都心懷反感。」

派爾斯把這個現象部分歸因於佛洛伊德心理分析的基本原理，利用做某件事避免談論自己情緒，向來都被視為一種「付諸行動」（acting out）的心理機轉，這也是心理分析師使用躺椅的由來——藉由限制病人行動，迫使他們用口語表達內心感受。從這個觀點來看，運動可說是「付諸行動」的最佳例證——我們是藉由行動而非口語處理情緒，我們沒有在解決問題。

但對於現年七十二歲的派爾斯來說，事實卻恰恰相反，他所用的那套積極處理機制，重新定義了他的人生和事業。「運動拯救了我，」他說，「我認為跑步真的讓我回到身心合一的境界——身心是一體的，我們不可能把自己拆成兩半。」

員工愛運動，公司倒不了

既然辦公室是大多數人主要的壓力來源，自然而然也就成為檢視運動功效的理想地點。今天，有愈來愈多的公司鼓勵員工上健身房或加入健康俱樂部，某些壽險公司也開始抵償顧客的健身費用。他們之所以那麼慷慨，是因為研究顯示運動能減少壓力、提高員工的產能。二〇〇四年，英國里茲都會大學（Leeds Metropolitan University）的研究人員發現，**經常使用公司內部健身房的員工比一般人更有生產力，也比較能應付繁重的工作。**參與此項研究工作的兩百一十位受試者，絕大部分都在午休時間進行四十五分鐘到一小時不等的有氧課程，然後於每天下班前填寫問卷，評量自己在同事互動、時間管理與如期交差這三項上的表現如何，結果六五％的人在運動期間的工作表現比平常更好。整體而言，運動讓他們對工作感到更滿意、更沒有壓力，而且雖然在午休時消耗了大量的體力，他們到了下午卻比較不容易疲倦。

另外也有研究指出，**經常運動的員工請病假的天數比較少**，例如北方瓦斯公司（Northern Gas Company）有參加公司運動計畫的員工，請病假的天數就比其他人少八〇％；奇異公司（General Electric）的飛機引擎部門也經由一項研究發現，加入公司有氧健身中心的員工，醫療費用申報件數平均少了二七％，非會員的員工則多了一七％；還有，根據可口可樂公司（Coca-Cola）在一九九〇年代末期發表的一項報告顯示，有參與公司健身計畫的員工，醫療費用的申報金額平均比其他員工少了五百美元。

還有更多一般性研究支持運動有助於戰勝壓力相關疾病這個論點，畢竟，運動顯然能讓人遠離工作。壓力和缺乏運動（現代生活的兩大特徵）是衍生出關節炎、慢性疲勞症候群、纖維肌痛症等其他自我免疫疾病的重要因素，用任何方法減輕壓力，尤其是運動，都可以幫助病患從這些疾病中復原。這些疾病導因於免疫系統變差，如同派爾斯的例子清楚呈現的，運動能大幅增強人體的免疫功能。最近幾年，醫界已經開始向癌症患者提倡運動的好處，一來可激發他們的免疫反應，二來能幫助他們紓解壓力和沮喪感。沒有人敢說運動可以治好癌症，但研究證明，身體活動確實是影響疾病發生的重要因素：在三十五件研究裡，有二十三件顯示缺乏運動的女性有罹患乳癌的風險；較常運動的人得大腸癌的機率比其他人少五〇％；六十五歲以上經常運動的男性，罹患前列腺癌的機率比其他人少七成之多。

這又回到了人類演化的弔詭：雖然現代生活給我們帶來許多生存上的便利，我們的壓力卻有增無減，而我們比老祖先更缺乏活力的這個事實只會讓情況日益惡化。只要牢記一點，**你的壓力愈大時，你的身體愈需要動，大腦才能運轉得更順暢。**

4 焦慮
沒什麼好恐慌的

一如慣例，律師一開始就詢問我的背景、著作和專業領域。法庭上氣氛沉悶、乏味，與潛伏的戲劇化情節形成強烈的對比。撇開常見的經濟考量不談，遭到丈夫訴請離婚的被告——也就是我的病患，暫時稱她為艾美——恐怕也很難爭取到孩子的監護權。我應律師要求以證人的身分出席，說明她的精神狀況。現在，我正在接受交叉詰問。

艾美是個聰明、美麗卻又內向、焦慮的女人，一天到晚擔心這個、煩惱那個，隨著她那經常飛往各地的另一半愈來愈沒興趣當**她的**老公，還有他原本還算穩定的批判個性愈來愈變本加厲，艾美開始憂慮起最壞的狀況：她童年的遭遇會再度上演，而婚姻破裂正是她最不希望發生的事。當雙方勢必走上離婚這條路時，她不曉得自己今後該怎麼辦，於是在一陣恐慌之下，她威脅說她要自盡，並且離家出走到數千里遠的地方。這個魯莽的舉動讓艾美喪失了法律上的權利，法官同意丈夫在判決確定之前，暫時取得孩子的完全監護權，並且限制她每週只能探視兩次。更糟的是，基於懷疑她的精神不太穩定，她必須有法院指定的第三人在場監督才能探視。

艾美丈夫的律師把火力集中在她的精神狀況上。

「被告目前有接受任何治療嗎？」她問，其實答案她清楚得很。

「沒有，目前沒有。」我回答。

「你有沒有幫被告開過藥？」

「有，百憂解。」

「那是抗憂鬱藥物。」

「對，它對治療廣泛性焦慮症（generalized anxiety disorder）很有效。」

「所以你這位病患得了廣泛性焦慮症？」

「對。」

「原來如此，但她現在並沒有服用百憂解，是你叫她停藥的嗎？」

「不是，她來徵求我的同意，我告訴她那樣做沒關係。」我看得出來律師在打什麼主意，她想把艾美說成是一個**不想**把自己的病醫好的人，因為在法官的眼裡，治療就等於服藥，所以艾美一定是不願意恢復健康才會這麼做。如果一個人連自己都不想照顧，又怎麼能讓別人相信她可以照顧自己的孩子？

「但她一直在運動，」我很快地補上一句，「而且狀況相當好！」

「運動？但那是未經證實的治療法，對吧，醫師？」

「不，運動的效果完全不輸給百憂解和其他的抗憂鬱藥物、抗焦慮藥物物……」

「那是你個人的看法，」律師打斷我的話，「運動究竟有什麼作用？」

「你真的想知道？」我微笑以答，「我正在寫一本關於這個主題的書。」

「我真的想知道。」

她大概以為會聽到很籠統的解釋。完全相反，我引述了好幾項臨床實驗的結果，顯示運動的效果就跟某些焦慮與憂鬱治療法一樣好。後來我還唱了二十分鐘的獨角戲，說明運動對大腦的功用，尤其是它如何緩解艾美的焦慮症，使得她在接受我治療的九個月裡，學會掌控那種混亂感。如果這位律師想審判的是「運動」這件事，我絕對舉雙手贊成。

案例：克制不住焦慮的艾美

焦慮感是當壓力反應來到某一點，交感神經系統與下視丘—腦下垂體—腎上腺軸（HPA軸）轉換到高速檔以應付外來威脅時，所產生的一種自然反應。當你即將上台演講或準備向上司攤牌時，這種感覺會幫助你更加聚精會神，好迎接隨之而來的挑戰。焦慮的生理症狀，小到感覺緊張、不安、呼吸急促，大到心跳加快、不斷冒汗，甚至像恐慌症發作時那樣出現劇烈的胸痛。在情緒上，你經歷的是恐懼。假如你正坐在一架飛機上，突然間卻急速下降了好幾百公尺，你和機上所有的人一定會立刻緊張憂慮起來——我們會平安無事嗎？你的神經系統會持續上緊發條，對接下來的任何亂流提高警覺，這種焦慮是正常的。

但如果連不具威脅性的事物都會讓你擔心，而且已到影響正常生活的地步，那就成了所謂的「焦慮症」，它會讓你滿腦子都是焦慮的念頭，失去洞察力，沒辦法好好思考事情。根據調查，美國約有四千萬或者一八%的成年人患有臨床焦慮（clinical anxiety），並且透過廣泛性焦慮症、恐慌症（panic disorder）、特定對象恐懼症（specific phobias）和社交焦慮症（social anxiety）等多種方式顯現出來，這些精神障礙全都跟重度壓力反應有著相同的生理症狀，也都會出現類似的腦部功能障礙：對周遭情況產生錯誤的認知。非理性恐懼是它們共同的特徵，差別只在於事件的不同。

患有廣泛性焦慮症的人很容易把正常狀況當成天大的威脅，比如連自己的影子都害怕的膽小者，以及不管看到什麼都會擔心的杞人憂天者。恐慌症患者大部分時間似乎並沒有什麼異狀，卻會發生突如其來的強烈恐懼感，以及容易被誤認成心臟病的劇烈胸痛。恐慌是最嚴重的一種焦慮形式，根植於所有恐懼症中（恐懼症是指對特定事物或情境產生極度的恐懼，以致有一股難以抗拒且不合邏輯的衝動，想避開恐懼的來源——對蜘蛛恐懼症〔arachnophobe〕患者來說是蜘蛛，對懼曠症〔agoraphobe〕患者而言是空曠場所）。最常見的恐懼症大概要算是社交焦慮症，也就是我所謂的日常互動版的表現焦慮症（performance anxiety）。我們或多或少都會在某些時刻或場合經驗到社交焦慮，但社交焦慮症卻不只是單純偶發的怯場，而是對所有可能跟人接觸、交談或甚至被人注視的社交場合所產生的一種魂飛魄散的恐懼感，而且影響範圍比一般人理解的還廣。全美約有一千五百萬人深受此病所苦，社交焦慮症會嚴重破壞我們的生活品質。

所有形式的焦慮都能彼此滲透、相互依存，而且經常會合併出現憂鬱症等其他問題。儘管恐慌症不一定會引發廣泛性焦慮症，反之亦然，但它通常會因為患者害怕再度發作而演變成廣泛性焦慮症；有些人還有較高的焦慮敏感度（anxiety sensitivity），使得原本就罹患的任何一種焦慮症變得更加複雜。有時你的心跳和呼吸可能會莫名其妙地快起來，當你警覺到這種狀況，光是那份警覺就足以誘發焦慮或恐慌。你抓狂是因為你感覺自己快要抓狂，一旦你開始害怕那股恐懼（不論是精神上或生理上的），焦慮很快就會全面爆發。

艾美是廣泛性焦慮症合併恐慌症及社交焦慮症的典型案例，在她身上可以同時看到焦慮的情境：過度警戒、緊張、總是往最壞的地方想，以及焦慮的特質：有可能發展成情境的一種更深層、更根深柢固的傾向。從過去到現在，艾美都有焦慮敏感的問題，隨著婚姻觸礁，這個問題只有更加惡化，她開始對任何的風吹草動感到不安，好像每件事都是對自己生命的一種威脅，她的反應過度強烈，並且對她個人和夫妻關係造成很大的傷害。

艾美的處境比任何狀況都更容易引發焦慮。她的丈夫嚴格控制她跟孩子見面的時間，她得固定去看心理分析師以便向法院回報，還有，整個鎮都曉得她發生了什麼事。不僅如此，艾美的社交焦慮更在她進行訪視時全面來襲，她必須表現給法院指定的監督人看，而且她很擔心自己會出什麼紕漏，留給她的丈夫更多把柄。艾美的精神狀況已經受到評判，但當她愈擔心自己的表現，她的症狀就愈嚴重，在這種處境下，艾美開始懷疑自己當母親的能力，即使她一直以來都相當稱職。她渴望能拯救自己，把小孩要回來，但她就像個克制不住焦慮的神經病一樣，連反擊的能力都沒有。這是一種惡性循環——不斷徘徊在恐慌邊緣的艾美，始終感覺沒辦法衛護自己或克服任何事。

處於這種狀態時，我們會開始把每件事往壞的方面想，於是我們試著逃避一切，我們的世界也跟著開始變小。自從婚姻出狀況以後，艾美就整天窩在她的新公寓裡，也不敢跟家人和朋友來往。

服用運動藥丸，讓大腦走出焦慮陷阱

艾美不像律師說的那樣，她其實非常希望自己能好起來，不想服藥並沒有罪，也不是什麼異常的行為，何況她還吃過一陣子的百憂解。百憂解是可以鎮定神經沒錯，卻也讓她感覺不到自己的衝勁，所以她就不再吃了。她一直都在做克利帕魯瑜伽（Kripalu yoga），這也有讓她平靜下來的效果。但她還是為焦慮症所苦，所以我鼓勵她做有氧運動。她買了一部橢圓機，比起要她跨出那個安全地帶，目前這是更為合適的選擇。

慢慢的，艾美開始養成習慣，每天早上都會踩個三十分鐘，這原本是她很容易感到無聊的時段，但現在她已經從橢圓機上找到樂趣。她跟我提到她可以如何一邊踩動踏板，一邊把上身旋扭的動作融合進去，以及如何在做完有氧運動後再練一小時的瑜伽（已證實可減緩焦慮）。她正學習掌控自己的焦慮感，而這是她在克服焦慮特質上的一大進展。她很快就體認到當自己出現焦慮或恐慌的現象時，只要在橢圓機上踩個十到十五分鐘，就能立刻消除那些感覺（這跟蘇珊透過跳繩處理壓力是相同的道理）。

運動讓艾美重新找回衝勁，不再一天到晚擔憂，也開始看到自己積極的一面。她不再感到封閉，開始參與其他日常活動，也恢復了嗜好和友誼，讓她跟自己好的一面重新搭上線。現在，她不再覺得自己像隻躲在牆角的老鼠，一有什麼風吹草動就驚惶失措。不知情的旁觀者或許會說艾美變活躍了，但運動對她性格造成的漣漪效應其實更為深遠。她整個人充滿了踏實感。

事實上，她的環境並沒有改變太多，真正改變的是她處理壓力的方式和心態。她說她已經把運動當成威士忌或alprazolam（商品名為贊安諾〔Xanax〕，一種抗焦慮藥物），這個策略顯然成功降低了她的焦慮敏感度，也讓她的大腦走出陷阱。

證據：運動會讓大腦知道，焦慮其實是認知錯誤

二〇〇四年，美國南密西西比大學（University of Southern Mississippi）的研究員約書亞・布洛曼—弗克斯（Johshua Broman-Fulks）發表了一份關於運動能否降低焦慮敏感度的研究報告。他找來五十四位還在念大學、焦慮敏感指數較高，每週運動不到一次的廣泛性焦慮症患者，並且把這些不愛動的研究對象隨機分成兩組，給他們兩週的時間完成六節二十分鐘的跑步機訓練。第一組必須以達到最大心跳率六到九成的激烈程度在跑步機上跑步，第二組必須以一・六公里的時速（相當於最大心跳率五成的程度）在跑步機上走路。

結果顯示，這兩種鍛鍊法都能降低焦慮敏感度，但激烈運動的效果比較快，也比較好，而且只有激烈組感覺自己對焦慮的生理症狀不再那麼恐懼，這是才做完第二節就呈現出來的差別。它背後的理論依據是，當我們的心跳和呼吸在運動過程中變快，我們會認識到這些生理現象不見得會引發焦慮，然後愈來愈習慣身體的自然反應，不再自動假設它們是有害的現象。

這是一項支持「焦慮其實是認知錯誤」的重大發現。藉由運動，你不只能戰勝焦慮症狀、治癒情境，還會隨著體適能水準的提升，徹底根除此一特質。假以時日，你就能讓你的大腦明瞭那些症狀並不見得都是壞事，而且你是可以找到生路的；換句話說，你正在重新修正自己的錯誤認知。

有氧運動具有驅除焦慮的功效，是很久以前就已經成立的事實，但研究人員直到最近才弄清楚它在體內的運作機制。

運動可以減少肌肉的靜止張力，中斷通往大腦的焦慮回饋迴路，一旦身體鎮定下來，大腦就比較不容易憂慮。運動還能產生讓身心平靜的化學變化：當肌肉開始工作，我們的身體會分解脂肪提供熱量，同時釋放脂肪酸到血液中，而這些游離脂肪酸會跟體內八大胺基酸之一的色胺酸（tryptophan）互相競爭，搶奪在運輸蛋白（transport proteins）的結合位置，連帶使得血中的色胺酸濃度升高。為了保持平衡，色胺酸會試圖擠進血腦障壁內部，一旦穿透進去後，就會立刻被製造成我們所熟知的血清素。除了色胺酸，伴隨運動而來的大量BDNF也能促進血清素的分泌，讓我們平靜下來，更有安全感。

此外，**運動還能誘發γ胺基丁酸（GABA）的釋放**。γ胺基丁酸是腦部主要的抑制性神經傳導物質，也是大多數抗焦慮藥物物鎖定的標的物。維持GABA濃度的正常是一件相當重要的事，因為它能直接從細胞層面中斷腦部的焦慮回饋迴路，讓我們不再充滿預期性的焦慮。還有，當心臟強烈跳動時，心臟的肌肉細胞還會製造心房利鈉胜肽（ANP）以減緩我們的過度反應。ANP是人體用來調節壓力反應的另一項工具，這點我在後面還會詳加解釋。（參見第122頁）

至於特質方面，多數的研究報告都指出有氧運動能有效緩解任何一種焦慮症，不過運動也能幫助一般人減輕正常的焦慮感。有項發表於二〇〇五年的研究報告，對一群智利高中生進行了九個月、也就是一整學年的實驗，測量運動對他們的生理及心理所產生的效果。研究人員將一百九十八位十五歲的高中生分成兩組：每週上一堂九十分鐘體育課的控制組，以及按照重新設計的課程內容，每週上三堂九十分鐘體育課且運動量龐大的實驗組。有趣的是，這項研究原本評估的是運動對健康人口造成的普遍身心效應，但在這群學生的心理測試結果裡，最突出的竟然是跟焦慮有關的數值，實驗組的焦慮指數下降了一四%，遠高於控制組不具統計顯著性的三%（這個成果足以用安慰劑效應解釋），而且不出所料，實驗組的體適能水準提升了八．五%，控制組卻只有一．八%。顯然，你的運動量跟你的焦慮程度是有關聯的。

關於恐懼這件事

焦慮就是恐懼，但什麼是恐懼？按照神經學的說法，恐懼是我們對危險的記憶，因此如果我們為焦慮症所苦，大腦就會不斷重演那段記憶，迫使我們活在那層恐懼裡。這整件事雖然從也杏仁核拉警報開始，但跟正常壓力反應不同的是，焦慮症的警報無法順利解除，因此大腦的認知處理系統無法告訴我們問題並不存在，或者危機已經解除，我們可以喘口氣了。我們的腦子裡充滿太多因為身心緊繃而不斷傳送進來的感官信號，以致障蔽了清楚評估情況的能力。

這個認知上的錯誤，部分原因出自於沒有受到前額葉皮質區有效掌控的杏仁核。科學家從廣泛性焦慮症患者身上找到的一個相關性是，經由腦部掃描顯示，負責傳送「暫停及停止」（cease-and-desist）訊號給杏仁核的前額葉皮質區，普遍變得比該有的尺寸小。於是過度興奮時，杏仁核很容易把大大小小的情況都視為生存威脅，並烙印成記憶。這些恐懼記憶彼此會產生連繫，使得焦慮感像雪球般愈滾愈大，最後，杏仁核會藉由把恐懼搬上檯面，壓制海馬回想緩和「戰或逃反應」的意圖。隨著雪球擴大，愈來愈多記憶跟恐懼扯上關係，你的世界也開始縮小。

我有位患有社交焦慮症的病患，就是說明恐懼如何像滾雪球般擴大，以及我們可以如何掌控它的好例子。愛倫——我暫且這麼稱呼她——是個將近三十歲，對社交聚會、接觸新朋友，甚至跟熟人閒聊幾句都感到恐懼的企業經理，她光是想到自己即將參加一場雞尾酒會，就能緊張到反胃和口乾舌燥的地步，而且到了會場之後，她總是迫不及待地要喝酒壯膽。一如大部分患者，愛倫感覺自己成為眾目睽睽的焦點，很怕會做出什麼尷尬或丟人現眼的事：等到酒會結束，她還會回家批判自己剛才的「表現」。

這讓愛倫在管理她的七名部屬上充滿壓力，她多麼希望自己能大膽指派工作，不必對誰感到抱歉，但她的焦慮症一直阻止她表現出上司該有的樣子。她知道低聲下氣央求屬下做事是不對的，但命令他們做些什麼又讓她感到很內疚，或者擔心自己是不是要求太多了。隨著權威感逐漸消蝕殆盡，愛倫變得更加焦慮，而且開始避免與辦公室的任何人接觸，以免被別人看出弱點。

焦慮症之所以不好對付，是因為跟生存相關的記憶勝過了現有記憶。比方說，你每天晚上下班回家都會走過一間屋子，但某天晚上，有隻狗突然從屋裡跑出來攻擊你，從此以後，你都會刻意繞過那間屋子，因為驚恐的記憶會壓過所有安全的記憶，就算屋子有道圍牆，或者你再怎麼小心，你經過時多少都會忐忑不安。恐懼的記憶一經烙印，這組特定的腦部迴路就內建完成了，換句話說，恐懼是永遠的。

跟科學家最初的假設相反的是，有研究者將患焦慮症及未患焦慮症成人腦部活動的核磁共振造影結果進行比較，結果發現他們的杏仁核在面對正常的恐懼刺激時（例如驚恐的臉孔，這種圖像很有震撼力，因為人類天生就懂得解讀面部表情以取得生存線索），反應上並沒有什麼差別，倒是面對非**威脅性**刺激的時候，會出現明顯的差別；大多數的人在看到和顏悅色的圖像時，杏仁核的活動明顯趨緩，但焦慮症患者的杏仁核卻會繼續保持活動，好像恐懼依然存在一樣，也就是說，它們分辨不出危險和安全。精神病學家、同時也是美國國家精神衛生研究院（National Institutes of Mental Health）發展暨情感神經科學部主任的丹尼爾．派恩（Daniel Pine）的解釋是：「焦慮症患者有學習障礙的問題。」

這種功能障礙或許潛藏著遺傳因子。最近有研究者針對一種會阻止BDNF增進神經連結並導致記憶喪失的基因變異進行研究，在實驗中，帶有BDNF突變基因的老鼠被放到容易誘發焦慮的情境後，並不能藉由百憂解得到應有的抗憂鬱效果，但對處於相同情境中的正常老鼠來說，百憂解是有效的。這個結果顯示**BDNF可能是戰勝焦慮的重要成分，原因或許是它可以幫助烙印正面記憶，進而繞過恐懼，另闢蹊徑。**

我認為這充分解釋了運動為何不只能有效治療焦慮的情境（透過釋放肌肉張力、阻擋血清素的回收和促進胺基丁酸的分泌），還能有效治療焦慮的特質。運動提供了神經元建立連結所需的一切東西，如果我們導入這個過程，就能發揮極大的影響力，教導大腦學會處理恐懼。

愛倫來找我時，已經在服用常見的抗憂鬱藥物「選擇性血清素再吸收抑制劑」（selective serotonin reuptake inhibitor, SSRI），這種藥雖然有發揮作用，卻未能根本解決她的問題，於是我很自然地向她提起運動的好處。她承認自己在跑步後的確不再感到那麼焦慮，但她實在很忙，沒辦法經常運動：我告訴她如果她肯花點時間做運動，就可以少受點折磨。經過幾番激勵以及把她的用藥稍作調整之後，她開始會在進辦公室前先到健身房做運動，而且很明顯的是，只要她哪天沒去，那天她就會特別心神不寧，而且不太想跟公司裡的任何人互動，包括新客戶。後來她愈做愈起勁，每天早上都會去健身房報到，如果錯過了她最愛的有氧課，她會改在跑步機上跑個二十分鐘，這個習慣她大概已經持續了一年之久。

現在愛倫覺得自己可以更直接、更果斷地面對下屬了，而且當她跟他們互動得愈頻繁，她的膽量就愈大，社交焦慮症很重要的一點就是（無論像愛倫這樣的恐懼症或是較輕微的社交憂慮），我們愈退縮，就愈沒有機會練習與人互動，心中所預期的也就愈可怕。要一個人練習許多人天生就會的事聽來好像很蠢，其實一點也不然，因為這正是齊恩塔斯基為內帕維中央高中的高一新生安排方塊舞課的用意：所有孩子都在同一個情境裡演練交談技巧，以便隨著課程的進行，逐漸揮別心中的恐懼。對愛倫來說，運動就是讓她鎮定下來、勇敢接觸人群的工具，跟焦慮一樣，勇氣也能不斷自我壯大。

恐慌症

恐慌是最痛苦的一種焦慮形式，能呈現出這類病症可以讓人崩潰到什麼地步。我第一次遇到恐慌症案例時，就對它的強大威力感到震驚，當時我一邊在麻塞諸塞州心理衛生中心（Massachusetts Mental Health Center）精神科擔任第三年住院醫師，一邊到偏遠地區的社服機構看診。某天，一位婦人被她的先生拖進醫院，原因是她患有憂鬱症，而且幾乎拒絕踏出家門一步。她已經不只一次因為感覺心臟病發被送進急診室，而且總是斬釘截鐵地說自己快死了，但每次醫生都跟她說她的心臟沒問題，所以她開始懷疑自己是不是瘋了。

恐慌並不會導致心臟衰竭，但確實會給人那種感覺，那是肌肉收縮和過度換氣所引發的劇烈胸痛；接著，快而淺的呼吸會讓體內過多的二氧化碳排出，使血液的酸鹼值上升，腦幹拉警報，於是更加重了肌肉收縮的程度（這就是為什麼對著紙袋倒吸可以紓解過度換氣，它能迫使我們重新吸入二氧化碳）。

活在恐慌症的陰影中，意味著你會盡量避開任何可能讓它再次發作的事物，因此你很容易退縮到情緒的致命點，不顧一切地想要抓住大海中的任何一根浮木，保住自己的安全。這個現象還會透過各種不同的方式顯現，包括被動攻擊性格（passive-aggressiveness），這是操控他人的手段之一；強迫症，以便遠離會觸發恐懼的誘因；還有整體上的偏執性格。我的病患知道事情不大對勁，但她已經被恐慌給占據，讓問題的癥結完全被症狀扭曲了。

在那時，也就是一九七〇年代晚期，焦慮症與憂鬱症的主流療法還是心理治療，我們並不那麼依賴藥物，但後來這個領域開始轉向，改從生物學的觀點來詮釋精神衛生，很多研究報告也提到用早已問世二十年之久的三環類抗憂鬱藥物**imipramine**（商品名為妥富腦〔Tofranil〕）治療焦慮症，這種藥能影響正腎上腺素和血清素在「藍斑核」（locus coeruleus）的互動狀況（藍斑核是腦幹裡負責調節基本生命功能如呼吸、甦醒、心跳和血壓的一塊區域，因此具有監控血液酸鹼值的作用，也能激發杏仁核發布恐慌警報），進而鎮定體內的警覺系統（arousal system），讓警報器不那麼容易被觸動。**imipramine**對我的病患幾乎立即發揮效果，度過一段沒有焦慮症來襲的日子之後，她逐漸卸下武裝，藉由掌控恐懼，我們終於能繼續朝著治療的目標邁進，**imipramine**讓她重新恢復了自由。

另一種在當時也普遍用來治療各種焦慮症的藥物，是可以鎮定交感神經系統的「乙型交感神經接受體阻斷劑」（beta-blockers），這種藥物能阻斷腎上腺素受體，防止腎上腺素在面臨壓力或焦慮時引起血壓升高、心跳加快、呼吸急促的現象。通常開給心臟病患降血壓用的乙型阻斷劑，也能中斷通往大腦的焦慮回饋迴路，讓杏仁核不再拉警報。在緩解身體的焦慮症狀方面，它可以在恐慌全面爆發之前先行疏導，而且對社交焦慮症及舞台恐懼症的患者也很有幫助。古典音樂家在上台演奏前服用乙型阻斷劑是極為普遍的現象，因為它可以避免他們發生冒汗、肌肉緊繃等嚴重干擾演奏能力的情況（嘴唇要是僵掉了一定很難吹伸縮號吧！）。

有時恐慌症患者會同時接受imipramine和乙型阻斷劑的治療——前者可以壓制恐懼，後者則能放鬆身體。我們之所以要認識這些藥物的運作機制，是因為它們剛好也為運動的運作機制提供了解釋，一如結果所顯示的，運動是循著相同的管道發揮效用的，只不過它比藥物更保險。

焦慮症患者，往前跑就對了！

曾有數十年的時間，一般的醫學常識都建議恐慌症患者最好**避免**運動，因為可能會有危險！至少一九六〇年代晚期發表的研究報告是這麼說的，當時有些患者反映運動的生理現象（心跳加快、血壓上升、呼吸急促）會增強他們的恐懼感，或許是因為這些現象跟焦慮症狀不謀而合。研究人員發現，有些焦慮症患者血液中的乳酸濃度比非焦慮症運動者高，而且如果把乳酸注入焦慮症患者體內，還會引發恐慌症，於是醫生便開始奉勸所有的焦慮症患者應該避免運動，最好保持靜止不動。

儘管後來有些後續追蹤研究推翻了這項假設，但其邏輯依然歷久不衰。雖然醫學文獻告訴我們，少數患者的確在運動過程中發生恐慌現象，但絕大部分的案例卻呈現出相反的結果，事實上，根據一〇四件從一九六〇年到一九八九年針對運動與焦慮所做的研究報告顯示，運動具有減輕焦慮的作用，但由於它們大多不符合隨機分配、雙盲設計[1]、有安慰劑對照組的實驗條件，因此無法被科學家視為醫學事實。所以，當偏重科學分析的研究人員說，他們沒有足夠的資料可以證明運動能減輕焦慮時，其他人會告訴你，他們根本不需要傷那個腦筋，因為那是基本常識。

於是，第一個符合隨機分配、有安慰劑對照組的實驗條件，針對運動及藥物在臨床恐慌症上的療效進行比較的研究工作在一九九七年展開了。德國精神學家安卓亞斯．布魯克斯（Andreas Broocks）設計了一項為期十週的實驗，他把四十六位至少患有輕度恐慌症的患者分成三組：規律運動組、每日服用clomipramine組（一種跟imipramine相近的抗憂鬱藥物）及每日服用安慰劑組。

結果，這三種療法從頭兩週就開始發揮效果，包括安慰劑在內！其中成效最快、也最顯著的是clomipramine，它幾乎立即且穩定地減輕了症狀。至於運動組方面，受試者的焦慮分數起初變化並不大，一直到最後四週才明顯出現驟降（安慰劑組則隨著實驗的進行再度出現症狀），到了實驗結束時，clomipramine組和運動組在多項測試中都有一樣好的進展，兩組的症狀都得到緩解。

為什麼運動花的時間比較久？如果按照二〇〇五年由安卓亞斯．史特勒爾（Andreas Ströhle）所做的一份嚴謹的研究報告來看，情況不應該是這樣。史特勒爾等人指出，三十分鐘的跑步機運動在減少恐慌症發作方面比安靜休息還有效（高出一倍），這顯示運動在某些案例中的確能立即改善症狀。布魯克斯的運動組之所以有一段遲滯期，恐怕跟實驗設計的方法有關係，該組除了一人之外，

[1] 譯注：受試者及研究者事先皆不知道誰是實驗組，誰是對照組，避免結果有所偏頗。

全都是懼曠症的患者，而且有些人的症狀相當嚴重，其他人則一概認為運動「有危險性」，也就是說，他們就連到外頭散個步或跑個步都很困難。這些受試者在配合實驗進行的同時，還必須面對自己的恐懼，你不能光叫一個懼曠症患者去跑六公里然後以為一切都會沒事。因此，布魯克斯選擇讓他們慢慢進入狀況。這些受試者按照研究人員的要求在住家附近找一條六公里長的路線，而且每週只需完成三到四次的訓練（一開始如有必要可以用走的），接下來研究人員會鼓勵他們跑一小段路，然後逐漸增加跑步的比例；直到第六週前，他們都可以量力而為，不一定要跑完全程。結果，有兩位患者確實在跑步時出現恐慌現象，但他們還是繼續跑下去，症狀也跟著消退了。

在這項實驗裡，clomipramine組儘管面臨了口乾舌燥、冒汗、頭暈、顫抖、勃起障礙及噁心等明顯的副作用，但所有人都堅持到底。至於有好幾名受試者退出實驗的運動組與安慰劑組，則提到他們出現一般會在剛開始實行運動計畫的人身上看到的輕微副作用：暫時的肌肉痠痛與關節不適等。

在接下來為期六個月的後續追蹤裡，運動組中體能狀況最好的患者，都呈現出最低的焦慮指數，到最後，運動組的症狀還緩解到跟clomipramine組相同的健康水準，而他們全是靠自己的力量辦到的。**吃藥當然沒什麼不對，但如果你能透過運動獲得相同的結果，你對自己的情緒處理能力會更有信心**。這種明顯的好處不只焦慮症的患者能得到，任何人都可以，我們都會在日常生活中碰到令人恐懼或焦慮的情況，而訣竅就在於，就像我的病患艾美所展現的，你怎麼面對它。

身體真的可以影響心理

這種認為使用藥物才算是治療焦慮症的心態，不只存在於正在審理離婚官司的法庭上，二〇〇四年，《新英格蘭醫學期刊》（*New England Journal of Medicine*）刊登了一篇簡述廣泛性焦慮症療法的文章，裡頭沒有隻字片語提到運動，充其量只是逐一介紹我們最常見的焦慮藥物，還有對心理療法及放鬆技巧聊表肯定而已。文中所列的十三項藥物，全都帶有一長串可怕的副作用，沒有一項被美國食品及藥物管理局（FDA）認可為對孕婦無害的安全用藥——女性罹患焦慮症與憂鬱症的機率比男性高達兩倍，並非偶然。

這篇文章儼然是寫給醫師參考用的，但在全世界最具聲望的醫學研究期刊上介紹廣泛性焦慮症的療法，怎麼會獨漏了運動這一項呢？這正是我所謂「臨床盲目」的一個案例，明明有那麼多關於運動有益神經及心理層面的研究報告擺在眼前，但有些人就是視而不見。

有趣的是，站出來說話的竟然是心臟科醫師，《新英格蘭醫學期刊》後來刊出美國紐奧良歐克斯納臨床基金會（Ochsner Clinic Foundation）醫師卡爾·拉維（Carl Lavie）與理察·米拉尼（Richard Milani）的一封來信，信中指出作者「探討了廣泛性焦慮症及其藥物治療與心理治療，不過令我們訝異的是，文章裡完全沒有提到焦慮症還有運動這一項療法」。接著，他們說心臟科醫師對焦慮症這個心臟病危險因子很感興趣，並指出「運動訓練已證實可以減輕五〇％以上的焦慮症狀，足以支持運動訓練也是治療慢性焦慮的方法之一」。

這封信只是不好意思說作者根本沒抓到重點。拉維本人寫過七十篇以上關於運動與心臟的學術文章，其中有十一篇專談焦慮症，他所做的每一項研究，都顯示運動可以為焦慮症與憂鬱症帶來顯著的改善。

這次意見交換之所以重要，是因為它是心臟科醫師（「真正的」醫師）訓誡精神科醫師應該如何整體看待病患的一個例子。如果回到醫學之父希波克拉底（Hippocrates）的古希臘時代，當時的醫學智慧會告訴我們喜怒哀樂乃源自於心，它才是治療一切情緒障礙的起點。現代醫學已經將身、心切割開來，但事實證明，從最具體的角度來看，希波克拉底一開始就是對的。所以直到過去十多年間，科學家才開始了解一種來自心臟的分子是如何牽動著我們的情緒。

心房利鈉胜肽（ANP）會在我們運動時從心肌分泌出來，然後一路往血腦障壁前進；穿入血腦障壁之後，它就會與下視丘的受器結合，調節HPA軸的活動（ANP也能直接由腦部製造，而負責製造的是藍斑核與杏仁核這兩大壓力與焦慮主宰者內部的神經元）。由於ANP在動物及人體實驗中都已呈現出鎮靜效果，因此研究人員認為它可能是運動與焦慮症之間的一道重要連結。二〇〇一年，一項足以證實ANP與焦慮症關係的早期研究，就對恐慌症患者及健康者進行比較，兩組受試者首先隨機注射ANP或安慰劑，再施打一劑具有引發焦慮與恐慌作用的消化道激素「四肽膽囊收縮素」（cholecystokinin Tetrapeptide, CCK-4），結果ANP明顯降低了兩組發生恐慌症的機率，安慰劑則無此效果。

恐慌症發作時，我們體內會湧出大量的促腎上腺皮質素釋放因子（CRF），藉以誘發焦慮，並讓皮質醇充滿整個神經系統，而ANP似乎能像對HPA軸踩煞車那樣，跟CRF互相抗衡，使我們不致抓狂。一些針對女性所做的研究報告也指出，ANP濃度在懷孕期間會增為三倍，顯示人體有一套內建的生存策略，可以避免胎兒還在發育中的大腦遭到壓力及焦慮的潛在危害。

一項針對嚴重心臟衰竭患者所做的研究也發現，患者體內的ANP濃度愈高，焦慮感就愈少。這些人都沒罹患焦慮症，但醫師還是有興趣一探究竟，因為這對患者動完心臟手術後的康復狀況有很大的影響：ANP不只能藉由阻斷腎上腺素流動與減緩心跳，直接達到抑制交感神經系統的目的，更重要的是，它似乎還能減輕焦慮的**感覺**。一些研究也告訴我們，恐慌症經常發作的患者，血液裡普遍有缺乏ANP的現象。

二〇〇六年，由史特勒爾帶領的一組柏林神經精神學家，針對ANP是否在有氧運動的鎮靜效果中扮演關鍵角色進行研究，結果是，**在跑步機上走三十分鐘（步調不疾不徐）就能讓十位同意注射CCK-4的健康受試者體內的ANP濃度明顯升高，同時減輕焦慮感及恐慌感。**史特勒爾指出，儘管這個相關性不能跟因果關係畫上等號，但他寫道：「ANP或許是心臟及焦慮行為之間的一道生理上的相關連結。」

面對恐懼

如果恐懼是永遠的，那我們還有擺脫焦慮的希望嗎？答案就隱藏在一種名為「恐懼消除」（fear extinction）的神經運作過程裡。儘管無法抹除原始的恐懼記憶，但我們可以藉由創造並強化新的記憶將它覆蓋掉；藉由建立跟恐懼記憶平行的迴路，我們的腦部會另闢一條避開預期焦慮的中性替代路線，告訴自己一切都沒問題；藉由把正確的解釋烙印下來，恐慌誘因就能與典型的反應機制脫鉤，削弱比方說看到蜘蛛以及感到害怕與心跳加快之間的關聯性，科學家把這個過程稱為「再歸因」（reattribution）。

我們可以透過「認知行為治療」（cognitive behavioral therapy, CBT）這種心理療法，強迫大腦把恐懼記憶換成中性或正向記憶。研究顯示，CBT在治療焦慮症上的效果幾乎跟SSRI（選擇性血清素再吸收抑制劑）不相上下，不過這也取決於治療的品質。認知行為治療的策略，是讓患者在治療師的陪伴下暴露於低程度的恐懼源中，當我們在沒有恐慌問題存在的情況下經歷症狀，大腦會進行認知重建的工作，在前額葉皮質區建立神經連結，幫助杏仁核保持冷靜，讓我們有安全感，然後大腦再把那種感覺登錄成記憶。如果把運動也加進來，我們就有充足的神經傳導物質與神經滋養因子可以強化前額葉皮質區與杏仁核之間的迴路，提供進一步的掌控權，創造出正向的雪球效應。

心理學家及長跑愛好者基斯．約翰斯加德（Keith Johnsgard）就發現，在運動環境下進行認知行為治療可以產生特別強大的效果，在他所著的《用運動克服憂鬱及焦慮》（*Conquering Depression and Anxiety Through Exercise*）一書裡，他解釋了自己如何把跑步當成一種認知重建模式，為懼曠症患者提供治療。在多次跟患者建立過融洽關係後，他會選擇大清早的時段，陪他們到空蕩蕩的購物中心停車場進行一連串短跑練習（四周沒有任何人，而他們對他的在場又很放心）。約翰斯加德已經算好患者要跑多遠才會覺得累，而且（這就是聰明的地方）還特別從購物中心的大門口開始標示跑道，然後要他們從他站的地方往購物中心疾衝過去，用意是讓他們在身體完全激化的狀態下達到恐懼的高峰，卻不存在恐慌的問題。如果他們感覺自己快要發作，可以按照指示停下來，轉身，然後朝他那裡走回去——他們衝向恐懼，但走向安全。

最後，他們應該都能克服進入購物中心的焦慮，進而延長在裡頭閒逛的時間。約翰斯加德說，他通常在指導過五、六次後就能從病患身上看到明顯的進步。「基本上，」他寫道，他的策略就是「從哪裡跌倒，就從哪裡站起來。」告訴大腦我們終究會熬過去，是克服焦慮的關鍵所在。

這套做法完全符合紐約大學神經科學家、同時是舉世知名的恐懼專家約瑟夫．李竇❷（Joseph LeDoux）所點出的一個更廣泛的概念。就在九一一恐怖攻擊事件發生後不久，李竇與傑克．高曼（Jack Gorman）在《美國精神病學期刊》（*American Journal of Psychiatry*）上共同發表了一篇名為「訴諸行動：以積極因應克服焦慮」的文章，基本上，積極因應（active coping）的意思就是藉由採取某種行動，對任何導致焦慮的危險或問題做出反應，而非消極地坐困愁城。它並不專指運動，但運動絕對稱得上是一種積極因應的模式：研究結果也顯示，運動之所以符合這個條件，並不是出於偶然。

李竇探討了我們如何藉由決定正面回應焦慮，讓大腦資訊流實際轉向，開闢出新的通路，他也解釋了位於杏仁核上一塊叫做中央核（central nucleus）的區域，就是啟動一連串負面雪球效應（連結非威脅刺激與正常威脅刺激），並且將焦慮與誘發物結合成恐懼記憶的主事者。

❷譯注：著有《腦中有情：奧妙的理性與感性》，遠流出版，二〇〇一年。

李竇引證自大鼠實驗，表示大腦資訊流的方向可以改變，因此如果**採取積極因應的方式，大腦訊號就能捨棄原本的杏仁核中央核，改從杏仁核基底核（basal nucleus）通過，最後接上身體的運動迴路**。如果這在人類身上也同樣成立，那麼我們只要簡單地採取行動，就可以阻止恐懼記憶的形成。杏仁核基底核是行動的通道，我們甚至用意念就能啟動它，因此我就建議一位慘遭失業與失戀雙重打擊的病患，每天一早都到健身房報到，不要讓自己沉浸在創傷裡：他還可以藉由列出一張電話清單，想想自己能向哪些公司毛遂自薦（更典型的積極因應例子）讓資訊流從恐懼迴路轉換到行動迴路，卻又不致對大腦造成太大影響。只要用行動代替憂慮，我們就能避開消極因應中心，重新開拓出一條減輕恐懼的思考路線，同時幫助大腦熟悉這個新的局面。每個人在面對焦慮時，第一個直覺都是逃避，就像嚇得僵在籠子裡的老鼠一樣，但只要反其道而行，我們就能進行認知重建的工作，用我們的身體治癒大腦。

跑贏恐懼

藉由運動應付日常焦慮感或焦慮症的好處在於，它對身體和大腦都能發揮效果，理由如下：

- **它能分散注意力**。運動能讓你轉移焦點，比如橢圓機就幫助我的病患艾美減輕了恐慌症狀，讓她把注意力放到別的事情上，而不是一直擔心下一次的發作。目前已有研究顯示，焦慮症患者對任何引導式的分散注意力行為（靜坐、冥想、跟一群人共同用餐、閱讀雜誌等）都有很好的反應，不過運動的抗焦慮效果比較持久，而且還能提供這裡提到的其他效果。

- **它能減輕肌肉張力。**就跟乙型阻斷劑一樣，運動也能居中破壞從身體通往大腦的焦慮回饋迴路，讓它無法運作下去。把時間拉回到一九八一年，一位叫赫伯特．德弗里斯（Herbert de Vries）的研究者發表了一份研究報告，指出焦慮者的肌梭有過度活動的電波模式，而運動就有減輕這股肌肉張力的效果（跟乙型阻斷劑一樣），他把它稱為「運動之鎮靜劑效果」。德弗里斯發現，減輕肌肉張力就能減輕焦慮，而且如同我解釋過的那樣，它不但能消除焦慮的情境，還能消除焦慮的特質。
- **它能建立大腦資源。**現在你已經知道運動不僅能立即增加，也能長期提升血清素與正腎上腺素的含量，血清素在焦慮迴路的每個關卡幾乎都能發揮效果，它可以調節腦幹訊號、增進前額葉皮質區的運作效率以抑制恐懼，還能讓杏仁核鎮定下來；正腎上腺素屬於警覺性神經傳導物質，因此要打破焦慮循環，就需要控制它的活動。運動也能促進抑制性神經傳導物質γ胺基丁酸（GABA）和腦衍生神經滋養因子（BDNF）的生成，而後者是固化替代記憶的重要物質。
- **它能教出不同的結果。**焦慮跟其他精神障礙之間的一大差別，就在於它的生理症狀，由於焦慮會把交感神經系統一起拖下水，所以當你感覺自己的心跳和呼吸加快時，很容易因為過分警覺而誘使焦慮或恐慌症發作。但那些症狀剛好是有氧運動與生俱來的反應，而且是好的反應。如果你把焦慮的生理症狀跟某個正向事物（也就是你所發動而且能掌控的事物）連結在一起，恐懼記憶就會淡化，被新的記憶取代。你不妨把它想成是生物學上的「掛羊頭賣狗肉」——你的頭腦預期恐慌症會發作，但事實上，症狀卻被賦予正向的關聯性。

● **它能重設腦部迴路**。藉由用運動啟動交感神經系統的運作，你可以跳脫乾著急的陷阱，預防杏仁核因為失控而將生活中的一切視為危機；當你訴諸行動，你就是透過一條不同的通路傳送資訊給杏仁核，鋪設出一條安全的替代路線，烙印出一道良性記憶，你正在加強替代性連結，積極認識新的現狀。

● **它能增強適應力**。你開始認識到自己能有效地控制焦慮，不讓它演變成恐慌，以心理學來說就是自我主導（self-mastery）。這種能力對焦慮敏感度以及會發展成焦慮症的憂鬱症都有強大的預防效果，當你下決心為自己做點什麼，你就會了解你**可以**為自己做點什麼，這是很有用的「套套邏輯」（tautology）[3]。

● **它能讓你重獲自由**。科學家靠僵呆的老鼠來研究壓力，人類的情況也一樣，如果你把自己困住（不管是實際上還是想像中），你的焦慮感就會更強烈。焦慮症患者都傾向把自己禁錮起來，退縮到致命的情緒點，或者只想找個安全的地方躲起來，懼曠症患者總感覺自己好像囚禁在家裡，但從某種角度來看，任何形式的焦慮都會給人失去自由的感覺，而對付或治療它的方法就是採取行動：到外頭走走，看看這個世界，做做運動。

[3] 譯注：指同義重複的疊句，比如free gift（禮物本來就是免費的）或「沒結婚的光棍」。

反制壓力計畫：找人一起運動

用運動搭配抗焦慮藥物和只靠藥物治療之間的差別在於，雖然藥物如苯重氮基鹽（benzodiazepine）及那些尋求自我麻醉者所依賴的酒精，可以立即遏止焦慮，但並不保證你能學會用其他方法應付恐懼。焦慮症患者通常無法清楚地知道自己要的是什麼，事實上，那些嚴重的慢性焦慮症患者最想要的就是揮別焦慮，而從事某些活動或運動將能幫助他們往某個目標前進。

我不認為運動和藥物是個二選一的問題，運動只是你可以運用的一項工具，而且很方便，你可以自己決定什麼時候下這個處方（不論你患有某種被定義的病症，或者只是偶爾感到焦慮），就像大多數人會做的那樣。再說我又不是藥物學上的喀爾文教徒——我不會告訴病人非得靠自己的力量改善病情不可，或者說依賴藥物是件罪惡或軟弱的事。

比如我前陣子在治療一位患有恐慌症的高三生，他第一次發病是六歲的時候，也就是說他帶有恐慌症的傾向。最近因為進大學的事讓他很有壓力，所以症狀變得愈來愈嚴重。每當他出去跑步，心臟一開始怦怦跳，他就擔心自己的恐慌症可能會發作，他很怕自己會心臟病發猝死，然後沒有人發現他。有時候他會停下來在路邊哭泣，但他心裡其實知道，只要他突破自己對那些生理現象的敏感心態，繼續跑下去，那種感覺就會消退。在這種狀況下，我會建議他停掉樂復得錠（Zoloft）嗎？當然不會。

首先，他極度害怕恐慌症會發作，也因為恐慌症是如此可怕，所以我通常會先給予藥物治療。

吞顆藥丸不用花什麼力氣，而且在某些例子裡，它可以像按下開關一樣立刻紓解恐慌壓力；但就像我曾經提過的，藥物不見得能一勞永逸，為了得到長遠的解脫，他勢必要經過一番重新學習，所以何不雙管齊下？**我認為把藥物跟運動結合起來應該會是個好方法，藥物可以提供立即的安全感，運動則能從根本上解決焦慮問題**。

這對兒童來說尤其重要，因為患有焦慮症的孩子，長大後會比同儕更容易發展出憂鬱症。根據一項追蹤七百名兒童直到成年的長期研究顯示，小時候患有焦慮問題的孩子，多半在長大之後都會好轉，但那些後來發展出情緒障礙的孩子，有三分二會從青春期前就開始出狀況。悲哀的是，雖然焦慮相較起來還算容易治療，但它通常不容易在孩子身上診斷出來——焦慮症的孩子通常會靜靜坐在教室後面，內心恐懼不已，沒有人會發現他們有什麼不對勁，因為他們表面上都是循規蹈矩的乖寶寶，但此時焦慮正在他們的大腦裡留下負面印記，而這些負面印記可能難以抹滅，讓這些孩子將來還會遇到更多問題。

我告訴這個年輕人，他的當務之急就是**找人一起**做運動，而且這個方法對任何恐慌症患者都適用，它能帶來某種安全感，而且光是有人在身邊做伴，就能立即增加血清素的含量。以他的狀況來說，我建議他在家裡或住家附近做運動，直到他開始把心跳加快跟正向經驗連結在一起為止。他需要找出自己喜歡的運動類型，而且由於他的恐慌症跟遺傳似乎有很大的關係，所以我告訴他得好好下一番工夫才行，他**每天至少必須做十五分鐘激烈的有氧運動：跑步、游泳、騎單車、划船，或者任何能讓心臟強烈跳動的運動**。激烈運動對他來說尤其重要，因為**證據顯示，唯有這類運動才能減**

輕患者對生理激烈反應的焦慮敏感度。

幾乎就像所有我看過的青少年一樣，這個小夥子也不想靠藥物過日子。他問我能不能停藥，我告訴他等過了一段時間，如果他很投入在運動，甚至認知行為治療上，他的焦慮敏感度應該就會減輕。最後我對他說，我猜他應該可以減少用藥，甚至完全不必吃藥了。但沒人真的知道運動能不能完全取代藥物，我們的大腦實在太複雜了。

駕馭焦慮，你也辦得到

很多接受恐慌症治療的人都能活出全然不同的人生，他們只要離上次發作的時間愈遠，再度發作的機率就會愈小，這對任何類型或任何程度的焦慮症患者來說都同樣成立，你的生活改變得愈多、愈融入這個世界，你就愈可能把焦慮永遠拋在腦後。對還沒糟糕到需要吃藥、但又很惱人的輕度焦慮症來說，運動的治療效果甚至更為顯著。

我這個高三病患需要的是一整套的治療：藥物、運動以及談話治療（talk therapy），但對我另一個病患艾美來說，光是運動這一項，就對她的當下和日常生活中大有幫助，而且她還是可以配合談話治療以解決更深層的問題。有氧運動彌補了她瑜伽練習的不足，同時也讓她用冷靜的頭腦觀照自己，而不是把全部的力氣花在影響不了她的事情上。她變得比以前更清楚自己的心理狀態和行為，她開始了解情緒有它自然的高低起伏，也認識到她必須懂得駕馭它——而且她是辦得到的。同樣重要的是，她注意到自己的進步，並且做了很棒的詮釋，那就是：離婚就像一場幾乎粉碎她人生的地震，但運動幫她重新打好地基；她知道或許還會有餘震，但現在她已經可以堅強地面對了。

艾美能有這麼大的轉變真的很不可思議，她的律師、父母、家庭治療師——甚至她的丈夫，至少就某個程度來說——都反映她好像完全變了個人。她變得更能掌控自己和周遭環境、更有自信、更樂觀踏實。這場法庭戰爭或許會打上好幾年，但她已經不再受它影響，而運動就是她最好的抗辯。

5 憂鬱
讓心情起飛

比爾一直沒意識到自己的問題，一直到五十歲，他才發現自己胖了九公斤，便開始力行節食和運動計畫。沒多久，體重就減了下來，還感受到一些戲劇化的副作用：他對自己和別人不再那麼吹毛求疵，脾氣也改了不少；老婆和小孩都注意到他的轉變，願意花更多時間跟他在一起，這給了他很大的鼓勵，也進一步改善了他的態度。比爾沒得過憂鬱症，但他很確定自從養成運動習慣以後，他對人生似乎更有熱情了。他意外地發現，原來自己還可以更快樂。

情緒障礙其實有生物病因

人類對憂鬱症的認識來自一條相似的脈絡。一九五〇年代，在意外發現一種結核病實驗藥物（Iproniazid）能使人「異常快樂」之後，便成為全世界最早用於臨床治療的抗憂鬱藥物。過了幾年，又發現一種新型抗組織胺藥物也具有提振情緒的作用，進而催生出三環類抗憂鬱藥物。突然間，憂鬱症有了藥物療法，也讓人們首度體認到，過去向來被歸類為心理問題的精神疾病，或許有生物學上的解釋。此後，一股探討大腦如何主宰心識的研究風潮開始興起，也徹底改變了整個領域。

在接下來的五十年，情緒障礙便成為精神病學界的研究焦點，雖然直到目前為止，憂鬱症的起因仍然不明，但我們在描述大腦的情緒活動上已經跨出一大步。我們對情緒的生物機制認識得愈多，愈發現有氧運動具有轉移情緒的功用。事實上，我們大多是透過憂鬱症的研究，才發現運動對大腦有這麼多的影響，運動幾乎在各個層面都能抵抗憂鬱。

目前，英國醫學界已經把運動當成憂鬱症的第一線療法，但在美國仍然未充分利用，實在是很可惜。根據世界衛生組織（World Health Organization）的統計，憂鬱症是造成美國與加拿大人民失能（disability）的頭號疾病，連冠狀動脈心臟病、癌症和愛滋病都排在它後面。美國有一七％的成年人曾經在一生中患有憂鬱症，每年為此付出的醫療成本更高達二六一億美元。雖然我們無法得知有多少人企圖自殺過，但不幸的是，美國大約每十七分鐘就有一人成功。基於這個原因，再加上七四％的憂鬱症患者會合併出現其他病症，包括焦慮症、物質濫用及失智症，憂鬱症絕對是個刻不容緩的問題。遺憾的是，這個現象看來並不會有所改善。

其中一道阻礙就是，憂鬱症的症狀實在太廣泛了，每個人或多或少都會經歷到。誰不會偶爾發發脾氣、煩躁難安、悲觀失望、昏沉懶散、對什麼事都提不起勁、過度批判自己或者頹廢沮喪呢？悲傷難過是人類面對損失的一種自然反應，但悲傷並不等於憂鬱，除非這種感覺一直揮之不去，或者合併出現特定幾種其他症狀。

再說，症狀跟個人特質又有什麼不同？比爾這種愛批評、凡事往負面想的性格已經跟了他大半輩子，就技術上來說，他並沒有病，但他卻患有我所謂的憂鬱陰影症候群（shadow syndrome of depression），而且絕對需要進行一番生活方式的改變，以拯救他那副愁苦的相貌。長久以來，利用藥物讓憂鬱症患者「感覺更好」一直是引發道德爭議的話題，而這正是運動比抗憂鬱藥物更能發揮優勢的地方，就算你不具備憂鬱症的所有症狀，也不代表你不能更快樂。比爾能成為一個快樂的人是因為他開始跑步，但如同我即將解釋的，就算他有臨床性的憂鬱，這點也同樣成立，因為有氧運動可以對所有的憂鬱症狀產生正面的影響，無論這些症狀是單獨出現、輕微發作，還是聯合起來變成一種疾病。畢竟在我看來，**憂鬱就是一種連結的破壞——無論這個連結在你的生活中還是腦細胞之間，而運動可以重建這些連結。**

由於症狀變化萬千，憂鬱症也有截然不同的形態，像我的病人有些是吃不下、睡不著，有些卻暴飲暴食，而且疲倦得好像每天早上都爬不起來；有些連最簡單的事都下不了決定，只好無助地不再與外界接觸，有些則經常咆哮，對任何人或任何事都有意見。這種症狀上的天壤之別，也讓憂鬱症的治療變得困難許多。如果你得了乳癌，醫生可以藉由切片檢查決定最好的治療方法；如果你得了憂鬱症，你大概會做個心理測驗，然後只能靠不斷地嘗試，找出對你比較有效的藥——我們沒有憂鬱症方面的抽血檢查。

這也促使我們回過頭去尋找憂鬱症的生物病因，藉由還原最早意外問世的抗憂鬱藥物，我們發現這些藥物能刺激正腎上腺素、多巴胺和血清素這三種「單胺神經傳導物質」（monoamine neurotransmitters）的活動。一九六五年，當麻塞諸塞州心理衛生中心的精神病學研究專家約瑟夫・希爾德克勞特（Joseph Schildkraut）發現正腎上腺素的一種代謝物質MHPG（3-methoxy-4-hydroxyphenylglycol，3—甲氧基—4—羥苯乙二醇）在憂鬱症患者體內的分泌量較少之後，人們對憂鬱症或許可以量化的想法就開始充滿期待：如果我們能測量這種失調現象，應該就能從生物學的基礎面予以診斷並對抗。希氏這項開創性的研究，也引導出後來的單胺假說（monoamine hypothesis），這個假說認為憂鬱症是上述三種神經傳導物質不足引起的。此後，大部分憂鬱症的治療與研究工作都與逆轉這種不足有關。

新熱門話題

一九七〇年，剛從大學畢業的我在麻塞諸塞州心理衛生中心找到一份工作，因而也躬逢其盛，親臨這場精神病學界的重大轉變。希爾德克勞特就像我的導師，我有幸能在情緒障礙的生物理論研究上擁有第一手的觀察。兩年後，我前往匹茲堡大學（University of Pittsburgh）念醫學院，並在那裡開始從事我自己的心理分析工作與腦科學的研究，當時匹茲堡已經有很多人在研究MHPG，於是我退而求其次，利用測量紅血球裡的鋰攝取量，做為辨別不同情緒障礙的一種可能途徑。我也把思覺失調症❶患者的尿液冷凍起來，送到史丹佛大學（Stanford University）的萊納斯・保林（Linus Pauling）那

❶編注，舊譯「精神分裂症」。

裡做研究。我學會設計電腦程式，進行資料分析，並且在精神生理學會議上發表心得。自始至終，我始終對於把精神病學變成一門「真科學」充滿熱情。

大約在此同時，我偶然間翻到一篇關於挪威某家醫院把抗憂鬱藥物和每日運動一起列入治療選項的文章，並且深受震撼：那些抗憂鬱藥物才問世不久，我們還得強迫自己改變以往對憂鬱症治療的看法，現在卻已經有醫院開始為重度憂鬱症患者提供運動治療，而且還很有效！不過這個結果並沒有受到太多重視，畢竟在那個大腦研究的摸索期，我們需要的是確切的科學證據。

馬拉松：腦內啡旋風

回到波士頓在麻塞諸塞州心理衛生中心擔任住院醫師之後，我又碰上了七〇年代的另一波風潮：長跑熱的興起。我們有法蘭克・肖特（Frank Shorter）在他故鄉慕尼黑所舉辦的奧運馬拉松賽中，擊敗來自全世界的頂尖長跑選手奪得金牌，我們有全美排名第一的馬拉松好手比爾・羅傑斯（Bill Rogers）造成萬人空巷的盛況，我們有一種新的現象形成，叫做「腦內啡旋風」。

當時，在約翰霍普金斯大學（Johns Hopkins University）從事博士後研究的神經科學家甘地絲・柏特（Candace Pert）才剛發現我們的大腦中有鴉片受體（opiate receptors），顯示人體存在著一種跟嗎啡一樣可以止痛的內建分子，這個我們後來所熟知的腦內啡，不但能在體內鈍化疼痛感，還可以在腦部產生愉悅感。**當研究人員在一群跑步者的血液樣本裡測得大量的腦內啡時，每件事似乎都兜了起**

來，關於運動能讓大腦充滿類似嗎啡物質的理論，解釋了每個人在運動時體驗到的那種美好感覺，它給了我們「跑者愉悅感」（runner's high）這個名詞。對我來說，這是我將運動與情緒連結起來的起點。

腦內啡是一種能鎮靜大腦、緩解肌肉在使勁運動時所產生之痛苦的壓力荷爾蒙（壓力荷爾蒙共有四十種，受體遍布全身及腦內），它像是無敵萬靈丹，讓我們在身體過度操勞時忘卻痛苦，繼續完成手邊的工作。我在第三章提到的精神病學家派爾斯，就提供了一個很好的例子。身為馬拉松好手的派爾斯，一向對自己總是能跑完全程感到自豪，但有一年在波士頓，這卻成了他最艱鉅的挑戰。他的腳在起跑點附近纏到一只被別人用來當成熱身外套穿的垃圾袋，結果膝蓋墜地，整個人摔到人行道上。驚魂未定的他，什麼也沒想地立刻爬起來，繼續進行比賽：隨著路程一段段的過去，他的步伐開始變得歪歪扭扭的，跑到二十九公里處時，他腫脹的膝蓋幾乎無法動彈，他已經折斷了股骨，每跑一步應該都會疼痛難當才對，但派爾斯說他完全沒有感覺，這肯定是腦內啡的緣故。

疼痛與憂鬱有關，因此在柏特的研究報告發表之後，其他科學家也開始進行實驗，看看腦內啡是不是運動和愉悅感之間的牽線者。原本他們以為可找到阻斷腦內啡產生「跑者愉悅感」的藥物，結果卻相互牴觸。接著科學家又發現我們身體製造的腦內啡（也就是在跑者體內測得的腦內啡）無法進入腦部，顯然腦內啡並不是唯一的答案，於是這股科學界的腦內啡旋風便逐漸在實驗室裡消退。現在，這個話題又變得熱門起來，因為有研究顯示，大腦直接製造出來的腦內啡會產生一種通常伴隨著運動出現的愉悅感，只不過我們還不確定它對這個奇蹟究竟有多少貢獻。

然而，這種以生物觀點嚴格解釋心理現象的做法也有個問題：它有時會讓我們忘記身、心和腦其實是牽連在一起的。當你做運動時，除了會有愉悅感，你對自己也會感到更滿意，而這種正面效應是沒辦法從某種化學物質或某塊大腦區域看出來的；如果你的心情很低落，然後開始做運動並感覺好多了，你整個心態都會因為你感覺一切將會沒事，還有你可以當自己的靠山而完全改變，而且光是運動的規律性，就能讓你的心情好轉。顯然，這裡面暗藏著某種玄機。

建立你的運動習慣就等於降低罹患憂鬱症的機率

最好的例子是柏克萊大學人口實驗室（Human Population Laboratory）所做的一項劃時代的研究計畫：阿拉米達郡研究（Alameda County Study），該實驗室的研究人員從一九六五年開始，針對與生活習慣和健康狀況相關的幾項因素對當地八、〇二三位居民進行調查，並於一九七四年與一九八三年再度追蹤，總共為期二十六年之久。結果所有一開始並沒有憂鬱傾向、但在接下來的九年間缺乏運動的人，到一九八三年時患有憂鬱症的比例是有運動習慣者的一．五倍；另一方面，那些一開始缺乏運動、但在接下來的九年間運動量增加的人，到一九八三年時並沒有比一開始就保持運動習慣的人更容易得到憂鬱症。換句話說，建立你的運動習慣就等於降低你罹患憂鬱症的機率。

其他幾項各自從稍微不同的角度檢視此一關聯性的大規模研究計畫，也都得到相同的結論，例如一篇發表於二〇〇六年、針對一九、二八八名雙胞胎及其家庭進行調查的荷蘭研究報告就顯示，運動者比缺乏運動者更不容易感到焦慮、憂鬱、神經質，社交生活也較為活躍。另一篇發表於二〇〇〇年，以三、四〇三人為調查對象的芬蘭研究報告也指出，**每週至少運動二到三次的人，比缺乏運動或完全不運動者更不容易憂鬱、生氣、有壓力和對人產生「輕蔑的不信任」**（**cynical distrust**），這是一項把情緒問題考慮在內的心血管疾病危險因子調查，也就是說，它談的是比臨床憂鬱症還要廣泛的問題。二〇〇三年，哥倫比亞大學流行病學系發表一篇研究報告，他們在調查過八、〇九八位研究對象之後，同樣證實運動跟憂鬱症之間存在著反比關係。

運動和抗憂鬱藥物殊途同歸

當暢銷藥物百憂解問世時，它是第一款能夠改善單一神經傳導物質失調現象的抗憂鬱藥物，同時也是選擇性血清素再吸收抑制劑（SSRI）之母（SSRI類藥物的運作機轉是抑制血清素在突觸區的再吸收，以保留更多血清素給大腦使用，維持大腦的正常運作）。百憂解之所以令人雀躍，是因為它對很多患者都有效，而且把目標鎖定在一個我們可以彌補的單一問題上。百憂解引發的震撼很大，因為它不只能遏止負面情緒，還能激發自尊心，這在憂鬱症的治療上是一大突破。

然而二十年後，事實證明百憂解和其SSRI的後代子孫並不適合每個人，就連其他以正腎上腺素、多巴胺、血清素或任一組合做為標的的抗憂鬱藥物也一樣，問題之一就出在副作用上。舉例來說，我有很多病人在服用SSRI類藥物幾個月後，都出現了性生活方面的問題，某些研究數據還顯示，有五成以上的患者抱怨他們有過這類困擾，從失去性欲到出現性功能障礙都包括在內（這也多少解釋了為什麼SSRI藥物常被用來治療早洩和性侵行為）。雖然這類問題很容易被忽略不談，尤其是一切感覺都很美好的時候，但它們卻會悄悄接近我們，衍生出別的問題。性的感受與渴望是我們每個人都有的內在驅力，若受到壓制，我們將會失去生命的熱情、親密感和許多機會。儘管這不比重度憂鬱症的後果嚴重，但是確實會為大多數人帶來困擾。現在SSRI類藥物甚至已經開始加注警語，指出它們可能會增加兒童和青少年自殺的風險（雖然這項發現還有待進一步研究），而且關於患者不容易停藥的消息也紛紛傳出，尤其是venlafaxine（商品名為速悅〔Effexor〕）這款藥物。

最近，我開始為一位事業有成、人生卻一團糟的企業家進行治療，他跟妻子已經分居，因為他有外遇，事業也告吹了。他來找我是想進一步了解在婚姻治療過程中意外出現的一個問題，原來他一直是注意力缺失過動症的受害者。

由於堅決反對讓任何「不自然」的東西進入身體，他拒絕服用藥物，但最後他還是同意接受興奮劑的治療，主要是他的妻子很堅持，而且他對自己在外偷腥也很內疚。我們試過好幾種藥，但沒多久就全停掉了，他出現了頭痛、胃痛和肌肉痠痛的現象。

撇開注意力的問題不談，我告訴他其實最值得擔心的是他的憂鬱傾向，他很缺乏活力，沒有衝勁，充滿無助感，也沒有為理清目前的事業困境做任何努力，雖然這個狀況已經持續了好幾個月，他還是不承認自己有問題。後來，有一天他來找我，我看得出來他整個人已經走樣了，他向來注重外表，現在卻滿臉鬍碴、蓬頭亂髮，而且說他每天早上都爬不起來。

我堅持叫他試試抗憂鬱藥物，也開了SSRI類的escitalopram（商品名為利普能〔Lexapro〕）給他，結果這種藥卻讓他產生嚴重的反應——他感到噁心、嘔吐，並且告訴我不想再試任何藥物了。

他以前是個很愛運動的人，我告訴他應該每天做運動才對，一直以來我都是這麼提醒他，但在利普能事件發生之後，我向他解釋運動可以對大腦造成什麼巨大的影響，並且提供幾項相關的研究報告供他參考，加強專業上的說服力。

兩週後，他看起來好像變了個人，不僅臉上掛著笑容、充滿自信，而且對自己幾乎天天跑步感到相當滿意。在接下來一個月的治療過程中，我看到他認真地拯救事業，也開始考慮跟妻子和解，甚至首度透露他對兩人的復合是抱著希望的。更重要的是，他沒想到自己的感覺可以那麼煥然一新，而且還能繼續保有那種感覺。

除了提升腦內啡的濃度，運動還能調節所有抗憂鬱藥物鎖定的神經傳導物質，能在一開始就立刻增加希爾德克勞特最愛的神經傳導物質——正腎上腺素——在某些腦部區域的含量，發揮喚醒大腦、保持大腦正常運作與建立自尊心的抗憂鬱效果。

運動也能促進多巴胺的分泌，達到改善情緒、增加幸福感與提振注意力的目的。我們的動機和注意力都由多巴胺掌管，目前已有研究顯示長期運動可以增加多巴胺在大腦內的儲藏量，並誘發那些負責為大腦報償中心製造多巴胺受體的酵素生成，進而讓我們在完成某件事時得到一種滿足感。當需求存在時，多巴胺基因會受到啟動，製造出更多的多巴胺，以便讓這些通道獲得更穩定的調節，而這也是控制成癮的關鍵。

血清素同樣也受運動影響，而且是穩定情緒、克制衝動與提升自尊心的重要元素，它還能跟皮質醇相互抗衡，幫助我們趕走壓力，並且增加大腦的學習重鎮皮質區與海馬回裡的細胞連結。

真實的檢驗

雖然我們早就知道運動和抗憂鬱藥物都能對相同的化學物質造成影響，但始終沒有人在這部分做過科學上嚴謹而扎實的比較。直到一九九九年，杜克大學的詹姆士．布魯曼托（James Blumenthal）與研究同仁終於率先在一項名為「SMILE」（Standard Medical Intervention and Long Term Exercise，標準醫療介入及長期運動）的劃時代研究計畫裡，對運動和SSRI類的sertraline（商品名為樂復得〔Zoloft〕）進行十六週的實驗。研究人員將一五六名重度憂鬱症患者隨機分為三組：樂復得組、有氧運動組與樂復得合併有氧運動組，其中運動組被指定以七〇～八五%的有氧能力（aerobic capacity），在跑步機上進行每週三次、每次三十分鐘有人監督的步行或慢跑訓練（再加上十分鐘的暖身運動及五分鐘的緩和運動）。結果三組的憂鬱症狀全都明顯地減少，且半數患者脫離了憂鬱症，症狀完全得到緩解，而一三%的人病情有減輕但沒有康復。

因此布魯曼托在結論中說，**運動的抗憂鬱效果跟藥物一樣好**。這篇報告也是我會影印下來給那些質疑運動可以治療憂鬱症的病人當參考用的一篇報告，因為它清楚點出精神病學界希望傳達出來的訊息，至少到目前為止是如此；這篇報告不只應該成為醫學院的教材，應該發給每家健康保險公司讓他們充分了解，更應該貼在全國所有養老院的布告欄上，因為那裡的老人幾乎五分之一都有憂鬱問題。如果每個人都曉得運動的效果跟樂復得一樣好，我想我們在憂鬱症的治療上會得到很大的突破。

在這份研究報告的字裡行間，我們可以讀到運動難以被視為一項醫學治療的複雜因素，正如布魯克斯在一九九七年針對運動與抗憂鬱藥物clomipramine所做的比較，雖然兩組最後都達到同樣的改善水準，但接受藥物治療的受試者卻體驗到更立即的緩解效果。乍看之下，這個結果似乎跟製藥公司提醒患者抗憂鬱藥物可能要花三週才能見效的說法相反，但那畢竟是個統計數字，我有相當多罹患憂鬱症多年的病人，才吃藥不到幾天就有反應了。

那麼，我們又該如何看待那些只做一節運動就能改善情緒的研究報告？例如二〇〇一年北亞歷桑那大學（Northern Arizona University）的心理學教授雪洛．漢森（Cheryl Hansen）指出，短短的十分鐘運動，就能對健康者的活力與情緒提供立即的改善，但假如漢森女士在幾小時之後重新檢視受試者的情緒，她可能會發現它又回到了基線（baseline）。因此雖然我們需要知道光做一節運動就有拉抬情緒的作用，但也必須記住，要讓情緒每天都得到改善，並不是一蹴可幾的。

在布魯曼托的研究裡，情緒評量是每週運動之前進行一次，他確實看到某些患者的狀況得到了立即改善，但並沒有像藥物組那樣顯著。**憂鬱症的一個關鍵康復指標是，你可以預測自己的心情過五分鐘之後還是一樣好，再來是過五個小時，到最後，你會很有把握自己到明天早上心情也一樣好。**如果是片段性的運動，可能要花多點時間才能看到效果。

研究結束六個月後，布魯曼托及其同仁又做了一次追蹤調查，以便了解受試者的狀況。結果他們發現，從長遠來看，運動比藥物更有效，運動組有三〇％的人仍然有憂鬱症狀，但藥物治療組是五〇％，藥物合併運動組是五五％（布魯曼托對合併組的結果提出很有意思的理論，我稍後再做解釋）；至於在上次研究中症狀得到緩解的患者，運動組裡只有八％的人憂鬱症復發，藥物治療組卻有三八％，差別相當懸殊。

經過上次為期四個月的實驗後，所有受試者都可以憑喜好自由尋求（或不尋求）治療方式，有些患者報名心理治療，有些藥物治療組的患者開始運動，有些運動組的患者則選擇服藥，而這也讓實驗多了一些變數。但布魯曼托的研究團隊發現，要預測一個人的情緒是否有所改善，最明顯的指標就是看他運動量的多寡：說得更明確一點，每週多做一節五十分鐘的運動，等於減少五成罹患憂鬱症的可能。布魯曼托不敢驟下定論說憂鬱症的緩解是運動造成的，或許事實應該反過來說才對：患者之所以繼續運動，是因為他們已經不再那麼憂鬱了，而這也是科學家在檢視運動與情緒之間的相關性時，會面臨到的典型「雞生蛋、蛋生雞」的問題。但話說回來，弄清楚你是因為運動才不再那麼憂鬱，還是因為不再那麼憂鬱所以才去運動，真的有那麼重要嗎？反正不管怎樣，你的心情都會好起來。

至於合併組出人意料的結果又該如何解釋？布魯曼托原本以為這些同時做運動和服用樂復得的患者，症狀會得到最明顯的改善，但他們復發的機率竟然居三組之冠。他的推測是，有些受試者本身對藥物治療並不認同，尤其他們一開始就是衝著協助研究運動對憂鬱症的療效才報名參加這項實驗的，有些參與者在發現自己也必須接受藥物治療之後，甚至還很失望：而且在實驗期間，有人反應抗憂鬱藥物會干擾運動的功效，這種說法雖然不大可能來自精神生理學的觀點，但服藥有可能削弱運動帶來的自我主導感，就像布魯曼托在報告裡解釋的那樣：「與其相信『我為運動計畫付出了很多努力，這並不容易，但我終於戰勝了這個病』，患者可能會選擇相信『我吃了顆抗憂鬱藥物，然後就好起來了』。」

運動才是王道

談到憂鬱症時，我們並不用「治癒」這個詞，因為行為和情緒只能從主觀的角度衡量。以藥物治療來說，大約三分之一患者的症狀可以完全得到緩解，另外三分之一的症狀會減輕，但可能繼續出現缺乏衝勁、無精打采和疲倦的問題。他們或許不再往壞的地方想，但就算早上起得了床，他們還是不會去敲徵才者的門或做該做的事，他們的心情算不上好，始終擺脫不掉憂鬱的陰影。目前醫界用的《精神疾病診斷與統計手冊》（*Diagnostic and Statistical Manual of Mental Disorders*）共列出憂鬱症的九個症狀，你得符合其中六項才會被診斷有憂鬱症，比方說注意力無法集中、失眠、沒有價值感、對什麼事都提不起興趣，那是四項，就技術上來說，你沒有得憂鬱症。那你到底怎麼了？只是過得很糟嗎？我的意思是，無論你的憂鬱狀況是輕是重，你都需要將它完全鏟除，而運動在這方面的作用已經開始受到高度的矚目。

美國德州大學西南醫學院（University of Texas Southwestern Medical School）情緒障礙研究中心主任、同時也是臨床精神科醫生的麥胡卡・崔佛迪（Madhukar Trivedi），長期以來一直研究運動對抗憂鬱藥物的輔助效果，**根據他在二〇〇六年發表的一篇前導研究報告顯示，經過十二週的運動，原本對藥物反應不佳的憂鬱症患者在十七題版的漢氏憂鬱量表中，評量分數平均下降了一〇・四分，這是很明顯的進步。**參與實驗的十七位患者都患有重度憂鬱症，並且已經服用抗憂鬱藥物至少四個月以上，在實驗期間仍未停藥。

崔佛迪取得庫柏有氧協會（Cooper Institute）的合作，共同設計這項運動實驗，他們讓原本缺乏運動的患者在家中走路或騎健身車，頻率和激烈程度可以自己決定，唯一的要求是每週都要消耗一定程度的體力。結果大部分的受試者都選擇走路，每週三天，每天平均進行五十五分鐘，其中有九人退出，這並不令人意外：但在完成這項運動計畫的八人中，五人的症狀完全緩解，那些不到幾個星期就退出的患者，症狀也得到改善。

雖然樣本數很小，但崔佛迪的研究卻意義非凡，至少對某些人來說，當藥物沒效時，運動還可以派上用場。這也讓我們不禁想要問，為什麼大家不一開始就把運動納入呢？尤其當你還在試驗哪種藥物對自己有效的時候？不過，神奇藥丸的魅力實在太大了，我們得花很長的時間才能扭轉這種心態，問問美國精神醫學學會（American Psychiatric Association, APA）重度憂鬱症工作小組負責人拜倫・卡拉蘇（T. Byram Karasu）博士就知道，他曾經向APA積極爭取把運動正式納入該協會的憂鬱症治療準則中，並且建議精神科醫師告訴每個病人每天最好走五到八公里，或者從事其他體力消耗量大的運動，APA卻遲遲沒有同意，原因應該是雖然大多數醫師都承認運動有改善情緒的功用，但目前並沒有足夠的科學證據支持這點。在這個大腦構造正遭到拆解、細胞生死之謎也逐漸揭曉的年代，要精神科醫師把運動當成一種醫學療法並不是件容易的事。

任何醫師都會告訴你，最糟糕的病患其實就是醫師自己，所以你可以想像要說服一個擁有醫學文憑的病患用運動治療憂鬱症，難度會有多高。我的病患葛瑞絲是個有過輕微憂鬱症病史的患者，也是一個精通醫學知識的精神科醫師，即使如此，我們仍然無法找到一劑沒有副作用的抗憂鬱藥物。SSRI藥似乎是她最好的選擇，但她每試過一種就喊停，因為它們全都會讓她暴瘦。她很聰明，也相當清楚運動的生物機轉（至少略知一二），但她就是不去試試看。

去年夏天，她因為背部受傷，在床上躺了好一陣子，後來基於復健的需要，她開始游泳，那是她唯一能做的事，況且感覺很好，因為水能支撐她的身體，紓解疼痛。她愈來愈樂在其中，並開始養成習慣，每天都到游泳池運動個三小時。結果不只疼痛減輕了，她也看到自己開始恢復以前那種緊實的體態，她對自己感到很滿意。

到了冬天，因為游泳池不開放，所以她的背痛復發，情緒也盪到谷底，不過這次她更被惹惱了。平躺在床上，沒有太多運動可以選擇，她開始每天練習舉重——只是三磅重的啞鈴而已，讓她可以快速地舉上舉下，達到心跳加快的目的——但即使是這種輕度的運動，對她都有效果，更重要的是，這個經驗觸發了她大腦和思想上的變化。我幫葛瑞絲看診多年，但這次的狀況不太一樣，她開始對運動有了清楚的認識。

葛瑞絲解決了背痛的問題，游泳的習慣也一直保持得很好，她說她已經能夠更靈活地思考和書寫，並且發現自己有一股連親朋好友都注意到的活力感。她其實不該感到意外：她還記得自己在大學時，曾經為了跆拳道隊每天進行訓練，而那是她狀況最好的時期之一；等到成為年輕的波士頓醫師後，她又迷上了馬拉松。跟許多人一樣，她也是在有了家庭後才開始疏於運動。「我實在太忙，忙到忘記健身的好處，」她說，「現在我感覺我又找回自己的腦袋了。」

揭開憂鬱症的神祕面紗：連結有困難的大腦

我們一直等到能照出完整的大腦影像後，才開始真正認識藥物治療和運動在憂鬱症治療上的運作機轉。一九九〇年代初期，借助MRI核磁造影技術，我們注意到一些憂鬱症患者的腦部掃描影像裡有亮塊，這個被稱作「高強度訊號」（hyperintensities）的部分就出現在腦的白質（white matter，與皮質區的灰質〔gray matter〕神經元緊密連結的軸突束）上。把影像放大之後，我們發現患者皮質區的體積跟一般人不太一樣：灰質部分萎縮了。灰質是覆蓋在腦部的一層薄而多皺的灰色組織，其組成細胞掌管了注意力、情緒、記憶、意識等所有複雜的處理功能，因此MRI影像指出一個很基本的觀點：慢性憂鬱症可能會讓腦部萎縮，進而造成結構上的傷害。

根據相關研究顯示，憂鬱症患者的杏仁核與海馬回這兩大壓力反應樞紐也有明顯的變化。我們都知道杏仁核是情緒中心，但後來才發現原來海馬回這個記憶中心也跟壓力和憂鬱有關。一九九六年，美國聖路易市華盛頓大學（Washington University）的伊薇特・施萊恩（Yvette Sheline）比較了身材和教育背景相似的十名憂鬱症患者和十名健康者，結果發現憂鬱症患者的海馬回比健康者小，最多相差一五％左右；她還發現海馬回萎縮的程度跟憂鬱期的長短直接相關，這在當時是前所未聞的。基於這項研究結果，我們或許就能了解為什麼有那麼多憂鬱症患者抱怨他們在學習和記憶上出問題，還有為什麼阿茲海默症患者的情緒會變差——阿茲海默症正是海馬回受到破壞而引起的神經新生疾病。

過量的壓力荷爾蒙，皮質醇，會殺死海馬回裡的神經元。如果你將一枚神經元放入培養皿裡，然後倒滿皮質醇，神經元會縮回它跟其他細胞之間的連繫管道，突觸會變少，樹突會枯萎，導致信號溝通中斷。如果此時大腦已經很憂鬱了，海馬回很容易就會老往壞的地方想——它不斷地回收負面記憶，或許是因為無法冒出新的分支以形成替代連結的關係。

神經影像醫學開啟了我們在憂鬱症生物機轉上的全新視野，雖然那些影像不見得細膩清晰，但是拜今日正子斷層造影（PET）及功能性核磁造影（fMRI）之賜，科學家已經可以進一步取得大腦運作中的影像。另一方面，我們也認識到新的神經細胞每天都在海馬回裡生成，也許還包括前額葉皮質區——也就是會隨著憂鬱情緒逐漸萎縮的兩個區域。這些新工具與新發現，都在不斷重塑神經傳導物質理論。

不過我們並沒有丟掉舊的理論，只是延伸它，目前我們已經把憂鬱看成大腦情緒電路上的一種物理改變，正腎上腺素、多巴胺和血清素是跨越突觸、傳遞資訊的重要信使，但如果缺乏足夠的連結，這些神經傳導物質頂多也只能做到這樣。以大腦來說，它的任務是轉換資訊並不斷地重組線路，以滿足我們在適應和生存上的需要。在憂鬱狀態下，大腦某些區域的適應能力似乎會慢慢停止，在細胞層面上，這等於是學習能力的停止，大腦不只被困在自我憎恨（self-hate）的負面迴路裡，也失去了往缺口外尋找出路的靈活性。

重新將憂鬱定義為一種「連結」問題，有助於解釋人們經歷到的各種症狀。憂鬱不只是感覺空虛、無助、無望那麼單純，它會影響我們的學習力、注意力、活力與動機——這些都各自牽涉到不同腦部區域的運作系統；它也會影響身體，讓我們喪失睡眠、飲食、性的驅力及最基本的自我照顧能力。精神病學家亞歷山大．尼可拉斯古（Alexander Niculescu）就把憂鬱看成是人類在絕望環境下所演化出來的一種求生本能，以便「節省資源，停止任何動作，避開危險」，他在二〇〇五年《基因組生物學》（*Genome Biology*）期刊裡的一篇文章中說道。憂鬱就像冬眠，當情緒的寒冬來臨，我們的神經生物機制會告訴自己蟄伏起來，只不過這種狀態可能會拖得比一季還久，就好像我們整個人都在說，外面沒什麼好待的，所以最好什麼事都別做了，於是大腦萎縮、神經可塑性及神經新生停止、缺乏整體連結的現象都出現了——也難怪我們始終沒辦法將憂鬱定義為單一問題。

有氧運動是天然的放電法

如果憂鬱基本上是一種溝通的瓦解，或大腦適應力的喪失，那麼運動的價值就更不言可喻了。

一九九〇年代初期，我們發現腦衍生神經滋養因子（BDNF）能在掌管情緒的腦部區域內（包括海馬回）保護神經元，使之不受皮質醇傷害。BDNF就像肥料，可以刺激神經元彼此產生連結和生長，是神經可塑性與神經新生不可或缺的元素，它會因皮質醇激增而減少，因抗憂鬱藥物和運動的刺激而增加，彷彿是長期壓力與適應力之間的一條拔河繩。很快的，這種「神奇肥料」便成了第二種血清素，科學家紛紛用各種想得到的方式予以測量、阻斷、增添和改變，看看它對老鼠和人類的情緒會有什麼影響。

我們無法問一隻老鼠憂不憂鬱，但可以觀察牠如何反應外界強加的壓力，如果老鼠的腳受到電擊，牠會逃跑還是僵住不動？這是用來研究「習得的無助」（learned helplessness）的一種實驗模型，也是把人類的憂鬱現象描述為無力面對困境、無力採取必要行動求生及成長的一種常見做法。如果實驗室老鼠選擇放棄，就表示牠很憂鬱。

例如在類似的一項實驗裡，老鼠的海馬回被直接注射BDNF後，出現了比未注射組老鼠更快脫逃的舉動，這一針似乎對老鼠的行為產生了跟運動及抗憂鬱藥物相同的效果；相反的，科學家在培養一批體內基因只能製造五〇％BDNF的老鼠後，發現牠們對抗憂鬱藥物的反應並不好，也就是說BDNF是抗憂鬱藥物發揮功效的必要元素，這些老鼠逃離壓力的速度，比BDNF運作正常的同伴明顯慢了許多。

至於人類部分，科學家受限於必須在血液中測量BDNF，因此頂多只能靠這個數值粗略估計BDNF在腦中的含量。根據一項針對三十名憂鬱症患者所做的研究顯示，每位患者的BDNF含量都比正常值低。有項研究發現，抗憂鬱藥物能讓患者的BDNF含量恢復正常，另一項研究也顯示，含量高的BDNF跟憂鬱症狀的減輕有關，還有一項針對自殺身亡的憂鬱症患者所做的解剖研究指出，憂鬱症患者腦部的BDNF含量明顯偏低，甚至就算是健康的人，含量低的BDNF也跟神經過敏症和敵對感等容易罹患憂鬱症的性格特質有關。

運動對BDNF的提升至少跟抗憂鬱藥物一樣好，在大鼠的海馬回裡有時還更好，例如有項研究就顯示，運動合併抗憂鬱藥物可以提升二五〇%的BDNF含量。至於人類，我們知道運動能提升BDNF，至少在血液裡如此，因此跟抗憂鬱藥物幾乎沒什麼兩樣。

如同一九六〇年代的正腎上腺素，BDNF也可能只是冰山一角，因此現在科學家紛紛把研究焦點放在BDNF、血管內皮生長因子（VEGF）、纖維母細胞生長因子（FGF-2）、第一型類胰島素生長因子（IGF-1），以及各種能促進神經可塑性與神經新生的化學物質上。另一方面，藥廠也大力贊助研究計畫，對這些生長因子進行標記與測量、排定受其影響的基因序列，然後找出模仿之道。BDNF和其他滋養因子是比血清素更上游、更接近源頭的神經化學物質，而它們最終都得靠基因來啟動。

隨著神經傳導物質理論被連結理論所取代，科學家的研究焦點也從神經細胞外轉向神經細胞內，除了能跟血清素一樣在突觸之間運作，BDNF也能啟動基因，製造更多神經傳導物質與神經滋養因子、阻止細胞自我毀滅、釋放抗氧化物，並提供蛋白質做為軸突和樹突的建構材料。BDNF這種由基因控制的適應功能，或許是抗憂鬱藥物出現延遲效果的一個遠因。

抗憂鬱藥物通常要三個星期才能見效，這跟神經新生過程（幹細胞在海馬回裡生成、然後嵌入神經網路）大約也要花這麼多時間會不會只是個巧合？很多研究人員並不這麼認為。最新的連結理論是，神經新生的停止或許是導致憂鬱症的因素之一；有些研究顯示，阻斷大鼠的神經新生會讓抗憂鬱藥物失效，所以這是有可能的。由於運動顯然可以提升BDNF和其他生長因子的含量，而且這些物質又是神經新生過程的建構要素，因此我們知道運動及其抗憂鬱效果之間其實存在著更強大的關聯性。雖然目前還沒有人敢說BDNF的不足會導致憂鬱症，但企圖證明這點的人並不少。一九九七年，耶魯大學（Yale University）精神病學家拉諾·杜曼（Ronald Duman）在《一般精神病學彙刊》（*Achives of General Psychiatry*）上發表了一篇名為〈憂鬱症之分子及細胞理論〉的文章，從那時開始，包括他在內的許多研究者就一直嘗試解開BDNF之謎。二〇〇六年，他用圖表說明了各種憂鬱症療法如何影響BDNF的變化，包括市面上的抗憂鬱藥物、較不普遍的電氣痙攣治療（electroconvulsive therapy, ECT）和穿顱磁刺激（transcranial magnetic stimulation, TMS），結果發現它們全都能提升海馬回的BDNF含量，其中又以ECT最有效，可以讓BDNF激增到二五〇%之多。

但究竟ECT（讓電流通過病患的大腦以引發痙攣現象）這種直接的物理性操縱，是如何像藥物、心理治療和運動那樣運作的？我想ECT給了我們一個很實用的隱喻，如果把憂鬱症看成關住大腦的一把鎖，我們可以從這些治療法中看到一個共同點：它們都是某種形式的電擊，都在透過放電改變大腦的動態。由於有些區域陷在持續的混亂中，有些鎖在原地，因此我認為關鍵就是喚醒大腦與身體，以便把自己拉出那個不斷下陷的漩渦。**有氧運動之所以有那麼大的功效，就在於它是人類自然演化出來的一種放電法，它會在你大腦的每個層面迸放出火花，不管是刺激神經元的代謝，還是刺**

激在突觸間傳遞資訊的那些元素。

掙脫憂鬱枷鎖：別讓大腦留在離線狀態

正當分子科學家拿著工具準備撬開這把鎖時，美國艾莫里大學（Emory University）的神經學家海倫．梅伯格（Helen Mayberg）卻打算直接砸爛它。多年前，梅伯格曾對一種名叫腦部深層刺激術（deep brain stimulation, DBS）的基本治療法進行測試，她在六名對其他療法皆無反應的重鬱症患者的亞屬皮質（subgenual cortex）裡植入電極線。「這些人被困住了，」梅伯格說，「他們無法將思考化為行動，因為他們的大腦處於不正常狀態，我們得找個方法幫他們解套。」她使用電壓，結果造成相當強大的影響：電極一開啟，六名患者馬上在測試檯上反應說自己有「空虛感消失」等感受，甚至到最後，其中四人的症狀完全獲得緩解。

梅伯格鎖定的腦部區域是前扣帶迴皮質（anterior cingulate）的頂端，也就是你的情緒訊號在前額葉皮質區和大腦邊緣系統（limbic system）之間上下輸送的重要中途站。由於負責的是執行方面的功能，因此它會優先處理你專注的事，並間接調節大腦邊緣系統，整合認知和情緒訊號：如果它失去了把注意力從負面事物轉開的能力，也就是陷入憂鬱狀態的話，你就沒辦法思考其他事。「沒辦法主動溝通、沒辦法清楚地思考、沒辦法關心家人，因為這些事都不如你大腦正在注意的事來得重要，但那是錯誤信號。」梅伯格解釋道。「你可以修正它，這樣其他問題或許就沒那麼棘手了。」

DBS真正的目的，是讓前額葉皮質區的運作恢復正常，這樣你才能用大腦的執行功能解決重大問題，它能空出大腦，讓你更理智地面對困境——告訴自己**我不是壞人；孩子是愛我的；我的人生並非一敗塗地**——而這正是運動的功效之一。二〇〇三年，一組德國神經科學家對二十四名接受藥物治療的輕度憂鬱症患者與十名健康者進行實驗，目的是透過一系列的神經心理測驗評估大腦的執行功能。這些受試者首先以四〇%的最大心跳率進行三十分鐘的健身車運動，再以六〇%的最大心跳率進行第二節運動（運動強度低得足以將乳酸因素排除在方程式之外），並且分別在兩節運動過後接受測試。結果憂鬱症患者在四項測試中，有兩項出現明顯的進步，顯示運動可以立即提升大腦的思考能力，甚至就算是單節的運動，都足以影響前額葉皮質區的運作；至於那十位自願參加實驗的非憂鬱症受試者，雖然沒有出現明顯的進步，但他們原本就沒有什麼需要改善的地方。

梅伯格大概是提出大腦執行功能只呈現出部分事實的第一人，在比較過接受藥物治療和接受認知行為治療患者的正子斷層影像之後，她發現這兩種療法是從相反方向改變大腦邊緣系統的活動強度的：抗憂鬱藥物似乎是由下而上運作的，也就是說它的效用是從腦幹開始，往上擴散到邊緣系統，最後再抵達前額葉皮質區，這或許可以解釋為什麼抗憂鬱藥物首先緩解的是生理上的症狀——我們先感覺更有活力，然後才感覺沒那麼憂鬱。至於認知行為治療和心理治療，則是讓我們先感覺沒那麼憂鬱，然後才感覺更有活力，它們是從前額葉皮質區往下運作的，因此能修正我們的思想，讓我們可以挑戰習得的無助，跳出絕望的漩渦。

運動的優點在於可以對憂鬱症兩面夾攻。運動能讓我們的身體動起來，因此很自然就會刺激腦幹，給我們更多的能量、熱情、興趣和動機，讓我們感覺自己更有活力；從大腦上方的前額葉皮質區來看，運動也能藉由調節血清素、多巴胺、正腎上腺素、BDNF、VEGF等所有前面提過的化學物質，改變我們的自我概念，而且跟許多抗憂鬱藥物不同的是，運動並不會選擇性地影響任何東西，它調節的是整個腦部的化學物質。運動能空出前額葉皮質區，讓我們留下正向記憶，打破悲觀的憂鬱模式，它還能讓我們證明自己是有能力採取行動、改變些什麼的，它對廣泛的情緒問題都能發揮效果，無論我們很沮喪，還是面臨惱人的症狀，甚至只是過了很糟的一天。

這種兩面夾攻的概念真是再重要不過了。「就算接受腦部深層刺激術的患者，一旦恢復正常，他們還是需要進行心理重建，」梅伯格說，「一開始，部分的重建工作就只是讓他們做點什麼而已，最好的行為治療就是走出去，散個步，做點什麼。你不需要任何縝密的規畫，也不會陷入負面的漩渦，如果你做運動，它很快就會強化這點，因為在以前，你沒辦法主動讓自己做點什麼。」

如果你的前額葉皮質區已經離線了好一陣子，你需要重新設計，而運動將是最棒的工具。你會用不同的眼光看這個世界，找回事物的價值，當你看見自己動了起來，那本身就是一種成就——它證明你有能力幫助你自己。

由上而下建立自信，由下而上湧現活力

自從我們開始尋找憂鬱症的原因以來，科學已經有了長足的進步，這數十年由單胺假說發展出

來的研究，讓我們認識了不少關於情緒方面的生物機轉，愈是接近憂鬱症的根源，我們就愈發現它的複雜性。在剛開始進行研究的時候，每個人都很確定問題來自於神經傳導物質在突觸間的失衡，但現在我們知道，事情並沒有那麼簡單。

諷刺的是，我認為這正是運動始終不被視為醫學療法的原因。運動並不是單一地提升血清素、多巴胺或正腎上腺素，而是調節全部，並且到了一種我們只能假設這是拜人類演化所賜的地步，同樣的狀況也發生在BDNF、IGF-1、VEGF和FGF-2這些可用來建造和監督新神經元和新連結的化學物質上。簡單地說，運動能影響的大腦變數太多了，以至於我們幾乎不可能照自己偏愛的那樣，以「硬科學」之名將其效果一個個分開來看。但事實擺在眼前，不管是利用顯微鏡觀察到的分子活動，還是針對成千上萬個對象所進行的長期大規模調查，所有的證據都顯示運動是一種抗憂鬱藥物，而且還不止如此。

不過，並不令人感到意外的是，通常參與運動及憂鬱症研究的患者後來都會有一半的人退出，原因可能是他們本身就不愛動，所以覺得開始運動是件很困難的事，而這也是醫師向患者推薦運動療法時必須謹記的一點：對已經充滿無助感的人來說，保持合理的期待是很重要的事，否則很可能會造成反效果。但是從另一方面來看，根據研究顯示，即使是天生不喜歡運動的人，在運動結束的那一刻都會感覺情緒有所改善。如果你事先曉得另一面是什麼情況，將會更容易克服困難。

人類是社會性的動物，所以如果你很憂鬱，最好選擇一種可以接觸人群，並且在戶外或有感官刺激的環境下進行的運動。找同伴一起運動或讓自己置身於新的環境裡，可以使新生成的神經元得到一個更強大的生存理由，那就是它們必須形成新的連結，才能顯現感官刺激。幫助大腦從空虛中脫困，可以為你帶來一種目標感與對未來充滿希望的自我價值感：一旦建立起正面的感受，你就會想把它用在某個地方，然後你會得到一種由下而上湧現的動力和活力，以及由上而下建立起來的自我肯定。當你鼓勵自己去做運動，你就在鼓勵你的心去擁抱生命。

處方：多運動準沒錯

每當我建議憂鬱症患者採用運動療法，他們第一個會問的問題就是：「我該做多少運動才夠？」其實這個問題並沒有絕對的答案，尤其是憂鬱症涵蓋了那麼多不同的症狀和嚴重程度，但崔佛迪醫師對我們至少要做多少運動才會有效已經提出結論，藉由將運動劑量化，他希望用一種可以讓醫界人士接納的用語使大家認識這種療法。這是非常重要的事，因為醫師必須跟患者一起找出最有可能讓他們養成習慣的運動計畫。

在一項研究中，崔佛迪和安德莉亞·唐（Andrea Dunn）將八十位憂鬱症患者分為五組，其中四組進行強度和頻繁程度互有差異的運動訓練，控制組則被指定在受監督的情況下做伸展操（以了解受試者和監督者之間的互動是否有任何影響）。研究人員用每磅體重消耗掉的熱量當作「劑量」單位，結果在每週三或五節的運動訓練中，高強度運動組平均消耗掉一千四百卡（每磅八卡）：過了三個月實驗結束時，不論頻繁程度多少，高強度運動組的憂鬱分數都往下掉了一半，也就是說他們的症狀明顯減輕了。至於低強度運動組的受試者，他們平均消耗掉五百六十卡（每磅三卡），憂鬱分數下降三〇％，跟控制組的結果幾乎相同，效用幾乎跟安慰劑一樣。這個研究結果帶給我們的意義，就是我常對人說的那句話：做點運動很好，多做點運動更好（到某個程度為止）。

崔佛迪和唐所定的高劑量值，跟運動的公共衛生建議值是相互吻合的，這個建議值**建議人們最好經常從事三十分鐘強度適中的有氧運動。假設你的體重是七十公斤，就代表你大約每週最好從事三小時強度適中的有氧運動，低劑量的運動則是每週大約做八十分鐘左右。**

你只要將體重乘以八，就可以知道自己在做高劑量運動時應該會消耗多少熱量，然後你可以上健身房，看看你在健身時燃燒掉了多少卡路里（大部分的有氧運動器材都會顯示這個項目）。如果你的體重是七十公斤，在橢圓機上踩三十分鐘並燃燒掉兩百卡，你應該會希望自己每週做六節運動，以達到高劑量的標準。

我會建議任何跟我的病患比爾一樣患有憂鬱陰影症候群的人，至少要達到這個運動量。有些人雖然沒有臨床上的憂鬱，卻總是用悲觀的態度看待人生，有些人老是覺得這個世界上沒有一個人符合他們的高標準，包括他們自己；至於比爾，當他開始愛上跑步和舉重後，他每天早上都跟健身房的一群常客一起健身、喝咖啡，他在職場上的表現和人際關係變好了，也不再用原有的抱怨心態對待每件新案子，他對各種挑戰幾乎都樂於接受，這也讓他的妻子對他完全刮目相看。

當然，也有人只是單純的情緒化而已，他們通常缺乏自尊心，而其中有部分原因是他們沒辦法掌握自己每天的喜怒變化。我的病患茱莉安就是這樣，我們對這個問題的探索，是從她跟自己的夢中情人訂了婚，結果卻變得比以前更加憂鬱易怒之後開始的。出於自然反應，我不斷鼓勵她運動，她最後也加入了公司附近的一間健身房，並且聰明地找了一位已經是會員的同事作伴。他們每天到了午休時間都會相約去運動，結果過了幾個月，她對自己感到相當滿意，並且談到這個日常活動給了她多大的安定感。運動穩住了她的生活節奏，讓她不再無所適從。

有些情緒波動大的人，很容易認為自己得了躁鬱症或雙極症（bipolar disorder），但那其實是另一個層面的問題。我一直沒有討論到躁鬱症，主要是因為運動在這方面的研究報告並不多，但最近有項初步的研究清楚顯示，住院治療的躁鬱症患者在參與一項步行運動計畫後，憂鬱和焦慮的現象比不願意配合或無法配合的患者更輕微，而且讓躁鬱症患者擁有規律的人際接觸，也證實可以對長期的結果帶來幫助。我們是直到最近，才看到運動逐漸被視為躁鬱症的治療方案之一。

沉睡的大腦，將從冬眠中醒來

在某些方面，運動在預防上的意義甚至比治療上更重大。憂鬱症最早出現的症狀之一，甚至在你的情緒還沒盪到新低點之前就有的症狀之一，就是睡眠障礙，它會讓你早上爬不起來，晚上無法入睡，或者兩者合併發生。我常把它想成睡眠遲惰（sleep inertia）——大腦還在昏沉狀態中，無法開始進行或停止什麼事，你會先失去活力，然後失去對事物的興趣，而解決之道就是立刻讓身體動起來，並且持之以恆。你可以訂個時間表，養成每天散步、跑步、騎單車或上舞蹈課的習慣；如果你無法入睡，就來個晨光漫步，並且天天都這麼做。把狗帶出去，改變你的日常行程——逃離憂鬱，拚老命地燃燒掉那一千四百卡的熱量，防患於未然。

如果你得了重度憂鬱症，可能會感覺自己掉進萬丈深淵，處於一種等死狀態，好像連上健身房、踏出家門一步，甚至想活動身體的念頭都幾乎變得不可能。首先，你得請教醫師，看看是否需要接受藥物治療，並且替自己補充一些Omega-3脂肪酸，這種營養成分已證實具有抗憂鬱症的功效，我期望這可以稍微解開你大腦的那把鎖，讓你至少可以出去散個步。再來，尋求協助，徵求某位朋友或家人的同意，請他每天來探望你一下，如果可以，最好在同一時間前來，然後帶你出門，到附近的街道走走。在英國和澳洲，為憂鬱症患者設立的步行團體早已行之有年，現在他們也開始把這項做法帶進美國，所以你可以上網看看，查詢自家附近是否有類似團體：如果找不到這些訊息，而你有自己的方式，不妨跟私人教練約個固定時段進行。我知道，這聽起來也許很瘋狂，尤其當你感覺自己已經離不開家中那張沙發的時候，但如果情況真是如此，那麼起身活動絕對是你的當務之急。

運動並不是特效藥，但你得讓你的大腦重新恢復運作，而且一旦開始擺動身體，你的大腦就沒有別的選擇。這是個過程，最好的策略就是一步一步來，不用操之過急。**從根本上來看，憂鬱症可以被定義成一種缺乏任何行動能力的狀態，而運動正是轉移那些負面訊息，誘使大腦從冬眠中醒來的最佳方法。**

6 注意力缺失
遠離分心障礙

「我第一次懷疑自己跟別人不同，是在我三歲時，我發現不管是我家還是左右鄰居，都沒有其他小孩被套上防走失繩。」山姆寫道，他是一位三十六歲的創業投資家，由於想了解一種從小就困擾著他、後來也在他兒子身上出現的病症，向我求診。「我始終是家人眼中的麻煩製造者，而且童年多半都在狗屋和『笨蛋角落』裡度過，很多老師都覺得我有成為好學生的潛力，但我從來沒有充分發揮出來。我有能力表達自己、整理自己的思緒，但總是得拖到最後一刻。」

不知如何管教的一群孩子

山姆一點也不笨，但就像許多注意力缺失過動症（ADD/ADHD）患者一樣，那些捉摸不定的行為很容易讓身邊的人將他貼上愚蠢、頑固或者被寵壞的標籤。他不想讓兒子遭到同樣的羞辱，於是在妻子和事業夥伴的鼓勵下來找我幫忙。「我也搞不懂自己在這混亂的人生中是怎麼運作的。」他告訴我。

混亂、強烈的情緒震撼、最後期限——任何一種迫切的壓力對山姆的大腦來說都是解藥，在這封寫給我的信中，山姆提到自己從小就跟權威人士處不好，因此有管教上的問題，而且他十四歲就開始碰毒品，但還不算是吸毒犯。十六歲時，父母警告他除非安分守己一點，否則別想考汽車駕照，結果他的學業成績平均點數（GPA）幾乎在一夕之間從一．五衝到了三．五。表面上看來，這似乎證實了他老師的想法：山姆需要的不過就是嘗試罷了。

但山姆的問題並不出在態度上，ADHD是大腦注意力系統（attention system）失衡所衍生出來的一種症狀，而此系統正是布滿許多神經元連結，負責掌管覺醒、動機、報償、執行功能和運動的區域。就拿動機來說，雖然ADHD患者「需要的不過就是動機罷了」，但如同所有的心理面向，動機也有它的生物機轉。看看那些無法專心上課，卻能坐上好幾個小時打電玩的孩子，或者一聽老公說話就發愣，對小布與裘莉的八卦雜誌報導卻能埋首拜讀的女人，似乎只要他們願意，專心就不成問題對吧？並不盡然，如果我們觀察這些人的功能性核磁造影（fMRI）——科學家已經這麼做了——就會發現，他們大腦的報償中心在各種狀況下都有明顯不同的活動。大腦的報償中心是由一群多巴胺神經元組成的「伏隔核」（nucleus accumbens），會將愉悅或滿足訊號傳遞給前額葉皮質區，讓大腦獲得專注所需的驅力或動機。

至於什麼樣的刺激才足以啟動大腦的報償中心，讓注意力集中，則因人而異。以山姆來說，最後對他起作用的是大學球隊裡的嚴格訓練與激烈運動——一股想向家人證明自己並不笨的強烈欲望。藉著加入大學聯盟的第三級美式足球隊和曲棍球隊，他不僅順利完成學業，甚至多次登上校長獎的榮譽榜。「我相信加入一個每天早上都得練習五節的運動訓練，」他寫道，「是讓我明白只要自己全力以赴就能表現得更好的轉捩點。」

現在，他養成了每天晨跑數公里的習慣，而且是一家創投公司的合夥人，專門撮合企業家和投資金主。套句行話，山姆稱得上是一位「呼風喚雨者」，他剛好具有一種充滿社交手腕、商業頭腦與旺盛精力，能讓案子順利成交的性格特質。每當有大案子來到他面前，他注意力缺失的問題全都消失了，強大的成交壓力從各方面激起他的衝勁，而且經常到了一種完全占據他清醒時刻的地步。

矛盾的是，這種超級專注的能力正是ADHD的常見特質之一，但因為看起來似乎與ADHD的條件不符，所以不太容易診斷出來。**很多新來的病患都告訴我自己不可能有ADHD，因為他們在讀某些東西或做某件事時都很聚精會神。其實嚴格說來，這種注意力系統的突槌並不算是一種缺陷，而比較像是調校上的失能，所以我都會告訴我的病患，比較有幫助的做法是把注意力缺失症（attention deficit disorder）理解成注意力不定症（attention variability disorder）。也就是說，問題是出在注意力的一致性上。**

山姆抓到了要領，知道自己愈到下午愈心不在焉，便開始把重要的工作和會議排在早上，也就是他還能感覺得到晨跑鎮定效果的時候；至於回電等瑣事，要是沒有祕書幫忙還真的不行。他還沒有完全擺脫讓他從小被貼上問題兒童標籤的行為症狀，但他已經知道該如何面對ADHD，並且將過動症狀控制在某種範圍之內，甚至轉變為自己的優勢。藉由認清困境，山姆已經知道如何利用自己擅長的方式安排他的日子和人生。

集體分心傾向：網際網路挑戰每個人的專注力

我跟同事奈德．哈洛威爾（Ned Hallowell，即Edward Hallowell）合寫過三本書，第一本《分心不是我的錯》（*Driven to Distraction*，遠流出版）出版於一九九四年，就在它成為暢銷書、社會大眾對ADHD的輪廓也愈來愈熟悉的同時，我們遇上了二十世紀最強大的一場文化衝擊——全球資訊網（World Wide Web）的興起。網際網路上源源不絕的紛亂資訊，不斷挑戰著每個人的專注力。

現今的世界很容易讓人分心，我們隨時受到各種資訊、噪音等外界因素的轟炸與打擾。每隔幾年，這個世界的資訊量就會增加一倍，但我們大腦的注意力系統和其他部分的設計，還是跟一萬年前一樣沒什麼改變。不過在這個以電腦為中心的世界，我們學會了預期每件事都要立刻發生，如果事與願違，我們很容易就會有挫折感。當手機變得靜悄悄的，或者一個多小時都沒有電子郵件進來，我們就會開始坐立不安，誰還有那個美國時間和耐性好好計畫或想通一件事，並且考慮後果？既然一切只要按個滑鼠就行了，又何必自找麻煩？也難怪運動始終被人們視為一件可以等到最後再做的事——它需要計畫和付出體力。

根據專家估計，美國成年人約有四％或者一千三百萬人患有ADHD，但這並不代表剩下的九六％沒有這方面的問題。每個人或多或少都有注意力渙散的現象，就像我之前提過的，很多精神失調會藉由陰影症候群的方式出現，那是一種不見得完全符合醫師診斷標準的性格特質。患有ADHD陰影症候群的人有可能經常在情場上失意，有可能在某些需要旺盛精力的激烈行業中有傑出表現，也有可能兩者皆然；他們通常會成為企業家、證券交易員、業務員、急診室醫師、消防員、辯護律師、影劇泰斗或廣告經理，這些都是**可以透過過動傾向、非線性思考和冒險性格獲致優異成就的工作。在混亂的環境中，分心反而是一種優勢。**ADHD陰影症候群的患者雖然有缺乏條理、健忘和感情方面的問題，但只要壓力一來，這些問題就會迎刃而解。

很多人還抱持著跟山姆的老師一樣的想法。我們全都嘗過粗心大意的苦果，因此很容易以為專注需要的只是一點努力而已，到現在我還會遇到一些人，把ADHD完全看作一種懶惰、缺乏教養、愚笨、固執或者流氓的行為。諷刺的是，這種質疑態度在醫界存在已久，使得醫界人士數十年來普遍認為ADHD在孩子進入青春期後就會神奇地消失，而我多年來一直引以為傲的工作之一，就是挑戰這個傳統認知，證明ADHD同樣存在於成年人身上。

今天，ADHD已成為最廣受研究的病症之一，顯然它並不是態度問題，否則不會有那麼多家庭深受其苦。根據一項針對將近兩千對澳洲雙胞胎所做的研究顯示，如果其中一人患有ADHD，另一人罹患的機率高達九一％。

一九九〇年，國家精神衛生研究院的艾朗．薩麥特金（Alan Zametkin）及其同事發表了一份劃時代的研究報告，證實ADHD跟生物性的失調有關。藉由正子斷層造影的測量，薩麥特金等人發現他們進行注意力方面的測驗時，ADHD成人患者的大腦活動比正常人（控制組）減少了將近一〇％，而且差距最明顯的地方，就在對行為具有重大影響力的前額葉皮質區。這項研究也認為運動對注意力有正向增強的效果。

麻煩的徵兆

「注意力缺失症」（ADD）是一九八〇年《精神疾病診斷與統計手冊》第三版公布之後才首度出現的名詞，從那時開始，不專注（inattention）和過動（hyperactivity）這兩大症狀是否應該分別建立各自的診斷標準，就一直受到爭論，因為不專注絕對是構成這種精神失調的條件之一，但有時也會伴隨過動症狀。過動症狀在兒童身上比在成人身上更常見，尤其是男孩（雖然並非男孩獨有），而且有很長一段時間，唯一被診斷出來的都是狂暴衝動型的ADHD患者。雖然沒有人指出過動與愛做白日夢之間有所關聯，但它們的治療方法是一樣的。現在，我們都把這種失調稱為ADHD，無論過動症狀是否包括在內。

你不可能認不出過動兒：他們是《淘氣阿丹》裡的主人翁，一天到晚都很亢奮，老是坐不住（比如戳弄自己、抖腳、隨手亂畫、撥動東西）。由於缺乏耐性，他們常會冒失地打斷他人，不經思索就把話脫口而出，總是覺得自己在跟速度賽跑。他們會搶話是因為他們自以為知道別人要講什麼，或者那些話讓他們感到很無聊。總之，**他們很難把心思放在一件事上**。他們受不了自己一個人玩，如果在學校表現欠佳，他們通常會選擇成為班上的耍寶大王。很多過動兒都善於交際，但如果對社交線索（social cues）的理解度不夠，也會變得放不開。而且跟山姆一樣，他們從小就不斷聽人家說自己是個成事不足、敗事有餘的人，但對這些孩子來說，他們擺明了就是需要動，所以後來他們在體育方面都會表現得很好。衝動（impulsivity）在這裡符合過動的條件之一，成人和小孩都可能出現過度激動的反應，而且正向和負向都有，所以他們會變得**熱情而易怒**。駕駛憤怒（road rage）基本上是一種發脾氣的行為，但也是ADHD過動型患者很容易犯的毛病之一。像我有些病人，連只是穿越車陣到我的辦公室來都好像在打仗一樣。「真希望我的大燈上裝了榴彈砲！」一位女士告訴我。「這樣我就能把所有人都轟開！」缺乏耐性也會助長這種反應，ADHD患者會想盡辦法逃避排隊這件事，如果有人強迫他們等待，可能會當場發飆。

不專注或分心是ADHD患者永遠不會少的症狀。有對夫婦因為妻子的分心問題已經危及婚姻關係，來看我的診。那位太太雖然在加護病房裡有一流的工作表現（忙亂的環境讓她如魚得水），卻無法把注意力放在家人身上，就連先生在我的辦公室裡談到這個問題時，他也會突然提醒我：「看！」果不其然，他的太太正望著窗外發呆。**ADHD患者很容易偏離主題**，忘記自己原本的想法和要做的事，他們典型的徵兆之一就是快速轉身：每當踏出家門，ADHD患者就會立刻向後轉，上樓去拿他們遺忘的東西。每個人都會這麼做，但對我某些病患來說，這是每天都會上演的戲碼：好不容易有一天終於做了作業，他們卻忘了帶去學校。

ADHD大腦會把啟動一項任務當成是艱鉅的挑戰，而且相當善於拖延，它的主人有可能坐下來打算做一件自己很想做的事，結果卻清理起桌子來。注意力缺失症的患者通常必須等到大禍臨頭，才能把事情完成。他們不大懂得整理東西，所以房間和辦公室總是亂成一團，他們對僵硬刻板的架構有著愛恨交織的情結，像我的病人山姆，他並不想跟權威人士作對，他之所以有那些舉動，是因為他對自己不知如何適應架構充滿無力感。

矛盾的是，**治療ADHD最好的方法之一就是給他們一套非常嚴謹的架構**。從過去到現在，我不斷聽到無數父母對自己的ADHD小孩做出相同的觀察：強尼在練跆拳道以後真的好多了，他以前都不做功課，很愛生氣、很難搞，但現在他的優點都跑出來了。

你可以把跆拳道換成其他武術或芭蕾舞、花式溜冰、體操等任何架構嚴謹的運動，較新潮的運動如攀岩、騎越野單車、激流泛舟以及——恕我直言，媽媽們！——**玩滑板，對這些孩子來說也很有幫助，因為它們在消耗體力的過程中，都需要運用到複雜的動作技巧。體力與腦力挑戰的結合，比光做有氧運動更有效果。**美國赫福斯特拉大學（Hofstra University）的一位研究生就用一項小型研究證實了這點，他發現每週練習兩次武術的八到十一歲ADHD男孩，在多個評估項目中比典型有氧運動的受試者表現得好（這兩組都比無運動訓練的控制組有進步）。他們完成的家庭作業較多、上課比較有準備、成績較好、較守規矩，也比較坐得住；簡言之，他們比較可以專心做一件事。

這類運動所固有的動作技巧，可以啟動一系列掌管平衡感、時機感、排序、後果評估、轉換、修正錯誤、小肌肉協調、抑制，當然也包括專注在內的腦部區域，甚至極端點說，它們關係到一個人的生死存亡（你必須避免自己被空手道勁敵劈成兩半、在平衡木上摔斷脖子、或者在泛舟時慘遭滅頂），因此也就能激起「戰或逃反應」所需的專注力。當大腦處於高度的警戒狀態，就會產生充足的動機，讓我們可以學習那些活動必備的技能，因為對大腦來說，這是個非生即死的問題。當然，大部分時間我們還是以有氧運動為主，激發大腦的認知能力，讓它更容易採取新的策略與行動。

只專注在立即滿足的當下因

注意力系統在腦部並沒有一個中央位址，反而是由始於藍斑核、覺醒中心和部分腦幹的交互通道所串連起來的網絡，並且會將訊息傳送到腦部各處，喚醒大腦並集中我們的注意力。這個網絡涵蓋了腦部的報償中心、邊緣系統及皮質區，最近科學家也把掌管肢體平衡與流暢度的小腦列進去。由此看來，我們的注意力、意識與動作之間有著很多的交集。

注意力系統的迴路全受到正腎上腺素和多巴胺的調節，這兩種神經傳導物質具有非常相似的分子特性，可以跟對方的受體結合，它們也是ADHD藥物治療鎖定的標的物，在眾多跟ADHD相關的基因中，科學家最注意的就是負責調節這兩種神經傳導物質的基因。**整體而言，ADHD患者的問題出在注意力系統的不完整，或者像患者所說的不連續、零碎、不協調（一種當正腎上腺素、多巴胺或任一腦部區域發生功能障礙時，可能衍生出來的問題），而這也解釋了為什麼ADHD會以各種不同的面貌出現。**舉例來說，藍斑核具有開啟和關閉睡眠機制的功能，因此跟我們的生理節奏息息相關，ADHD患者最常見的症狀之一就是不正常的睡眠模式，他們通常會有難以入睡或熟睡的問題，也可能出現夢遊、夢囈或夢魘等睡眠障礙。早期的過動症理論認為覺醒才是問題癥結所在，那些孩子之所以靜不下來，基本上是為了讓自己保持警覺。然而在腦幹深處忙著製造正腎上腺素的藍斑核，只是有可能出狀況的第一關而已，攜帶著正腎上腺素從藍斑核延伸出去的軸突，會跟來自「腹側蓋區」（ventral tegmental area, VTA）富含多巴胺的軸突，共同嵌入杏仁核的神經元。

如同我在第三章提到的，杏仁核的職責是在我們還未意識到外來刺激前，先指定其情緒強度，然後把訊息繼續傳送出去，進行更高層次的處理。以ADHD的情況來說，杏仁核判斷的就是事件的「可注意度」。失調的杏仁核是ADHD患者發脾氣或盲目攻擊行為的根源，而他們本身對外來刺激的過度敏感，也可能導致恐慌症的發作。但這種易激動的特質有時也是個優點，ADHD患者對某件事可以熱情到讓一屋子的人都大為振奮的地步（吸引他人的注意力對ADHD患者來說根本不是問題）。

多巴胺也會把訊息帶到伏隔核或報償中心，這裡是利他能、Adderall（amphetamine-dextroamphetamine，一種由安非他命混合鹽類所製成的藥物）以及其他刺激物（咖啡、巧克力，甚至古柯鹼）之活性介質最後發揮作用的地方。報償中心在通知前額葉皮質區有值得注意的事件發生之前，必須先得到充分的啟動，而這牽涉到大腦執行功能的排序面，因此也是動機形成的組成要素。基本上，除非報償中心有反應，否則大腦不會做太多事，目前已經有實驗研究顯示伏隔核受損的猴子無法保持專注力，因此缺乏動機去執行不具立即報償性質的任務。這點在ADHD患者身上也同樣成立，他們寧可選擇立即的滿足，也不願意完成對自己有幫助但比較單調的工作，譬如認真準備一場對自己將來上大學有利的考試。我常把他們稱為「當下囚」，他們無法著眼於長期目標，因此給人一種缺乏動力的感覺。

前額葉皮質區對ADHD的形成也有責任。整體說來，**我們可以把不專注理解成一種無法阻止自己不對非重要性刺激與運動衝動（motor impulses）產生興趣的狀態；換言之，就是我們無法停止注意不該注意的事物。**前額葉皮質區是工作記憶的大本營，而工作記憶能讓我們繼續保持專注以便獲得遲來的獎賞，並且在同一時間留住多重訊息。因此如果此區受到損傷，導致某個想法存留在腦中的時間不夠久，**無法進行處理、思索、排序、計畫、演練及後果評估，我們就會失去為某個長期目標努力的動機。**如同電腦的隨機存取記憶體（RAM）一樣，工作記憶可被視為大腦所有執行功能的基礎，而它的失常也解釋了為何ADHD患者**不懂得管理時間，做事容易拖拖拉拉，他們忘記擔心時間的飛逝，因此永遠沒辦法馬上開始手邊的工作。**一個早上經常遲到、瀕臨開除邊緣的ADHD患者，很可能會為了選擇早餐穀片或決定重新整理櫥櫃，而忘記自己必須在何時出門。結果當他記起來時，恐慌也來襲了。

注意力系統與運動緊緊相連

除了訊息是否能通過以便引起我們注意，傳送得順不順暢也是重點，而這也是注意力系統跟動作以及運動緊密結合的地方——我們談的是可以控制肢體動作，也能協調資訊流的腦部區域。

小腦是個長期以來被人認為只跟動作及其精細度有關的原始器官，當我們學習做某個肢體動作，無論是空手道飛踢還是彈捻手指，都大量仰賴小腦的運作。儘管只占腦容量的一〇%，小腦卻包含了半數的神經元；也就是說，它是個時時刻刻都有活動在進行的緊實組織。但是，除了維持肢體的節奏以外，小腦還能調節某些腦部系統，對資訊流進行更新、管理，好讓它們通行順暢。

小腦會將資訊傳送到分別掌管思考與動作的前額葉皮質區與運動皮質區，但沿線還有一個由許多神經元聚集而成的基底核，可以像自動排檔一樣，下意識地將注意性訊息轉換成皮質區的指令。負責調節基底核的是來自黑質（substantia nigra）的多巴胺，作用跟變速箱油有點像：如果多巴胺不足，一如ADHD患者所處的情況，注意力就無法順利轉換，或者只能直接切入高速檔。

科學家對基底核的認識，多半是來自帕金森氏症的研究，這個由基底核多巴胺不足引起的疾病，除了會嚴重破壞患者的動作協調能力，還會影響複雜的認知能力。在帕金森氏症初期，這些功能障礙會以成人形式的ADHD顯現。

這個平行關係相當重要，有鑒於多項有力的研究報告，神經學家目前已經開始建議帕金森氏症初期患者利用每日運動來消除症狀。在研究過程中，科學家藉由殺死白老鼠基底核內的多巴胺細胞來誘發帕金森氏症，然後在發病後的十天裡強迫半數的老鼠每天進行兩次跑轉輪訓練。不可思議的是，跑步組的多巴胺含量一直維持在正常水準，而且動作技能並沒有衰退。一項針對帕金森氏症患者所做的研究也顯示，密集運動不但能改善情緒，也能改善運動能力，而且這些正面效果在停止運動後，至少還能維持六週之久。

最讓我感興趣的是動作和注意力之間的密切關聯，兩者共享重疊的通道，這或許也就是為什麼武術之類的活動對ADHD兒童很有幫助——他們必須在學習新動作時集中注意力，因而能運用並鍛鍊到這兩大系統。

一項針對閱讀障礙（大約發生在三〇％的ADHD患者身上）所研發出來的爭議性療法，就是完全以運動達到訓練小腦的目的。這種「讀寫障礙、運動障礙及注意力療法」❶（dyslexia, dyspraxia, and attention treatment, DDAT）根據的理論是，當腦部的動作協調能力受到干擾，就可能導致眼球追蹤方面的問題，進而造成讀寫上的困難：研究人員也發現，大部分患有讀寫障礙的兒童在小腦功能測試上的表現比一般人差。DDAT運動計畫包括每日進行兩次五到十分鐘相當簡單的肢體技巧練習，二〇〇三年，英國研究人員對三十五位患有讀寫障礙的學童測試了DDAT的功效，並且宣稱結果「令人震驚」，跟無治療組相比，實行DDAT運動計畫六個月的學童在讀寫流暢度、眼球移動、認知技巧、肢體衡量項目如敏捷度與平衡感方面的表現，都有顯著的改善。

我的好友及同事奈德在他的ADHD治療中心採用了DDAT（及其他多種方法），並且從自己的兒子身上看到了成效。哥倫比亞大學內科暨外科學院舉世知名的科學家，不久前也開始進行一項大型研究，評估DDAT在治療ADHD方面的實用性。

目前已有藥學研究指出，ADHD藥物能幫助小腦及紋狀體（corpus striatum）的活動恢復正常。由此看來，這些區域顯然對注意力與動作有著重大影響。或許藉由訓練我們腦部的動作中心，提升它的功能，有一天我們將不再那麼依賴藥物治療。

❶譯注：由Edward Hallowell博士擔任顧問的「杜耳學習發展中心」所提出的治療法。

身為過動兒：我的親身經歷

我從沒在十月前報好稅過，每年都一樣，總是打定主意要跟國稅局的截止日期鏖戰到底。其實早在一月初，我就把所有要交給會計師的文件資料都蒐集好了，但之後一如往常，我一定會發現某份月報表搞丟了，得打電話給信用卡公司申請副本，雖然這只是小事一樁，卻澆熄了我的熱情。無論是追查文件的下落，還是購買標示檔案用的白色小標籤，那些繁瑣細節都會折磨我好幾個月，讓我的動力與動機消失殆盡。

慶幸的是，我小時候受過修女的嚴格管教，如果不在學校，我也一定會到戶外盡情從事某種體育活動。儘管如此，我的房間還是亂成一團；我經常忘東忘西；我的網球教練也宣稱我是他見過不穩定性最一致的球員。

顯然，我得了ADHD，但我從來都不知道，這個名詞在我小時候並不存在，如果有任何人深受注意力缺失的困擾，他們就會被稱為「過動兒」。

身為一位醫師，我是直到一九八〇年代初期在麻塞諸塞州心理衛生中心教書時，才對ADHD有了認識。當時我的住院醫師向我報告一名因為出現攻擊行為頻頻進出醫院的二十二歲患者，這名患者提到他在青少年時期曾經靠利他能治療過動症，但後來藥就被停了（當時醫界普遍認為兒童只要過了青春期，症狀就會自動好轉，而且如果讓他們一直服用興奮劑到成年後，可能會有成癮的危險）。我建議他再服用利他能，結果他的攻擊行為確實得到改善。如釋重負的他，說他已經忘了自己還能擁有冷靜和專注的感覺。

大約在同一時間，我也埋首於重度攻擊行為的研究工作——對各類病患的攻擊行為進行研究、治療和著述，並且偶然讀到了一篇由賓州大學（University of Pennsylvania）醫院神經部門創辦人法蘭克·艾略特（Frank Elliot）所做的研究報告，他在為數眾多的監獄犯中，發現超過八〇%的人小時候都有嚴重的學習障礙。

於是我開始深入了解我那些攻擊性患者的求學史，相同的故事一再浮現。顯然，他們都有終生無法克制自己的思想、行為與行動的問題，很多人厭惡權威、缺乏自尊心、容易衝動行事，他們從小就知道自己愛惹麻煩，也從未能發掘自己好的一面，還有不少人從青春期就染上毒癮，這些傾向都容易誘發挫折反應，導致攻擊行為的爆發。於是我清楚地了解到，這些破壞性行為或許都深植在注意力系統裡。

我開始從注意力的觀點看待我的門診病患，結果一些患有憂鬱、焦慮、物質濫用、易怒等慢性問題的患者，似乎都有注意力系統方面的潛在問題，而這點很容易被人忽略，因為它並不包含在過動症的範圍內。我開始用ADHD藥物治療他們，並且看到了明顯的改善。當我跟同事討論這些想法時，我愈來愈明白，這世界確實存在著一些不見得會讓人關進監獄、送進醫院或者找不到工作的輕度注意力缺失症。當我跟好友奈德用這個觀點回顧過去，我們立即在自己身上認出那些症狀。

成人也有注意力缺失過動症

我第一篇以成人ADHD為主題所寫的研究報告，被毫不留情地打了回票，理由不是說我一定誤判了憂鬱症或焦慮症的某些潛在形式，就是認為我在試圖介紹一種新病症。但我知道一九八九年奈德跟我在麻塞諸塞州劍橋市一場由ADHD病童家長成立的組織所舉行的小型會議上，首度針對這個主題進行演講時，我們確實點出了問題所在。那場演講的題目很簡單，就是「成人注意力缺失症」（當時我們還沒把它稱作注意力缺失過動症），原本我們以為在對全場兩百位聽眾做完報告後，頂多只會待個十五分鐘回答問題，後來卻在那裡待了四小時。那些父母群集在走道上的麥克風旁，一個接一個訴說自己的遭遇，然後請我們解釋其中的意義，很多人都跟自己的孩子一樣患有相同的症狀，而他們早就料到會這樣。

同樣的情形也發生在一位無意中聽到我在晚宴上討論某件個案，後來向我求診的精神病學教授身上。「我想你說出了我的問題。」他說，接著就開始對自己的狀況做出一番高論。查爾斯，我暫且這麼稱呼他，是個戴著眼鏡、衣著邋遢的典型大學教授，而在當時，他比我更了解精神病學，我還拜讀過他的幾本著作呢！

查爾斯的故事比較不同的地方在於，他以前一直是個馬拉松愛好者，後來因為膝蓋受傷，不得不割捨這份熱情，所以才變得頹喪消沉，而他也是在這個時候，發現自己患有我們都同意可以被稱為ADHD的症狀。他說只要女友打擾到他寫作，他就會火冒三丈；如果電話剛好在他想要專心的時候響起，他會一把將它摔到牆上。他愈來愈少跟朋友接觸，他符合ADHD的條件，我們決定讓他接受藥物治療，而這發揮了效果。

他第一次來見我時，已經在服用抗憂鬱藥物，但等他一完成物理治療並再度展開訓練，他就不再吃藥，因為他感覺自己好多了。隨著愈來愈恢復到自己原有的體能水準，查爾斯開始相信ADHD藥物會抑制自己的表現，查爾斯知道自己一公里半要跑多久，而他比以前還慢了十秒。

於是他決定停藥幾天，結果發現只要他有做訓練，就能保持專注。回顧過去，我們了解到他以前並沒有注意力的問題，因為他一直是個認真的長跑者，如果受傷期間沒有持續做運動，他可能就沒辦法依自己的需要掌控注意力了。顯然，運動發揮了強大的效果，而這對我來說是條大新聞。

專注於運動

大約在查爾斯來見我的同時，我也開始替其他幾位同樣患有ADHD但知識水準很高、頭腦很好，也還有辦法挽救的專業人士看診。他們並不是醫學文獻裡的典型患者，事實上，在奈德跟我把這些案例放進《分心不是我的錯》一書之前，並沒有人談論過罹患注意力缺失症的成功人士。他們當中已經有幾位發現可以把運動當成一種自療法，讓自己變得更有活力，我對一位現正掌管上億資金的避險基金經裡人印象深刻，他每天早上會吞一顆興奮劑，中午固定打壁球，因為那正是藥效快要消退的時候。

多數人都知道運動能消耗體力，任何一位帶過過動兒的老師，也會告訴你他們在課間休息結束後都變得冷靜多了。這種鎮靜與專注就是我在第一章提到的內帕維學區零時計畫的正向效果之一。

對ADHD兒童來說，學校是個難以忍受的地方，因為他們必須端正坐好，不左顧右盼，注意聽老師說話將近一小時之久，有些人根本辦不到，而這也是為什麼學童之間會出現那麼多的破壞性行為。我在大約十年前造訪亞利桑那州的聖卡洛斯阿帕契族原住民保留區（San Carlos Apache Indian Reservation）時，就對此有過相當深刻的印象。當時為了正視族人的健康問題，聖卡洛斯的阿帕契原住民邀請我去跟當地的醫療工作人員、家長和老師談談ADHD，ADHD在原住民保留區是個頗為嚴重但常未被診斷出來的問題，而阿帕契族人似乎比一般人更容易罹患此症。某天下午，當我對一群中學老師解說ADHD的症狀及療法時，有幾位老師特別提到他們沒有一個學生可以乖乖坐在位子上。我問到課間休息的時段，他們告訴我一天有三次。「如果下雨，他們就不能出去，」一位老師說，「我們都用校車送他們回家，否則根本應付不來。」

令人難以置信的是，目前只有少數研究報告針對ADHD盛行率做過詳盡的統計，而最可靠的其中一篇就來自梅約醫學中心（Mayo Clinic）。研究人員調查了所有從一九七六到一九八二年出生於明尼蘇達州羅徹斯特市的孩子，並且對直到五歲都沒有搬離當地的兒童進行後續追蹤，人數共有五、七一八名。結果顯示，這些孩子到了十九歲時，至少有七．四%的人會罹患ADHD，最大盛行率則有一六%。其他研究則指出，四〇%左右的ADHD兒童確實會隨著年齡增長趨於正常，就算進入成年期，過動的症狀通常也會消退，這跟負責抑制衝動的前額葉皮質區要到我們二十出頭才會發育完全的事實，並不是偶然的巧合，它是一門成熟的生物學。

運動是神經濃湯的最佳食譜

多巴胺和正腎上腺素是調節注意力系統的主角，因此用廣泛的科學解釋來說，運動緩解ADHD的原理就在於它能增加這些神經傳導物質的含量，而且是立即見效。有了規律的運動，我們就能藉由刺激某些腦部區域的神經新生，提升多巴胺與正腎上腺素的基準值。

另外，平衡腦幹覺醒中心裡的正腎上腺素也有幫助，「長期運動能改善藍斑核的**調性**。」加州州立大學（California State University）的神經學家暨精神病學家阿美莉亞・羅素努斯達特（Amelia Russo-Neustadt）說道。而其結果就是，無論在何種狀況下，我們都不容易驚慌或反應過度，也較不容易被激怒。

我則把運動看成一種為基底核添加變速箱油的過程，如同前面所談的，基底核是注意力系統轉換是否順暢的重要關鍵，它是利他能的關鍵結合位置，也是腦部掃描顯示ADHD兒童會出現異常的地方。運動可以藉由製造新的多巴胺受體，增加老鼠腦部相當於基底核區域內的多巴胺含量。

有一組包括喬治亞大學（University of Georgia）的羅德尼・第許曼（Rodney Dishman）在內的研究人員，透過可間接得知多巴胺活動量的運動功能測驗，檢視了運動對ADHD兒童的功效。結果令第許曼大為震驚，因為它會對男、女生產生不同的反應。對男孩來說，激烈運動可以改善他們瞪直眼睛並伸長舌頭的能力，這種代表肢體反射抑制較佳的現象，正是過動症欠缺的部分；女孩身上則並未顯現這個效果，或許是因為女生的過動症發生率偏低。不過在跟多巴胺突觸敏感度有關的另一項測驗裡，男女生都獲得了改善，儘管男孩需要在達到最大運動強度（maximal exercise）、女孩達到次大運動強度（submaximal exercise）之後才會出現顯著的效果（最大心跳率的六五～七五％）。

小腦過度活躍也是ADHD兒童坐立難安的原因之一，不過最近已有研究顯示，具有提升多巴胺與正腎上腺素作用的ADHD藥物能讓小腦恢復正常；運動也能增加正腎上腺素的含量，而且愈複雜的運動愈有效。老鼠不會柔道，但科學家在讓牠們做完數節最類似武術的有氧運動，並且觀察牠們腦部正腎上腺素的變化後發現，跟在轉輪上跑步的同伴相比，這群從事複雜肢體動作的老鼠，其腦衍生神經滋養因子（BDNF）含量明顯增多，顯示運動對小腦發揮了作用。

在邊緣系統裡，如同我前面解釋過的，運動也能調節杏仁核，依ADHD的情況來說，就是減弱許多患者常有的那種一觸即發的易怒反應。它能將反應分給新來的刺激，讓我們不會在開車途中失控，狂吼其他駕駛人，比方說。

提到ADHD是一種衝動與注意力上的失控，前額葉皮質區的角色就很關鍵了。伊利諾大學心理學教授亞瑟．克拉馬（Arthur Kramer）在二〇〇六年所做的一項重大研究，便藉由核磁造影證實，年長成人只要每週步行三天，六個月後就能增加前額葉皮質區的容量，而且當他測試受試者的大腦執行功能時，他們的工作記憶都出現了能在任務間順利切換與消除不相干刺激的改善現象。克拉馬並非針對ADHD進行實驗，但他的發現卻勾勒出另一條運動可提供協助的路徑。

每個人都同意運動能提升多巴胺和正腎上腺素的含量，而這些神經傳導物質在細胞內產生的效果之一，根據耶魯大學神經學家艾美．盎斯鄧（Amy Arnsten）的說法，就是能改善前額葉皮質區的訊噪比（signal-to-noise ratio）。她發現正腎上腺素能加強突觸的訊號品質，多巴胺則能防止細胞受體處理不相干的訊號，進而減少噪音或無向性神經元交談雜訊。

盎斯鄧也指出，跟注意力相關的神經傳導物質會循著倒U的模式發展，也就是說增加它們的含量只能幫助到某個程度，之後就會出現負面效果。如同其他所有的腦部區域一樣，這碗神經濃湯也得調配得宜才行，而運動是最佳食譜。

典型案例：跑出未來的傑克森

如果你無意中遇見傑克森，我的前病患，你會看到一個穿著牛仔褲、鬆垮襯衫，頭頭是道地大談未來計畫的二十一歲年輕人——典型的美國大學男孩，只是更聰明了點。他的特別之處不在於他今天的身分，而是他這一路走了多遠，又是怎麼辦到的。傑克森幾乎每天都在跑步，有舉重的日子跑五公里，其他日子則跑十公里。「如果我不跑，不是說我會有罪惡感，」他說，「而是說我會感覺今天好像缺少什麼東西。我想要跑，因為我發現只要我有運動，我就能毫無困難地專注在任何事情上。」

傑克森從十五歲開始看我的診，原因是他的ADHD讓焦慮問題開始惡化，他的拖延習性讓他陷入棘手的境地。儘管對自己玩弄老師和最後期限於股掌之間的狡猾本領感到自豪，但這種經常性的欺騙也對他的精神狀況造成危害，到了高中畢業前夕，他替自己掘的墳墓已經大到連自己都不曉得爬不爬得出去。他的未來完全繫於一道他拖到畢業前夕才終於交差的數學題。「我拖了那麼多天，實在沒把握可以畢業，」他回憶道，「我穿著一身畢業服站在那裡，完全不曉得他們會不會叫我的名字。」他停了一下，然後說：「我覺得自己蠢透了。」

傑克森很早就被診斷出ADHD，就在他的三年級老師發現他有破壞傾向及無法完成學校功課的問題之後。他開始服用利他能，並且持續接受興奮劑的治療，他很聰明，但總是難以適應學校生活。身為一所頂尖私立中學的日間部學生，他似乎有永遠做不完的功課。他的睡眠變得很少，就算有睡，也經常在上學壓力引發的胃痛中醒來。在經歷過一次恐慌症發作之後，他終於退學（儘管學期平均是B，而且主要靠考試得來），並且轉到一間公立高中。跟一些ADHD孩子不同的是，傑克森的人際關係相當活躍，他在學校成立了社團，也擔任問題學生的同儕輔導員——他猜想自己在學到那麼多教訓之後，對那些孩子的心理應該可以掌握得很好。

然而這些課外活動還是不足以阻止重度焦慮和憂鬱症的發生，於是我讓他服用dextroamphetamine（商品名為愛得爾〔Adderall〕，一種安非他命緩釋製劑）、paroxetine（商品名為克憂果〔Paxil〕）和一種長效焦慮藥clonazepam（商品名為可那氮平〔Klonopin〕）。在學業上，雖然教材內容並不難，但回家功課對他來說卻是個沉重的壓力。他不是沒寫，就是利用下課時間匆匆趕完，他告訴自己憑他的聰明才智，只要用混的就能讀完高中。他說他感覺自己像個「祕密情報員」，經常鬼鬼祟祟地出沒、暗中違反出席規定、規避老師的作業，然後裝出一副無辜的樣子。「我覺得這樣很酷，」他說，「我表現得最好就是在歷史課，我其實還滿喜歡的一科。我沒寫什麼報告，但我有辦法讓老師認為我有，而且還得了個A，卻從沒交出報告！」

在畢業典禮上，他們確實叫到傑克森的名字，他以1.8 GPA的成績低空飛過，無法申請到心目中的大學，除非靠家人的關係進去。不過，一所專科學校接受了他，而那真的沒什麼關係，因為光是能從高中畢業，還有放心自己下個秋季將有學校可以念，就已經讓他高興萬分了。事實上，他那個暑假因為感覺太愉快了，便決定把藥停掉——所有的藥（不用說，當時我並不知情），那是他從小學以來第一次超過一、兩天不靠藥物過日子。「我發現很多困擾我的小事都消失了。」他說。其實還包括一些不算小的事：他有生以來第一次可以正常睡眠，焦慮感也消退了。他猜想他會感到如此愉快，是因為好不容易念完高中的緣故，但當他為了準備大學的英文程度檢定測驗，開始服用一些ADHD藥物時，那些令人焦躁的副作用又回來了。於是在考完試後，他把藥全都收了起來。

就在那年暑假，傑克森跟女友去西班牙玩時，他的人生出現了轉捩點。打著赤膊走在滿是「西班牙公子哥兒」的沙灘上，他突然想為自己的羅漢肚做點什麼。「我就這樣跑了起來，」他說，「而且我開始感到很愉快。我很確定，部分的原因是我在西班牙度假，我人生中的每件事都很美好，我即將上的這所專科學校，也不至於難念到哪裡去。所以我告訴自己，或許我真的辦得到！就在那年秋季，我上了專科學校，而且完全沒有片刻的掙扎。」

傑克森的故事之所以吸引我，部分原因是他本來只是為了身材而運動，後來卻是為了療效而運動。剛開始，那些跑步訓練並沒有對他的身材造成什麼改變（拜披薩和啤酒之賜），但他還是堅持下去，因為他感覺自己變得更專注了。在專科學校的第一學期，他就拿到3.9 GPA的好成績，過了一年，他成功轉進最初他想念的大學，位於新英格蘭的一間競爭很激烈的小型學院，他在大二結束時拿到3.5 GPA，他的主修呢？心理學。

傑克森顯然已經跟自己的心理狀態取得連繫，如果他的運動訓練減少了，注意力就會開始飄移。「我絕對知道我什麼時候沒做運動，」他說，「甚至在期中考時，我根本沒什麼時間，但你知道嗎？我就是得出去跑步，讓頭腦清楚些，我非這麼做不可。」

他曉得運動給他的感覺，光是這點就足以讓他堅持下去。

「我的腦袋裡永遠有千萬個聲音在說話，」他解釋道，「當我開始運動，不是說我只把注意力放在一件事情上，因為我也有過度專注的問題，而是我得把注意力放在重要的事情上。後來我開始思索，就目前來說，我已經可以毫無困難地集中注意力，還有因為停止了藥物治療，我的睡眠問題也變少了。我從來不曾懷疑運動跟這些事有關，因為我的人生已經被徹底改變，這是再明顯不過的事實。」

成為自己生命的發球者

不是所有ADHD患者都能像傑克森一樣體驗到運動的巨大效果，我也不會建議他唐突地停藥，尤其是抗憂鬱藥物。他的故事存在著可否用運動取代利他能、Adderall或bupropion（商品名為威博雋〔Wellbutrin〕）的質疑，而對絕大多數的案例來說，我的答案是否定的，至少不是像杜克大學的詹姆士．布魯曼托及同事所說，可以用運動代替樂復得治療憂鬱症那樣。

然而在傑克森想中斷藥物治療的動機裡，還是存在著某種啟示。我認為他的問題出在他缺乏掌控感，雖然他知道自己夠聰明，有成功的條件，但就是做不到。連續不斷的挫敗會使人心情低落，而在傑克森的例子裡，這助長了他的憂鬱與焦慮感。對他來說，服藥會讓那種感覺變得更加嚴重，並產生依賴感；然而，養成跑步習慣可以讓他擁有主宰自我（情緒、焦慮和注意力）的感覺，生平以來第一次，他終於感覺自己可以掌握未來，他把跑步當成他的解藥。

至於我大部分的病患，我都建議他們用運動搭配藥物控制症狀，而且最好在早上做運動，等一個小時後再服藥，也就是運動的即時專注效果差不多快消退的時候。我也在其中一些病患身上發現，如果他們每天運動，興奮劑用量會變得比較少。

我的意思是，你可以主導自己的治療：愈明白ADHD是怎麼一回事，愈清楚自己的缺點，你就愈具有這方面的準備。我常鼓勵我的病患在排時間表和建立作息架構方面要更積極一點，如果你透過某種安排，讓你的生活和環境可以提供更多的專注和成就感（成為發球者，而非接球者），你就能在行動中提升注意力，並且增加產能。我不是說你只要懂得排時間表和建立架構，症狀就會消失，而是這能把你的注意力引導到正確的方向。現在很多人都會向ADHD教練尋求協助，這種外在支援，是幫助你保持運動等規律作息、讓你達成目標的有效辦法。

傑克森用跑步為自己建立了一套作息架構，這有兩方面的效果：規律的安排有助於時間的掌握，所以他不用花腦筋去想；再者，運動在各方面都可以集中注意力，就像我提過的那樣。

確實，很多ADHD兒童都比同儕還要活躍，研究顯示他們的體脂肪普遍較少；我也看到很多成年ADHD患者已經在運動，但他們需要做得更多，而且是以規律的形式進行。我通常會告訴病患盡可能訂出一套可以**每日**執行，或至少在他們需要專注於工作或學校的週間五日執行的運動計畫。根據第許曼的研究指出，次大運動強度，也就是達到最大心跳率六五～七五%的運動強度，對女孩比較有效；更激烈的運動（剛好低於無氧運動的臨界值，這點我會在第十章加以解釋）則對男孩比較有效。雖然我們還沒有這方面的成年人資料，但就我所看到的，提高心跳率確實有其必要——差不多用你最大心跳率的七五%進行二十或三十分鐘的運動。

尤其對ADHD患者來說，**武術、體操等動作複雜且需要大量注意力的運動，更是鍛鍊頭腦的好方法，這些運動能藉由運用到注意力系統的所有元件，讓你保持全神貫注。**況且，這些運動比在跑步機上跑步要有趣，那份參與感也會讓你更容易持之以恆。

我每天早上都盡量把運動排在第一位，除了維持一套作息架構，也是為接下來的一整天定好基調。很多時候，運動給了我往前走的動力，而且一旦進入看診的忙碌時段，我也能專注地面對每位病患。雖然研究人員還沒有把多巴胺和正腎上腺素在運動過後的激增時效予以量化，但就觀察性的證據而言，**運動大概能讓頭腦維持一小時或九十分鐘的平靜和清醒。**我常告訴患者可以在運動效果即將消退的時候服藥，這樣就能夠得到雙重的效果。

事實上，每個人都有不同程度的注意力缺失症，所以你必須親自實驗看看哪種訓練計畫比較有效。我希望當你明白這一切是如何運作的之後，可以找到最好的解決方法，如果你想知道**最低的標準，我會說三十分鐘的有氧運動，這不會花你太多時間，尤其這還能幫助你聚精會神，讓你更加善用接下來的一整天。**

7 成癮
拿回自己的主導權

在三萬五千名參加二〇〇六年十一月「紐約市馬拉松賽」（New York City Marathon）的選手裡，有十六位戒毒者，其中不少人還大方自嘲說他們已經「跑警察」跑了一輩子，在穿越終點線的那一刻，他們完成的距離遠遠超過四十二公里。這些戒毒者很多在進入「流浪之家」（Odyssey House），也就是分布於紐約市五、六個據點、治療大約八百名收容者的更生機構之前，不是坐過牢、無家可歸，就是身無分文。

這些再糟也不過的少數例子，說明了一個人行為完全失控時會淪落到什麼地步。雖然吸食古柯鹼、海洛因或甲基安非他命等硬性毒品（hard drug）者的生活，看起來有別於濫用藥物但未成癮者的生活，但他們腦部的運作原理其實是一樣的；也就是說，「流浪之家」的啟示適用於任何一個經常跟自制力苦戰或自認有成癮傾向的人身上。現在科學家已經對賭博、購物狂，甚至飲食過量的行為，做出與物質濫用相同的生物學解釋，這些行為的**共同點都是報償系統失控**，只不過有些人是先天的，有些人是後天的。

從癮君子變成運動家

「流浪之家」從一九六〇年代晚期就開始成立，提供心理諮商、就業訓練、老人安養、調解家庭糾紛等多項服務。二〇〇〇年春，一位名叫約翰．塔伏拉奇（John Tavolacci）的員工開始帶收容者到中央公園跑步，以便為每年秋季舉行的五公里慈善長跑做培訓。「我們分組陪他們跑，談談跑步會帶來什麼好處——紀律、架構和團隊精神。」現在已經是流浪之家營運長的塔伏拉奇說：「成癮者通常不愛跟人打交道，但在這裡，他們互相打氣，也看到什麼叫做訂定目標與達成目標。」

很多由他負責照管的收容者開始練習健走，頭一個挑戰就是遵守塔伏拉奇的唯一規定：不准抽菸。後來，他們也開始沿著中央公園水庫的二．五公里步道跑步，大約一百位收容者參加了這項名為「為生命而跑」（Running for Your Life）的運動計畫，而那些認真練習的跑步者，繼續接受治療的時間是不愛運動者的兩倍。「聽起來效果很顯著，」塔伏拉奇說，「但關於治療我們只知道一件事，那就是他們堅持得愈久，愈可能成功。」

「流浪之家」一向採用整體性的治療，並且強調群體的重要性，而這就是關鍵所在。因為根據該機構總裁彼特．普拉維特（Peter Provet）的說法，成癮是一種牽涉範圍相當廣泛的疾病，能切入人生的各個面向，包括情緒、家庭到工作等等。「對成癮者來說，毒品等於一切。」普拉維特說。一旦拿走它，他們的身心就會瞬間變成「一只空瓶」。

「填滿這只瓶子最好的方法就是運動，」普拉維特建議，「我堅信運動不只有治療效果，**同時**也有預防作用。」他說：「在治療方面，運動可以成為一種管道，提供他們多數人不曾有過的人生經驗：運動的目的、運動的感覺、運動的挑戰、苦與樂、成就感、身體健康與自尊心。談論運動的種種好處，就在提供成癮者一種很有吸引力的選擇。」

預防的部分也很重要，尤其是大多數的成癮者都需要打一場曠日費時，甚至累及終生的苦戰，普拉維特認為運動就是最好的預防法。「運動跟成癮行為是直接對立的，因為你需要肺活量、肌力、敏銳的腦力以從事運動，而那些正是毒品剝奪的東西。如果你不吃飯，不愛護自己的身體，任由它耗損，讓你的心智一直處在茫然不清的扭曲狀態，你就無法成為一個認真的運動者，**你根本辦不到。**」

普拉維特這二十年來學到的經驗，神經生物學現在才正要急起直追，而他對運動在戒癮效果上的描述，恰好呼應了我在第五章提到憂鬱症的部分。在治療方面，運動會由上往下對大腦發揮作用，迫使成癮者適應新的刺激，進而讓自己認識並重視健康的替代情境。它是一種「活動依賴學習」，雖然也許無法提供古柯鹼般的快感，但可以注入一種更廣大的愉悅感，並且隨著時間過去，自動形成一股渴望。在預防方面，**運動是由下往上作用的，它會藉由牽動大腦更原始的作業區域，實際激發出行動的渴望。運動可以在突觸過度損耗、尋求補救措施時，建立起新的替代路線。**

「不是每個人都會成為馬拉松選手，但我們正朝著從癮君子變成運動家的目標邁進，」普拉維特說，「這個做法適合每個人嗎？或許不，它適合大多數人嗎？或許是。」

不公平的報酬

跟許多關於腦部運作的新發現一樣，科學家也是在無意間找到了成癮的第一道線索。一九五四年，加拿大蒙特婁麥基爾大學（McGill University）的心理學家詹姆士．歐茲（James Olds）和研究生彼特．米爾納（Peter Milner）做了一個在活老鼠腦部插入電極的行為研究實驗，他們原本打算確認一塊跟學習相關的區域，但沒想到其中一隻老鼠的電極被放偏了，讓他們意外得到一個比預期還要精采的結果：那隻老鼠不斷回到籠子裡最初發送電刺激的那個角落。令兩人大感訝異的是，他們竟然可以藉由施放電刺激，把老鼠當成遙控玩具來操縱，而且到了隔天，那隻老鼠又回到同一個角落，顯然很想再受到那種刺激，甚至牠可以為了獲得刺激，不去理會放在另一個角落的食物。

在歐茲與米爾納最知名的一項實驗裡，他們安裝了一個槓桿，讓老鼠可以自由控制電刺激的發送：老鼠在發現壓下槓桿就有效果之後，大約每五秒就跑去壓一次，直到甜頭嘗盡為止。等牠壓了好幾下卻得不到任何反應後，就立刻睡著了。

歐茲與米爾納透過電極刺激的這塊區域，與伏隔核、也就是報償中心有很大的關係，而且從那時候起，它就一直是成癮研究的焦點區域。誠如我在前一章提到的，它是注意力系統的樞紐，因此對成癮有著重大影響。報償中心可以提供腦部必要的學習動機，讓我們取得自己喜歡、想要或需要的東西，所有會讓人成癮的事物：酒精、咖啡因、尼古丁、毒品、性、碳水化合物、賭博、電玩、購物、高風險生活，都能提升伏隔核的多巴胺，無論毒品會對人的心理造成何種影響，它們全都會增加報償中心的多巴胺。這個例子足以說明毒品的威力：性可以提升五〇～一〇〇%的多巴胺，古柯鹼卻能讓多巴胺的濃度一飛衝天，激增到三〇〇%，甚至八〇〇%之多！

伏隔核過去以「快樂中樞」（pleasure center）為人所熟知，而這種說法也支持了成癮者以尋樂為本的論點。雖然快樂絕對是誘使人接觸毒品或到賭桌上試手氣的內在因子，但我們不應該把成癮者單純地視為享樂主義者，沒有人**享受**成癮的感覺。事實上，在研究過多巴胺如何擔任報償系統的關鍵信使後，科學家已經在「喜歡」跟「想要」之間畫出了界線。「**喜歡**是指一種實際的快樂經驗，跟願意做某事以便得到報償的動機狀態不同，」密西根大學行為神經科學家泰瑞・羅賓森（Terry Robinson）說，「多巴胺跟這種**想要**的意圖有關聯，但跟**喜歡**沒有關聯。」

報償中心是ADHD與成癮兩者的重疊之處，這也解釋了為什麼兩者都會損害我們的動機、自制力和記憶。約有半數的ADHD患者同時也有物質濫用的問題，而這道關聯已經改變了科學家描述成癮的方式。

最大的關鍵點似乎在於顯著性（salience）與動機，而非快樂。在這裡，顯著性是指某件突出於生活全貌、壓過所有其他刺激的事物，無論是快樂或痛苦，它們的線索都會通過伏隔核引起我們的注意，讓我們採取生存所需的行動。對於發展中的物質濫用者來說，多巴胺的過度分泌會讓大腦誤以為把注意力放在毒品上是件攸關存亡的事。「毒品染指了調解生存問題的核心系統，」羅賓森說，「它們啟動了永遠不該這樣被啟動的系統。」

美國國家藥物濫用研究院（The National Institute on Drug Abuse）把成癮定義成一種不顧健康及社會後果的強迫行為，很多人都服用或濫用藥物，真正成癮的人卻相對較少，為什麼？成癮之所以成為一個難以擺脫的問題，是因為當報償中心的多巴胺讓我們對藥物或行為產生興趣，並且提供動機以便據為己有時，大腦也出現了結構上的轉變。目前科學家已經把成癮視為一種慢性疾病，因為它會烙印在可誘發反射行為的記憶裡，無論是毒品、賭博，還是飲食方面。

一旦報酬吸引了大腦的注意，前額葉皮質區就會指示海馬回鉅細靡遺地記住當時的情境與感覺。假如你無法抗拒的是油炸食物，大腦就會把肯德基炸雞的香味跟桑德斯上校的鬍子和紅白炸雞桶連結在一起，這些線索呈現出顯著性，並且被連結到一個關聯網路裡。以後每當你去吃肯德基，這些突觸連結就會繼續強化，並且擷取新的線索，我們的習慣就是這麼養成的。

一般說來，當我們學習某件事情時，神經連結會保持穩定，多巴胺則隨著時間逐漸減少；如果上了癮，尤其是毒癮，多巴胺就會在系統裡氾濫，強迫記憶形成，並且把其他刺激推到背景裡。動物研究已經顯示，古柯鹼和安非他命之類的毒品會促使伏隔核的樹突冒出，增加突觸連結，而且這種改變即使在停止吸毒之後，還可以維持好幾個月，甚至數年之久，因此很容易就故態復萌。**我們可以把成癮理解成大腦學某件事學得太好了，以至於讓基底核落入一種自動導航的惡性循環。每當你聞到炸雞的味道，前額葉皮質區就會克制不住你的行動，即使你心裡知道不可以。**

前額葉皮質區的職責之一就是在風險與報酬之間做權衡，決定是否要壓抑可能會造成傷害的行為。對成癮者來說，之所以克制不住那些已經養成習慣的反射動作，並不全然因為他們做了錯誤的選擇。從動物和人體研究中我們得知，古柯鹼這種毒品會損傷前額葉皮質區的神經細胞，甚至讓灰質萎縮；近年來的影像研究也顯示，前額葉皮質區一直要到我們二十多歲才會發育完成，這解釋了為什麼很多人會在抑制能力尚未成熟的青少年或成年早期成為毒癮者。「他們過度敏感的系統會一直渴望毒品，讓他們做出非常不智的選擇，」羅賓森說，「這是個兩面皆輸的結果。」

用跳舞機戒毒

沒有什麼比面對法官更能讓一個青少年急著收斂自己，我的病患洛斯提原本可能變成吸毒犯，但在三年苦牢的嚴重威脅下，他決定洗心革面。他在這段期間所養成的運動習慣，也是讓他到現在沒有再誤入歧途的重要原因。

我對洛斯提的治療始自他高二的那年夏天——他自殺未遂住進醫院的幾個月後，由於感到孤單和被遺棄，他用近乎整瓶的水蜜桃酒灌了一堆藥丸到肚子裡。雖然洛斯提功課不好，還有多次暴怒失控的紀錄，在考試方面卻有不錯的表現——但他一個朋友都沒有。在我看來，他顯然患有注意力缺失症，而且合併出現相當嚴重的我所謂的社交閱讀障礙（social dyslexia），也就是他不知道該怎麼跟人交談，怎麼在對話中放鬆、保留彈性。洛斯提交朋友和裝酷的方法就是打扮成黑衣人，還有販賣自己種的大麻。

我為他開了治療ADHD的長效型興奮劑，一種他無法濫用的藥物。結果他的功課漸有起色，高三那年春天的SAT測驗也都考得不錯。儘管如此，每當感覺無聊或空虛時，他還是會吸食任何弄得到手的東西，從古柯鹼到咳嗽糖漿。後來，就在洛斯提高四某個獨自在家的午後，他因吸食過量古柯鹼爆發了恐慌症，並且打一一九求救，救護車隨即趕到，一同抵達的還有警察，他們在他房裡搜出了毒品。洛斯提因持有毒品以及意圖販毒遭到逮捕，在拘留所過了一夜。

開庭日訂在四個月後，洛斯提的律師跟我合擬了一個治療計畫：每週他都得接受兩次藥物檢測，並且各上一堂「匿名戒酒會」（Alcoholics Anonymous）和「匿名戒毒會」（Narcotics Anonymous）的課程。他知道自己至少在上法庭前都不能碰那些東西，但還是忍不住想吸古柯鹼：律師警告他恐怕會坐上三年的牢，於是他開始急切地尋求幫助。由於當務之急是對抗他的渴癮，我告訴洛斯提運動可以發揮很大的效果，他並不喜歡跑步或體育活動，除了小時候曾經勉強玩過足球，基本上他是個五體不勤的人。我當時剛結束內帕維市的首度造訪，或許因為洛斯提平常的裝扮，讓我想到一位叫瑞秋的叛逆女孩，她靠著玩跳舞機（遊戲者在一塊跟電視相連的踏墊上跳舞，以控制螢幕動作的一種互動式電動遊戲）徹底改造了自己。這個遊戲牽涉的腳功光看都會覺得累，就像足球球員進行的費力訓練一樣，只不過隨著每一關的結束，速度會愈來愈快。

洛斯提同意試試看，起先他的動作有點笨拙，後來卻開始樂在其中，甚至反應說跳舞機幾乎立刻減輕了他的渴癮。於是，就在除了憂心自己會不會入監服刑、無事可做的那個夏天，洛斯提學會了用跳舞機消磨時間，並且進行自療。防範無聊乘虛而入是很重要的事，因為對一個正在克服毒癮的人來說，空閒時間有其危險性。

洛斯提甚至投入到每天早晚都要花好幾個小時玩跳舞機的地步，我看到他的活力和樂觀心態都獲得提升，便寫了封信給法官，結果洛斯提被處以緩刑，但必須同意繼續進行藥物檢測、參加匿名戒毒會的課程，還有在上大學後接受心理輔導。他把他的跳舞機配備帶去學校，又持續了一陣子每天跳舞的習慣，後來他加入一支校內足球隊，也開始上健身房運動。

運動是將洛斯提的注意力引導到更積極的人生的管道，我常把運動看成消除吸毒者常有的絕望感與無用感的一種方法，而這肯定也是洛斯提有所轉變的原因之一。**規律性和肢體活動能讓大腦忙碌起來，重新指示基底核連結到另一個反射替代行為，轉而注意毒品以外的事物。**很多人都選擇窩進沙發然後放棄，但如果你在動，就能增強你靠自己完成某件事的感覺。

美國最頂尖的成癮研究專家之一，同時也是布魯克海文國家實驗室（Brookhaven National Laboratory）醫學部門主持人的金—傑克．王（Gene-Jack Wang）醫師，就從哲學的角度來看動這件事。「在中文裡，動物等於主體，植物等於客體，」他說，「你無法叫一棵植物從這裡跳到那裡。如果你不動，你就不再是動物——你成了一棵植物！」

這肯定也是「流浪之家」的馬拉松選手重新出發的原因之一，但即使是像洛斯提這種比較輕微的案例，玩跳舞機也能將悲觀絕望從他對未來的看法中驅離。儘管吸食古柯鹼比大部分的經驗更能提供快感，但一個豐富的人生卻可以讓那些記憶得到妥善的保存。

洛斯提現在是大二學生，成績很好，還交了一個同樣決定保持清醒的女朋友。他在宿舍裡擔任領導者的角色，而且熱衷於攀岩與足球，他甚至開始潛水，那是他過去一直避免參與的家庭活動。就在最近的一次潛水假期過後，他告訴我他無時無刻不對動物世界的豐富和多姿多彩感到訝異。

成癮基因？

洛斯提最後明白的道理：他不靠毒品也能找到快樂，是抗拒那股衝動的重要關鍵。如果跟重度毒癮者交談，你常會聽到他們對大多數事物已經失去感覺，愛、飲食與社會互動這種自然滿足的刺激，跟吸毒的強烈快感相比只是平淡的襯底。對他們來說，正常的人生經歷沒有什麼用處——他們**感覺**不到。

不過，有些人的問題是天生的，例如一項發表於一九九〇年的突破性研究就顯示，很多酒癮者都帶有一種基因變異（多巴胺乙型受體基因，DRD2），它會掠奪報償中心的多巴胺，導致神經傳導物質的濃度下降。雖然DRD2受體基因的存在並不保證你一定會成為酒癮者，但它代表著較高的可能性。一般大眾出現這種變異的機率是二五%，但在一項研究中，研究人員發現七〇%患有肝硬化的酒癮者（重度成癮者的代表，因為他們就算面臨肝臟受損的生命威脅，依然照喝不誤）都帶有這種基因變異。一項針對古柯鹼成癮者所做的後續研究也顯示，半數的人都帶有DRD2受體基因變異，八〇%濫用其他藥物的人也是，而賭博者與肥胖症患者也有類似的現象：大約有一半的人顯現出基因變異，不過將其他成癮行為也考慮進去時，機率大概會是八〇%左右。研究者把這種問題稱作「報償不足症候群」（reward-deficiency syndrome），媒體的說法則是科學家找到了「酗酒基因」（alcoholic gene）。

不過事情並沒有那麼簡單，毫無疑問，**如果報償中心缺乏足夠的輸入，你天生就會帶有一種渴癮，一直想要找到方法填補這個不足**。而這種問題也潛藏在注意力和壓力系統裡：當多巴胺失去平衡，杏仁核就會以為面臨生存危機，因而產生反應，於是更強化讓大腦返回平衡狀態的需求。這也再次解釋了為什麼許多ADHD患者會被視為「壓力成癮者」（stress junkies）——皮質醇能快速增加多巴胺的含量，提升注意力。這種令人苦惱的感覺（人們常把它描述成內心的一種空洞感），很容易讓人抗拒不了成癮行為，無論是吸毒、狂吃巧克力，還是每週玩上四十個小時的電玩。

即使患有報償不足症候群，也不表示你一定會淪落到住進「流浪之家」的地步，因為影響成癮的因素沒有上千種，也有好幾百種，而且尋求新事物或刺激的那股動力，同樣可以讓人成為冒險家、前衛藝術家、挑戰傳統的企業家，或走上任何一條高度重視創新與多元觀點的道路。

也難怪從事高風險體育活動如高空跳傘的運動員，會比划船選手更大膽、更勇於冒險。不久前荷蘭有一項研究顯示，高空跳傘者跟重度成癮者一樣，無法從一般的日常生活中體驗到快樂，高空跳傘者和成癮者的興奮閾值比正常人高，但這究竟是多巴胺激發人類行為的因，還是果？根據其他研究顯示，古柯鹼等毒品會損毀DRD2受體基因，使神經傳導物質無法與之結合並發布顯著訊號，如果你一直讓大腦受制於過量的多巴胺之下，這些受體基因就會減少。所以無論你的大腦天生長什麼樣子，你吸食的毒品愈多，就需要愈多毒品以滿足那股快感，這個道理在過度飲食者身上也同樣成立：「你需要更多、更多、更多才能感到快樂。」布魯克海文實驗室的金—傑克・王說。

用運動戒斷，擺脫癮習

一項發表於二〇〇四年的英國倫敦研究報告顯示，就算是十分鐘的運動也能減少對酒精的渴望。研究人員將四十位剛完成住院解毒治療的酒癮者隨機分成兩組：一組從事十分鐘的中度激烈的健身車運動，另一組從事輕微的健身車運動，隔天再互相交換；結果他們發現，運動較激烈的那一組對酒精的渴望明顯減少，而這正是發生在我的病人蘇珊身上的事，在第三章裡，她成功地靠跳繩趕走了借酒紓壓的衝動。

在戒斷期間，壓力的生理反應會跟癮習聯合，讓身體進入求生模式。比方說你突然戒酒好了，你的「下視丘—腦下垂體—腎上腺軸」就會因為多巴胺的水龍頭被關掉而失去平衡，雖然酒精戒斷帶來的強烈不適感只會持續數天，但你的系統敏感度卻會維持得更久。一旦在這種脆弱狀態下繼續承受壓力，你的大腦就會以為發生了緊急狀況，促使你去找更多的酒來喝，這正是為什麼酒癮很容易因為事業不順心或跟情人吵架而再度發作。對一個長期依賴毒品、導致多巴胺系統出現變化的人來說，解決壓力最有效的辦法（也是他唯一知道的辦法）就是吸毒，但運動可以是另一種選擇。

以吸菸者為例，即使只做五分鐘激烈運動都能從中獲益。在所有的成癮物質裡，尼古丁是個可同時發揮興奮劑與鬆弛劑作用的異數，**運動之所以能對付菸癮，是因為它不僅能平緩地增加多巴胺**

的含量，還能降低焦慮、緊張與壓力等讓戒酒者焦躁不安的症狀。運動可以抵擋菸癮五十分鐘之久，並且把抽下一根菸的間隔時間拉長二或三倍。由於尼古丁戒斷症狀之一就是無法集中注意力，因此運動活化思考的作用剛好可以派上用場。有項研究發現足以證明這點：人們在美國戒菸日（Great American Smokeout）比在其他日子更容易發生工作意外，我有很多ADHD患者在寫東西或克服一項困難任務時，都必須靠香菸提神。沒有尼古丁，他們就會感到茫然失措。

當然，有些毒品是一開始就讓大腦變遲鈍的，一項由伊朗專家所做的新穎研究，就檢視了運動如何影響注射過嗎啡的大鼠。他們的假設是，既然運動可以對跟成癮與學習相關的大腦區域發揮作用，提升多巴胺分泌與神經可塑性，或許也可以阻止伴隨亢奮所出現的失憶現象。這些科學家把大鼠放入一個腳底會遭到電擊的黑箱子，然後進行一連串實驗，計算這些大鼠要花多久時間才會跑進另一個安全但明亮的箱子裡（囓齒動物偏愛暗處）。

這些大鼠共分為四組：在轉輪上跑步並且每次實驗前都打一劑嗎啡組、在轉輪上跑步但以生理食鹽水充當安慰劑組、有打嗎啡但不運動組，以及不打嗎啡也不運動的控制組。結果，兩組有做運動的大鼠都記得黑箱子不是什麼好東西——牠們在箱子前徘徊的時間最久，遭到電擊後逃跑的速度也最快。令人訝異的是，運動並打嗎啡組的表現優於控制組，這表示運動可以彌補毒品造成的大腦遲鈍現象。

在同一項研究裡，研究人員也發現運動可以大幅減少運動並打嗎啡組的戒斷症候群。以大鼠來說，牠們的戒斷症狀有「濕狗抖甩」（wet dog shakes）、扭動及腹瀉。光是這項事實，應該就足以說服正在復原中的戒癮者繫上他們的慢跑鞋，並且為「流浪之家」的治療法提供充分的科學證據。

一則成功故事：甩掉大麻的柔依

多年來，我看過許多患有報償不足症候群的病人，其中最戲劇化的例子是一位我暫時稱為柔依的荷蘭女士，她不僅患有嚴重的ADHD，還有結合了憂鬱、攻擊行為和物質濫用的複雜病史，最值得注意的是，她吸大麻煙已經吸了二十年，因為她相信只有這種自療法可以幫助她恢復平靜與專注。

事實上，柔依真正的目的是想掩蓋沮喪與憤怒。她告訴我，從小她就是個不聽話而且有嚴重學習障礙的孩子，現在她四十歲了，還是很容易發怒和焦慮。有次在飛往美國波士頓的班機上，她甚至因為恐慌症爆發，迫使班機必須折返阿姆斯特丹。

柔依花了十三年才念完大學，就算以她念的獸醫系來說，也是相當漫長的一段時間，其中部分的原因是她一直到二十七歲才被診斷出ADHD。醫生為她開了利他能，但她必須先到戒癮中心戒掉大麻。「我一天要吸十到二十根大麻，」她回憶道，「我在那裡時，我就像頭困在籠子裡的野獸。」她大約有一年的時間沒有再碰大麻煙，但後來因為煙癮復發，很快又回到過去那種從早到晚都需要處於興奮狀態的老習慣（她同時也在服用利他能和抗憂鬱藥物）。

雖然柔依找到了一份獸醫方面的高階工作，但她在大學畢業後的十幾年間，一直沒有再往上爬，原因是她總是著眼於立即的報酬，而不是為將來做打算。柔依經常抱怨人生毫無價值，她說吸大麻煙能讓她免於面對自己不快樂、不滿足的事實。

柔依一直會做點零星的運動：騎單車、划船、騎馬，但我向她提到規律從事運動的好處，我用醫學知識引起她的興趣，並且解釋運動如何改變大腦的化學反應，重新設定控制她的情緒、攻擊行為、注意力及癮習的神經線路。在讀過本書提到的幾篇研究報告之後，她同意每天做運動看看，也再度開始戒大麻煙。「我沒有別的選擇，」她說，「我必須做點什麼才行。」

她所做的就是替自己準備一部專業自行車選手用來訓練平衡感與耐力的自行車訓練台——你踩在空轉的輪子上，隨時注意車子會不會偏掉、猛衝出去。我不確定柔依是怎麼挑上這個高難度運動的，但它的效果出奇得好，騎在滾軸上所需的平衡感及準確度，把從小腦與基底核的運動中心到前額葉皮質區的報償中心在內的整個注意力系統全都用上了。「剛開始我滿後悔的，因為你只能一直在原地踩踏板，」她說，「但現在我已經很上手了，而且發覺它很有用，它可以讓我一邊運動一邊集中注意力，還有它很刺激，因為你絕對不想摔車。」

然而，老天似乎嫌她的挑戰不夠，就在耶誕節前夕，也就是她正努力讓自己保持清醒的時刻，柔依的丈夫離開了她。我很擔心，她也是。「到了冬天，荷蘭就變得又暗又冷，」她在電子郵件中寫道，「我很怕我的憂鬱症復發，又開始吸起大麻來，但我沒有，而這個改變就出於感覺像個輸家（吸大麻）和感覺像個贏家（做運動）之間的差別。」

就像任何一個長期吸毒者一樣，柔依恢復得很慢，但她肯定踏上了正軌，她會固定跟我報告關於她努力打破自行車訓練紀錄的事，而且她也開始跳繩了。以下就是其中一小段她捎來的愉快信息：「我跳了十分鐘的繩，心跳率一四〇，很累，但我不跳不行，這感覺**真棒**，因為十分鐘的跳繩就跟騎半小時的自行車一樣！也許我會維持下去——這是**立即的報酬**！現在運動才是我最渴望的東西。」

天然的快感

柔依有沒有對大麻上癮，或許是個見仁見智的問題，但她對它產生**依賴**卻無庸置疑，她具備了所有藥物依賴性的徵兆，包括身體與情緒上的戒斷不適。大鼠研究顯示，如果習慣了長期注射四氫大麻酚（tetrahydrocannabinol, THC）——一種存在於大麻內的活性化合物，然後遭到剝奪，牠們的大腦會充滿促腎上腺皮質素釋放因子（CRF），導致杏仁核和整個壓力系統都啟動，這些鼠輩會出現發抖、震顫、抽搐的動作，並且在停止注射後四十八小時達到高峰。柔依在進行解毒治療時，確實會感覺自己像隻籠中鼠，除了身體不適，多巴胺系統的關閉還會帶來強烈的憂鬱與焦慮感，但運動可以藉由鎮靜杏仁核與刺激多巴胺分泌，讓戒斷症狀獲得緩解。

無論有沒有大麻癮這個東西，**THC對腦部影響的研究報告已經提供我們關於運動彌補一切成癮問題的新線索，別的不談，光是那種通常在運動過後浮現的愉悅感，就能安全無虞地取代毒品的快感。**在一篇發表於《英國運動醫學期刊》（*British Journal of Sports Medicine*）的研究報告裡，研究者阿恩・迪崔希（Arne Dietrich）寫到人們對跑者愉悅感的描述：「跟吸毒或迷幻者提到的感知扭曲、非典型思考模式、環境覺察力的消失與對自我認同感和情緒狀態的深刻體會，有許多相似之處。」

我們已經研究跑者愉悅感三十年之久，就在最近幾年，研究人員開始把焦點放在腦內啡以外的一種名為內生性大麻素（endocannabinoids）的神經傳導物質上。內生性大麻素之於THC，一如腦內啡之於嗎啡，它是一種生成於體內、可以發揮類似大麻效果的物質，因此也有減輕疼痛的效果。

科學家是在一九九〇年代初期，認識到THC可跟大腦內的特定受體結合後，才發現內生性大麻素的存在。顯然，這些受體並不是用來讓我們享受大麻快感的，因此我們體內一定具有某種天然物質，才會有受體被製造出來。科學家找到的是神經傳導物質anandamide（花生四烯乙醇胺，或稱極樂醯胺）與2-arachidonoylglycerol（2-AG），他們發現大麻、運動和巧克力都能啟動腦內的這些受體。

當我們在運動時，身體和大腦會開始製造這兩種內生性大麻素，讓它們經由血液的輸送啟動脊髓裡的受體，阻止疼痛訊號進入腦部（與嗎啡有異曲同工之妙），它們也會進入報償系統和前額葉皮質區，直接影響多巴胺。當內生性大麻素的受體受到強烈啟動，它們會產生有如大麻一般的欣快感，並且加入腦內啡的行列，成為身體的強效止痛藥。目前醫界已經把anandamide用在慢性疲勞症候群與纖維肌痛症候群的鎮痛治療上。有些研究也顯示，逐漸增加運動量可以緩解這類症候群所引發的疼痛與疲勞感。運動會跟這些天然止痛藥產生關聯，其實是非常合理的事，因為它們可以幫助人類消除在打獵過程中避免不了的肌肉與關節疼痛。

與腦內啡不同的是，內生性大麻素能輕易穿越血腦障壁，對某些研究人員來說，這剛好替跑者愉悅感提供了更合理的解釋。二〇〇三年，一組由喬治亞理工學院（Georgia Tech University）心理學家菲利普・史巴林（Philip Sparling）帶領的研究團隊，首度證實運動能啟動內生性大麻素系統，藉著讓體能良好的男大學生分別在跑步機和健身車上以七〇～八〇％的最大心跳率進行五十分鐘的運動，研究人員測量了受試者血液中的anandamide含量，結果呢？它的含量幾乎上升了一倍。

跑者愉悅感是個難以研究的領域，因為十分難以捉摸——就連馬拉松選手也不見得每次都會產生這種感覺，再說，為什麼我們沒有「泳者愉悅感」這種說法？這篇研究報告提出了一個極有吸引力的理論：我們皮膚裡的內生性大麻素受體或許只能藉由跑步的衝撞獲得啟動。無論我們有沒有經歷到跑者愉悅感，史巴林的研究都清楚暗示anandamide的激增至少是我們在從事中度激烈運動後感覺放鬆和滿足的原因之一。科學家至今仍在爭論腦內啡是否與此有關，從整體上看來，跑者愉悅感似乎是多種因素摻雜在一起的結果。

對好東西上癮

如果運動能對大腦發揮類似毒品的功效，那麼你或許會想，會不會也有成癮的顧慮？我經常被問到這個問題，而我簡短的回答是：會，但你不需要擔心。科學家曾經對老鼠做過運動成癮的實驗，結果發現，在自由使用轉輪與每天只供餐一小時的情況下，那些老鼠一天大約會跑上十公里，最後把自己跑死。牠們不知道自己必須在那一小時裡取得所有的營養，於是跑得愈久，吃得愈少，熱量也就愈來愈入不敷出，牠們對運動成癮的程度就跟古柯鹼一樣嚴重。令人好奇的是，一旦將轉輪換成跑步機，這個實驗就失去了作用，或許老鼠天生就對轉輪橫檔有著一種無止境追逐的欲望，無論如何，轉輪是解釋成癮的一個完美比喻。

運動成癮會對極少數人造成危險，最明顯的是患有厭食症的女性與對外表缺陷過度在意的「身體畸形症」（body dysmorphic syndrome）患者，這些人通常吃得很少，當他們運動時，會有輕鬆振奮的快感，因而加重了這種惡性循環，他們的心情會暫時愉悅起來，以為自己即將擁有令人滿意的外表，但遺憾的是，那只是一種假象而已。不過對絕大部分的人來說，這種危險是很少見的，就算運動真的變成一種依賴（就像柔依那樣），也不需要太過擔心。

我想不出任何一個比超級馬拉松選手狄恩．卡內西斯（Dean Karnazes）還更依賴運動的例子。這個四十四歲的加州人因為完成了連續五十天跑完五十場馬拉松的驚人之舉，接受過《60分鐘》、《今夜脫口秀》等電視節目及無數雜誌的專訪，他也曾經在不眠不休的情況下連跑五百六十公里。唯一不太令我意外的是，過去這十五年來，他沒做運動的最長紀錄是**三天**。「我得了流感，」卡內西斯回憶道，「我還是很不舒服，但我後來告訴自己，管他的，我就是非跑不可。」這也證明了他的免疫系統有多強。

當卡內西斯慶祝他的三十歲生日，在酒吧裡喝得醉醺醺時，他決定改變他的人生——就從那一刻起。他腳步踉蹌地回到家，抓起一雙舊慢跑鞋，然後在黑夜裡跑了四十八公里。他不是酒鬼，也沒有吸過毒，但我們還是不禁想問：這老小子是不是有問題？「也許有一〇～二〇％的時間，我會認為運動是一種癮，」他說，「我真正渴望的是運動過後的那股狂喜和滿足感，它讓我覺得完整。而且，最讓我心癢的是我**無法**運動的時候，如果我在旅行或者開了一整天的會，我就會感覺它在拉扯著我，我會想，為什麼我好像快炸開了？渾身都不對勁！後來我明白我的身體需要動，那幾乎是一種被困住的感覺。」

卡內西斯並沒有規定自己一星期跑多遠，但他說他平均會跑一百一到一百四十公里，一天三到四小時左右；換句話說，他一天的運動量比多數美國人一星期的運動量還大，這對一般人來說是很可怕的，也難怪很多人把卡內西斯看成異類。然而當你跟他交談時，你會發現除了花大量的時間在訓練上，他的人生是很平衡的。他在一家「財星五百大」的企業裡做了十幾年朝九晚五的工作，後來當上一家天然零食公司的總裁，最近則轉換跑道，成為一名職業運動員和作家（他的書《超級馬拉松狂人》〔*Ultramarathon Man*〕還登上暢銷排行榜）。他有兩個分別為九歲和十一歲的小孩，每天要哄他們上床睡覺、接送他們上下學。他通常會睡四、五個小時，然後在凌晨三點起床，趁孩子上學前進行運動訓練。

「我已經建立起一個以跑步為中心的生活模式，所以我可以維持這種活動量，」卡內西斯說，「或許這是一種癮吧，我不知道，我從來沒有做過心理分析，我只是聽從大腦的指令而已。還好，我沒有打什麼東西到血管裡，或者每天下班以後到酒吧報到，**運動是終極藥物，對吧？還有什麼藥能像運動一樣，永遠有效而且沒有任何不良副作用呢？」**

運動能填補空缺

我的病患洛斯提和柔依是用運動代替癮習，用設定生活常規這種健康做法代替時時刻刻尋求藥物慰藉的啟發性案例。如同我解釋過的，成癮者的大腦會在各方面做出適應，讓注意力與精神集中在報酬上，而且無論那個報酬是來自酒精、藥物、食物、賭博，還是任何其他的成癮物質或行為，大腦運作的方式都一樣，隨著癮習的養成，他們的人生也愈來愈沒有空間容納其他事物。

當成癮者戒掉了癮，留下的就會是一塊空缺，在這方面，解決成癮問題就跟克服焦慮與憂鬱感很類似：除去問題只是第一步，一旦癮習或負面情緒消失了，那個空缺就得用某種正面行為填補起來，好讓改變發生。運動幾乎是最適合的方法，畢竟它原本就是我們應該做的事：在世上活動。

運動直接消除焦慮和憂鬱感的這項事實，可以為任何形式的癮習帶來極大幫助，因為這兩種情緒狀態都不利於治療的進行。如果一個復原中的戒癮者感到焦慮或無助，他很可能就會喪失戒癮的決心和能力，人在覺得自己差勁時都比較容易衝動，而肌力訓練和有氧運動能減少戒酒及戒菸者在復原期間可能出現的憂鬱症狀。如同我在第三章指出的，體能愈好，你的復原力就愈強，如果你在壓力的處理上更有彈性，就比較不會隨手拿瓶酒、拿包洋芋片或者香菸來滿足癮頭。在現實層面上，把壓力系統控制在正常範圍內還有個好處：它能減輕戒斷期的生理症狀，讓人度過有如夢魘般的頭幾天。

運動還能消除癮習對大腦造成的損害，研究人員在檢視致命的酒精症候群後發現，如果讓尚在胎中的大鼠暴露於高濃度的酒精中，除了會大幅減少海馬回裡的細胞新生，也會讓長期增益作用（LTP，與學習與記憶相關的細胞機制）遭到遏止。一些研究也顯示，胎兒期暴露於酒精中的大鼠，成年後普遍會有學習障礙的問題。

令人振奮的消息是，**運動和酒精戒斷不但能抑止大腦受損，還能逆轉這個狀況**：刺激神經新生，進而讓大鼠的海馬回重新生長。這個論點甚至也適用於尚在胎中的大鼠，如果研究人員拿走酒精，並允許牠們的母親運動的話。至於人類，最近研究人員也證實戒癮可以逆轉胎兒因暴露於酒精中所遭受的某些神經損害，而我們已經知道運動能藉由刺激神經新生，讓受損的大腦獲得重建。

我在這裡發現到的一點，就是學習與整體心智能力之間的關聯。**如果大腦有足夠的彈性，心智能力便會增強，這牽涉到所謂的「自我效能」（self-efficacy）的概念**，自我效能很難靠測量得知，卻關係到我們是否相信自己有能力改變自己。對大多數的成癮者而言，如果想到自己正在毀掉自己的人生，他們會突然感覺自己沒辦法再應付任何事情，更別提靠自己控制癮習了。運動卻能大大提升成癮者對自我的觀感，如果成癮者有個需要付出努力與承諾的新目標，例如運動，他們就能堅持下去，而這股自我掌控感也會擴散到生活中的其他領域。

澳洲的某個研究團隊就把這個想法付諸實驗。他們以二十四名學生為研究對象，測量一項長達兩個月的運動計畫對「自律」（self-regulation）——跟自我效能只有些許差別——所造成的影響。這些學生每兩週接受兩項心理測驗，並且把日常習慣記錄下來。結果這篇發表於二〇〇六年《英國健康心理學期刊》（*British Journal of Health Psychology*）的研究報告相當具有啟發性，除了在用來評估理性抑制（intellectual inhibition）的兩項測驗上都有所進步外，受試者也反映說他們整體的自律行為都出現好轉。

不只上健身房的頻率逐漸增加，他們也提到自己愈來愈少接觸菸、酒、咖啡、垃圾食物，並且開始吃健康食物、控制自己的花錢衝動和暴躁脾氣。他們愈來愈守時、不拖延，而且不會把碗盤丟在水槽裡不管——至少不像以前那麼頻繁。

研究人員把自律看成像肌肉一樣會耗損，但也能再補充的資源。基本上，你愈用它，它就變得愈強，而運動是目前為止最好的自律形態。

拿回主導權：讓大腦避開成癮模式，遏止渴望

我不會建議你照著狄恩・卡內西斯的方式安排生活作息，但如果你有成癮的傾向，養成規律的運動習慣絕對是關鍵。

當然，**你的運動量需要視癮習的嚴重程度而定，但如果你想徹底戒癮，我會說最少每週進行五天三十分鐘的劇烈有氧運動，不過一開始最好每天進行，因為運動會讓你變得忙碌，並且專注在正向的事物上。**我看過很多人在失業時深陷於癮習中，因此如果你現在沒有工作，保持某種運動習慣絕對是必要的。雖然我經常建議人們在早晨運動，但如果你的目標是破除某種習慣，比方說每晚回家都要小酌一杯，那麼在晚上運動也許會是更好的選擇，你可以把有氧運動當成另一種癮。

在此同時，你也必須注意自己不要運動過度，而是要找一件能夠讓你持之以恆的事。我在前面舉過許多案例，證明有氧運動能提供強大的報酬，而那些人都已經在各種不同運動裡找到滿足：洛斯提沒辦法一天到晚玩跳舞機，所以他又開始踢足球和攀岩；柔依一開始靠自行車訓練台在家運動，但只要春天一到，她馬上就騎著自行車到森林裡穿梭。擁有的選擇愈多，你就愈有可能讓運動成為一輩子的事。

如果你還沒有養成運動習慣，參加健身俱樂部或僱用一位私人教練應該會有幫助，因為金錢的花費是很強的激勵因素。如果你有嗜食成癮的問題，不妨試試出門快走、跳幾分鐘的繩，甚至三十分鐘的開合跳——任何可以讓你的大腦跳脫循環，不再渴求報酬的事。

用運動控制飲食習慣，聽起來好像是再清楚不過的方法，畢竟你的體重是一道簡單公式的總和：卡路里的攝取量減去卡路里的消耗量。但你必須記住，運動的好處遠遠超過燃燒卡路里的生理面向，我們的身體在運動時所製造的多巴胺，會跟受體結合，阻擋渴癮，而隨著時間增加，更多的D2受體會被製造出來，以維持報償系統的平衡。對一個不滿意自己身材的人來說，把注意力從身體移轉到大腦，將可以提供更強大的動機感。

很多人以為成癮者的問題只出在缺乏動機，從某方面來看的確如此，但大家多半不曉得的是，動機是大腦訊號引發的一種功能，而那些訊號必須仰賴可靠的信使和緊密的神經通道才能順利傳送出去。**當我們把成癮視為一種神經功能障礙，而不是道德問題，它忽然間就有了補救的方法**。當然，這不是項簡單的任務，但只要把運動當成一種百變工具，問題就變得容易多了。運動不見得是解藥，卻是我所知道唯一可以由上往下、同時由下往上發揮作用的治療法。**運動能重新設定大腦迴路，避開成癮模式，遏止渴望。試試看，或許你會愛上它。**

8 荷爾蒙變化

對女性大腦健康的影響

荷爾蒙對我們的腦部發展、情緒、行為和一生的人格特質都有巨大的影響。過了青春期後，荷爾蒙濃度在男性體內會保持穩定，在女性體內卻會出現規律性的波動，這種變化會對每位女性造成不同的影響，因此也是我們在討論大腦健康時必須納入的因素之一。運動對女性來說尤其重要，因為它可以減少荷爾蒙變化所產生的負面效應，對某些人而言，還能增強正面效應。整體而言，運動無論在每個月，還是包括懷孕期和停經期在內的各個人生階段，都能對身體系統發揮調節作用。

一般的女性一生中有四百到五百次經期，每次歷時四到七天，如果全部加總起來，至少有九年以上——對患有經前症候群（premenstrual syndrome, PMS）的女性來說是相當漫長的時間。「你不可能在脾氣暴躁的同時，還能擁有像樣的生活，」一位我暫且稱為派蒂的三十八歲同事說，「我知道女性主義者不愛聽這些，但我們有些人真的快抓狂了。」

每個月最難受的那幾天

我不會用**抓狂**一詞形容，但這確實捕捉到許多女性任由荷爾蒙宰割的那份沮喪感。根據統計，大約七五%的女性會經歷某種程度的經前不適，包括身體上和情緒上的，而派蒂就是屬於情況嚴重到會影響正常生活的族群之一（一四%的女性會因為經前症候群無法上學或上班）。從十六歲起，只要沒做運動，派蒂在經期來臨前不僅會變得容易疲倦、暴躁、焦慮、有敵意，還有無法專注、難以入睡、渴望攝取碳水化合物、腳踝和小腹浮腫、臉上長疹子、便祕及乳房脹痛的問題。「那是我真正逼自己做運動的時候，」她說，「從生理期還沒來的那個星期，我就**必須**一週做四天一個小時的有氧運動，否則我會受不了自己。」

派蒂很早就認識到有氧運動能大幅改善自己的症狀，這個頂著一頭紅髮、帶著陽光般的笑容，身高將近一七五的女孩，從童年到二十出頭就一直為Elite模特兒經紀公司工作。她並不酷愛體育活動，但從青春期開始，她就發瘋似地運動，有時一天長達三小時，好讓體重可以降到五十公斤以下，如果沒有運動，她的母親就會發現她變得很難搞。在了解對體重斤斤計較的荒謬性之後，派蒂終於說服自己轉換跑道，現在她已經拿到社工的碩士學位。雖然她偶爾也會疏於運動，甚至好幾年都這樣，但最後總是會再回頭重拾這個習慣。「**運動在對付情緒不穩方面最管用，**」她說，「**它可以讓人恢復平靜，化解伴隨荷爾蒙變化而來的敵意。**」

平常滿有包容心、也很好相處的派蒂，提到自己在經前症候群期間動不動就會亂發脾氣。「她的雷達會變得超級敏感，」戴著無框眼鏡，有一頭平整黑髮的建築師丈夫艾蒙說，「她對氣味、聲音、光線的感覺，還有秩序感，都變得非常敏銳，比方說她會希望我待在她身邊，但我必須用一種非常特定的方式待在她身邊。」

「他會跟我一起靠在沙發上，」她說，「我會聽見他的呼吸聲，然後說，你是不是有鼻竇炎啊？」

「沒錯！」他笑著說。「她可能會問說我爸是不是也有鼻竇炎，然後演變成從頭到尾都在討論我們的家族鼻病史！」

派蒂和艾蒙都是認真而體貼的人，他們會做充分的溝通並給予對方支持，這對面臨荷爾蒙變化的女性來說相當重要。艾蒙建議兩人可以在她不想做運動的日子裡一起上健身房。「派蒂是那種你從外表就可以知道快要刮颱風的人。」他說。

「經前症候群」一詞會在一九七〇年代受到矚目，是因為有些人認為它把女性生命中的一個自然現象變成了醫學議題，而且創造出一種觀點：所有女性每個月都會經歷一次精神方面的失調。這個話題一直引發醫學專家之間的激烈辯論，因為他們必須決定哪些症狀應該放進《精神疾病診斷與統計手冊》裡，並且清楚地訂出各項診斷標準。經前症候群在多個版本的《精神疾病診斷與統計手冊》裡更名過數次，一九九四年，它的登錄名稱從生澀難懂的「黃體後期焦慮症」（late luteal phase dysphoric disorder, LLPDD）改成「經前不悅症」（premenstrual dysphoric disorder, PMDD），不過由於經前不悅症的診斷標準很嚴謹，因此排除了絕大多數自認患有經前症候群的女性。無論它叫什麼，我認為重點是《精神疾病診斷與統計手冊》列出的那一百五十種症狀，是否影響到妳的生活品質。

經前症候群：自然的潮起潮落

雖然科學家還不清楚經前症候群的真正起因，但荷爾蒙濃度的變化絕對可以提供一個明確的線索。性荷爾蒙是隨著血液流動的重要信使，除了操控性別特質，還能從多方面影響大腦，而這個週期就從下視丘發出訊號，通知腦下垂體分泌一種進入卵巢刺激雌激素（estrogen）和黃體素（progesterone）生成的促性腺激素（gonadotropin）開始。

雌激素的分泌會在排卵前夕進入基線水準五倍的最高峰，然後在月經來潮前兩個星期呈現上下起伏，最後恢復水平狀態；黃體素則會在排卵後斷斷續續地增加（大約到達最低水準的十倍），然後在月經來潮前夕達到巔峰。在懷孕期間，雌激素會激增到平常水準的五十倍，黃體素會增加十倍；在停經期間，這兩種荷爾蒙都會減少分泌，最後幾乎消失無蹤。

女性會不會患有經前症候群、產後憂鬱症或停經症候群，原因似乎不是出在這些荷爾蒙的分泌量，而是出在她們的身體對這些荷爾蒙所引發的其他神經化學變化的敏感程度。

無論在情緒或大腦整體功能方面，荷爾蒙都扮演著調節神經傳導物質的重要角色。雌激素和黃體素可以製造出更多受體，接收大腦邊緣系統裡的血清素和多巴胺，提高這些神經傳導物質的運作效率。近年來，**科學家也發現雌激素會刺激腦衍生神經滋養因子（BDNF）的生成，增加血清素的分**

泌。儘管我們對荷爾蒙變化和大腦功能之間的複雜關係了解得還不夠多，但這道神經傳導系統的連結，已經成為受人矚目的焦點。

在二〇〇四年的一份醫學報告裡，研究人員利用正子斷層掃描對經前不悅症患者及正常女性的神經傳導活動進行比較，他們發現診斷出患有經前不悅症的女性，大腦都缺乏「捕捉」前額葉皮質區裡的色胺酸的能力，導致調節情緒及發怒行為的神經傳導物質血清素的分泌受限。在另一項研究裡，英國倫敦國王學院（King's College）的精神病學家找來一組即將進入行經期的女性受試者，然後刻意減少色胺酸的攝取量，結果當她們面臨到被激怒的狀況時，侵略性都變強了。這些受試者全都是不具經前症候群或情緒問題的健康女性，她們被告知只要對電腦訊息反應得比另一個房間裡的競爭者快，就可以利用嘈雜聲的播放干擾對方，但如果她輸了，她也會遭到相同的對待。

事實上，這個實驗裡根本沒有競爭者，所有受試者有一半的時間都會聽到嘈雜聲（而且愈來愈大），當那些色胺酸攝取量受到剝奪的受試者發現嘈雜聲變大時，她們也把音量扭大，對假想敵以牙還牙，因此這項研究得到的結論是，減少健康女性體內的血清素先驅物會增加她們的侵略性。「她們比血清素濃度正常的女性更容易有報復行為，」主持這項研究的艾莉森．龐德（Alyson Bond）說，「她們的舉止跟生性暴躁的人差不多。」

侵略行為只是其中一種症狀，就跟憂鬱症一樣，經前症候群並不是單一一種神經傳導物質造成的，荷爾蒙分泌跟情緒或行為訊號之間是透過一大串事件相連的，因此任何破碎或受損的連結都會讓結果出現一百八十度的轉變，而這只是經前症候群、懷孕和停經會對女性造成不同影響的原因之一。雖然我們不可能指出派蒂大腦化學機制的漏洞出在哪裡，但無庸置疑，運動可以幫忙彌補。「那種感覺就像身在迷霧中，」她說，「我可以繼續服用ADHD的藥，但不會有任何作用，運動卻能讓我的腦袋變得更清楚。」

動一動，恢復腦內平衡

運動並不是解決經前症候群的唯一辦法，但確實能大幅改善症狀。讓你重新掌控人生中那些似乎無法掌控的事，當生活方式改變了，藥物治療或許就變得沒有必要。

很多女性朋友已經知道這件事：有項針對一千八百多名女性所做的調查發現，這些人至少有半數靠運動緩解了經前症候群的症狀，她們除了反應自己的經痛減少了，在專注力、情緒和衝動行為方面的評估表現也比較理想。

運動在緩解經期前與經期中生理不適的功用，遠比在情緒及焦慮方面的效果更廣受認同。坦白說，目前能證明運動可改善經前症候群心理症狀的實驗報告並不多，最好的一篇大概是出自杜克大學詹姆士·布魯曼托的研究團隊，他是率先將這方面的研究重點放在運動與經前憂鬱症狀上的人，而且時間可以回推到一九九二年。

布魯曼托以一小群正值停經前期的中年婦女為對象，比較了有氧運動與重量訓練對她們經前症候群的影響。這些受試者被分成兩組，每週要進行三次各一小時的運動訓練，有氧運動組的十二位女性以七〇～八五%的最大攝氧量（VO2 max）從事三十分鐘的跑步，並搭配各十五分鐘的熱身及緩和運動，另外十一位女性則以健身器材進行有人監督的重量訓練。**實驗結果發現，兩組受試者的生理症狀都得到改善，但跑步組的心理症狀更出現大幅的好轉。在二十三個評估項目裡，她們有十八項呈現出正向反應，其中改善最多的是憂鬱症狀、煩躁感和專注力**，而跟重量訓練組之間最大的差別在於，她們對這個世界更感興趣，外表也樂觀開朗了許多。

當然，原因之一就是運動提升了血液裡的色胺酸含量，連帶提升了腦內血清素的含量，而多巴胺、正腎上腺素與包括BDNF在內的突觸介質，也因為運動而獲得調節。藉由安定如此眾多的變數，運動可以幫助我們減輕荷爾蒙變化所引發的漣漪效應。

不僅如此，運動還牽涉到一個初露頭角的微妙理論。雌激素和黃體素都會轉變成數十種荷爾蒙衍生物，而這些衍生物有的讓神經科學家很感興趣，因為它們對腦部主要的興奮性與抑制性神經傳導物質——麩胺酸與γ胺基丁酸（GABA）——有調節的作用。當月經前期來臨，荷爾蒙處於波動狀態，這些衍生物之間就會失去平衡，導致腦部情緒迴路裡的神經細胞變得過度興奮。無論是麩胺酸分泌過多，還是GABA分泌不足，這種現象都會引發情緒不穩、焦慮、侵略行為，甚至痙攣。

最近有項研究報告發現，正常女性與患有經前症候群的女性的荷爾蒙含量雖然相同，GABA含量卻有差異。運動能對GABA系統發揮廣泛的效果，像抗焦慮藥物「贊安諾」（Xanax）那樣克制過度興奮的細胞活動。舉例來說，根據大鼠實驗顯示，只要單做一節運動，就能讓負責製造GABA的基因活躍起來。**在這段令某些女性焦躁不安的期間，運動可以讓腦內互相衝突的活動恢復平衡。它**

還能微調下視丘—腦下垂體—腎上腺軸（HPA軸），像前幾章提到的那樣，增強我們處理壓力的能力。同樣不容忽視的是，運動能提升體力與活力，進而改善所有其他的症狀。

懷孕期：動還是不動？

談到女性健康，沒有一個迷思比認為懷孕婦女應該停止運動來得更根深柢固了，這或許是因為在現代醫學發達之前，生產是件攸關生死的事，所以懷孕也就被視為一段禁忌時期：孕婦應該足不出戶、減少活動、臥床靜養，以免驚擾腹中的胎兒。運動？那是不可能的。

一直到最近幾年，醫界才開始改變想法。二〇〇二年，美國婦產科學會（American College of Obstetricians and Gynecologists, ACOG）開始建議懷孕及產後婦女每天至少做三十分鐘中等激烈的有氧運動，這是個頗有潛在影響力的建議準則，因為根據統計，二三％活動量大的婦女在懷孕後都會停止運動。不過同等重要的是，ACOG也首度建議活動量少的婦女應該在懷孕初期就**開始**運動，以降低糖尿病、高血壓、子癇前症（preeclampsia）這些可能在妊娠期發生並危及母親與胎兒的疾病的風險。

當然，基於某些複雜的因素，臥床靜養或許是明智的選擇，所以在你開始實行運動計畫前，最好先詢問一下婦產科醫師的意見。別寄望曲棍球、壁球、籃球這些衝撞型的運動，也別考慮騎馬、鐵騎登山、平衡木這些跟跌倒脫不了關係的競技活動，潛水也是。不過要謹記一點，醫師通常都是很保守的，在二〇〇二年的建議準則裡，ACOG警告過胖、患糖尿病、經常抽菸、有高血壓的懷孕婦女（正好是亟需運動的族群）應該避免運動。其實對這些人來說，運動並非完全不可能，只是她們應該慢慢來，並且跟醫師密切合作。

很多準媽媽都不太清楚究竟哪些運動適合自己，所以乾脆什麼都不碰。但如果她們了解運動的好處（除了減少懷孕風險，還能改善自己和小寶寶的生理及心理健康），那麼她們將會感到更放心。事實上，我們對運動在懷孕方面的效果還沒有得到完全的解答，但確實有些好消息。

在懷孕期間，雌激素和黃體素的含量會超過正常值，這有幫助某些人安定情緒、紓解焦慮和憂鬱的作用。事實上，懷孕可以讓多種不同的系統出現好轉，比方說，有些罹患注意力缺失過動症的女性在懷孕時，可以出乎意料地坐下來讀書。不過身體對荷爾蒙的反應因人而異，像有些女性經歷到的就是壓力。

無論身體的反應為何，運動都可以減輕懷孕期的壓力與焦慮、改善情緒、提升整體的心理健康。二〇〇七年，一項來自英國的研究就把六十六名健康的懷孕婦女分成四組，評估單節運動對她們的情緒造成的影響。這些受試者分別在跑步機上步行、游泳、上親子美勞課及保持原狀，結果參與運動的兩組女性情緒都出現好轉，儘管她們一開始不見得都有情緒上的問題。

這個研究也確立了一項論點：**準媽媽的心理狀態會對胎兒的發展造成影響**。壓力、焦慮和憂鬱除了會對孕婦造成強大衝擊，嚴重時還可能導致流產、新生兒體重過輕、先天缺陷，甚至死亡，而且情緒不佳的母親所生下的嬰兒通常比較易怒不安、反應遲鈍、難以安撫，沒有規律的睡眠作息；

在後續的追蹤研究裡，這些嬰兒也比較可能出現過動和認知困難的問題。在老鼠實驗中，那些懷孕期間曾經遇到壓力的母鼠（讓牠們的腳接受電擊），生下的幼鼠都比較膽怯、笨拙、缺乏冒險性，而且其壓力調節系統遭到永久改變，使牠們更無法應付未來的問題。哥倫比亞大學的精神學家凱薩琳·蒙克（Catherine Monk）也在人類實驗裡找到相關性，她發現當患有臨床焦慮的準媽媽被要求參與一場有壓力的事件，比如在一群人面前發表短篇演說時，她們腹中胎兒的心跳都變得異常快速，而且不像正常準媽媽的胎兒那樣很快就能平靜下來。這是HPA軸無法進行自我調節的明確跡象，也代表皮質醇正處於失控狀態，而焦躁不安的HPA軸也是未來衍生出精神問題的危險因子之一。

儘管事實證明運動能預防許多不必要的併發症，但很多懷孕女性仍然對運動敬而遠之，根據調查結果顯示，有高達六〇%的孕婦缺乏運動。

大致來說，研究發現運動可以減輕噁心、疲倦、關節與肌肉痛，以及脂肪囤積的問題，運動還能減少一半血糖異常的風險，避免引發會導致產程過長或生下巨嬰的妊娠期糖尿病（gestational diabetes），高血糖同時也是導致產婦與胎兒肥胖及罹患第二型糖尿病的危險因子之一，而這些生理現象都對大腦有害。值得慶幸的是，無論女性在懷孕之前有多少活動量，運動都對她們有益，有項研究顯示，每週快走五小時，就能減少七五%罹患妊娠期糖尿病的機率。

多年前，一組德國研究人員測試了運動對減輕產痛的效果，他們為產房添購了一部固定式腳踏車，找來五十名同意進行二十分鐘訓練，並且持續測量陣痛程度與血中腦內啡濃度直到分娩前一刻的孕婦。結果，大部分的受試者（八四%）都反映她們在做運動時，陣痛程度比休息時更輕微，而且陣痛級數都與腦內啡濃度成反比。因此研究人員得到的結論是：「在生產期間踩固定式腳踏車似乎不會對胎兒帶來危險，而且能幫助子宮收縮，並提供止痛效果。」

別忘了寶寶：懷孕期運動是孩子大腦發展的關鍵

產科醫師及美國凱斯西儲大學（Case Western Reserve University）生殖生理學教授詹姆士・克萊普（James Clapp），二十多年來一直研究運動對胎兒的影響，他在二〇〇二年出版的《運動助好孕》（*Exercising Through Your Pregnancy*）一書裡，就根據自己對數百位懷孕女性所做的長期研究，給了運動相當正面的評價。他一開頭就先破除運動會帶來危險的這個迷思，而且提到在他的研究裡，活動量大與活動量少的孕婦所生的嬰兒並沒有體重或頭顱大小上的差別，不過運動確實能促進臍帶的生長，確保胎兒從母體獲得所需的養分和氧氣。克萊普及其他專家所做的研究也發現，經常運動的母親所生的嬰兒比較瘦，這種生理上的差異或許剛開始令人擔心，但是通常一年之內就能恢復正常。

然而運動的好處似乎不僅是對胎兒無害，在克萊普所做的一項研究裡，他比較了三十四名運動者的嬰兒與三十一名缺乏運動者的嬰兒出生五天後的狀況。儘管在那麼幼小的階段，可供觀察的行為相當有限，但運動組的新生兒在六個實驗項目裡的其中兩項卻有較好的「表現」：他們對外來的刺激較有反應，受到聲光干擾後也比較容易恢復平靜。克萊普認為這個結果意義重大，因為這代表運動組新生兒的神經系統發展得比另一組新生兒好。他的理論根據是運動可以推擠子宮內的胎兒，提供有別於出生後被人觸摸和撫抱的身體刺激，進而促進大腦的發展。在另一項針對五歲幼兒所做的比較裡，克萊普也發現兩組幼兒雖然在行為及大部分認知功能上並沒有差別，但是在智商和語言技巧方面卻有統計上的明顯差異。運動組的子女不僅表現較佳，而且根據他未發表的觀察報告顯示，這些孩子在長大後學業表現也比缺乏運動組的子女好，這點很讓人意外。

儘管我們目前還無法斷言為什麼人類會有這種現象，但從老鼠實驗中，我們已經可以獲得某些線索，其中最引人入勝的一個例子就是二〇〇三年有項研究發現，經常做運動的母鼠所生下的小鼠，其腦衍生神經滋養因子（BDNF）在出生後與十四天和二十八天後含量會立刻增加，跟海馬回相關的學習能力也會比控制組強。基本上，牠們比缺乏運動組的小鼠學得快，也學得好。根據一項研究顯示，基於不明因素，經常跑步的母鼠所生的小鼠在出生時，海馬回的神經元都比較少，但這個數量很快就會回升並且超越控制組的小鼠：出生後六週之內，運動組小鼠的海馬回細胞就會多出四〇%。一項二〇〇六年的研究也發現，強迫懷孕母鼠每天游泳十分鐘可以增進小鼠的BDNF數量、神經新生及短期記憶。**簡言之，懷孕母鼠運動時，牠們胎兒大腦裡的神經元能產生更多的連結。**

這些發現雖然無法直接套用在人類身上，但絕對符合過去十幾年來我們對運動和大腦的了解。我們沒辦法告訴妳說只要在懷孕時跑步，妳的孩子以後一定會上大學，但這些研究確實顯示保持身體活躍可以促進小寶寶腦神經細胞的發展，而且如同前幾章提到的，這種改變可以強化學習能力、記憶力及整體的心智狀態。對我來說，在懷孕期運動對孩子**未來**的大腦發展或許是有幫助的，而這是影響深遠的一項發現。

在另一項值得探索的研究議題裡，學者也研究了運動對胎兒酒精症候群（Fetal Alcohol Syndrome）的影響。胎兒酒精症候群是一種會導致胎兒生長遲緩、智能障礙及顏面損傷的嚴重疾病，也是全美排名第一的可預防的出生缺陷原因。某些研究發現，懷孕婦女即使只是酌量飲酒，都可能導致胎兒出現學習、行為和人際方面的問題。例如母親懷胎時曾被餵食過乙醇的小鼠，腦部的BDNF數量、神經新生和神經可塑性都偏低，牠們的海馬回會萎縮，因此學習或記憶力欠佳。除了海馬回，酒精還會損及麩胺酸的突觸活動，對腦部造成廣大的影響。

二〇〇六年，由加拿大卑詩大學（University of British Columbia）神經科學家布萊恩．克利斯提（Brian Christie）帶領的研究小組，檢視了乙醇對胎中小鼠造成的神經傷害，以及運動對這些傷害的影響力。一如預期，那些母鼠被餵食乙醇的胎中小鼠都有神經新生與神經可塑性較差的現象，但牠們在出生並成長到可以運動的階段後，腦部損害的現象就逆轉了，結果相當令人驚訝。

這項發現已經對醫界建議父母照顧患有胎兒酒精症候群嬰兒的方式產生影響，過去父母常被告知最好讓環境保持寧靜、幽暗，以免給嬰兒太多刺激，但現在大家似乎認為嬰兒應該多接受肢體刺激與活動，好讓他們的大腦可以克服神經上的缺失。

這種只要讓身體按照原本設計的那樣付諸行動，大腦就會自我修復的事實，總是令我感到驚奇。

產後憂鬱症：突如其來的低潮

東尼和史黛西一刻也不能等，那是星期五下午，外面正在下雨，這對夫妻卻決定立刻要擁有一部橢圓機，然而購物中心裡的NordicTrack（美國運動器材品牌）門市剛好缺貨，所以他們乾脆直接開車到位於波士頓的老舊倉庫提貨，又因為休旅車的座椅沒辦法放平，所以那部橢圓機只好半卡在後車廂外，淋著傾盆大雨回家。那個濕透的大箱子絕對有九十公斤重，而把它扛進屋裡只是東尼那天晚上的第一件工作而已。

「一回到家，我就馬上組裝了起來，」他說，「這不是我的強項，但在那個當下我只想讓她好過一點。」

他們需要的是治療史黛西產後憂鬱症的方法，這個病症是在史黛西生下第一胎（兒子卡特）之後突然找上她的。五個月來，她發現自己經常感到疲倦卻無法熟睡；她只要不在小寶寶身邊就會有罪惡感；她痛恨自己的身材；對周遭事物失去了興趣；還有，她很容易莫名其妙地大哭起來。這些症狀跟大多數婦女在產後前幾週經歷到的暫時性情緒低落不同，而且比一般人想像的更常見。對一〇～一五％跟史黛西一樣的新手媽媽來說，剛開始似乎一切都很好，但接下來，**產後憂鬱症會突然來襲，而且可能長達一年或數年都擺脫不掉**。當我對學界和精神界的同事提到這個顯著的統計數字時（這是我為本書找資料時才發現的事實），他們都跟我一樣大感震驚。

抗憂鬱藥物是典型的治療法，但史黛西服用的抗憂鬱藥物「立普能」（Lexapro）卻讓她變得麻木冷漠，所以她只吃幾天就停藥了，對嘗試其他藥物也更加戒慎恐懼。當她和東尼在那個下雨天來到我的辦公室時，我向他們提到有氧運動可以對某些人發揮跟抗憂鬱藥物一樣、甚至更好的效果，我真希望我每個病患都跟他們一樣聽話：他們一離開，就直接衝到購物中心買橢圓機。

那天東尼一直搞到很晚才把器材裝好，而史黛西立刻跳上去做了二十分鐘的運動。

「剛開始真的很不容易！」她回憶道，「但我知道它在發揮作用——你能感覺到那股熱力。」

「我想那是最先抓住她的東西，」東尼說，「那股熱力和預期自己即將瘦下來的感覺。我想她應該沒注意到自己的情緒和睡眠正獲得改善。」

「對，我沒注意到。」

「我注意到了，然後我跟史黛西說，這簡直是天壤之別，真的，運動第一個改變的就是她的睡眠品質。」

「當然也讓我在白天變得更有精神。」

「然後她的情緒也跟著變好。」

「我的體力更**充沛**了，我可以在沒踩橢圓機的時候一樣感到愉快，甚至到現在，就算我跟卡特玩了一整天，感覺很累，我還是會叫自己踩下去。我的情緒變好了，也變得更快樂、更有活力。」

史黛西的故事最富戲劇性的地方在於，她在二十九歲生小孩以前，個性相當活潑開朗，她從來沒有得過憂鬱症，而且是東尼所遇過「最快樂的人」。他們是一對極為恩愛的夫妻，年輕但不喜新厭舊，最重要的是，他們在一起始終很快樂。但當史黛西生了小孩之後，「一切都變了樣。」她說。

她是個金髮、高䠷、身材健美苗條的女人，而且在生完小孩兩週之後，才比平常胖兩公斤而已。她看起來好極了，但她自己卻不這麼想，每當好不容易有機會可以跟老公一起出門，史黛西總是會換裝十幾次。「我覺得自己難看得要命，」她說，「不管別人怎麼說，我都不相信。」

「絕對沒騙你，那是九套或十套不同的鞋子、上衣或褲子，」東尼說，「她在鏡子裡看到的是另一個人。」

然而負面的自我形象只是問題之一而已，當帶新生兒回家的興奮感逐漸消退，倦怠感和強烈的嫌惡感就隨之而來。史黛西對周遭事物不再感興趣，也不再表達意見，她把搖籃搬進臥房，每隔幾小時就起床察看小寶寶的動靜。「我從來不想拋下卡特，」她說，「如果我這麼做，我會有罪惡感。」

當新手媽媽罹患憂鬱症，她們會先懷疑自己是不是哪裡出了問題，如果剛好遇上麻煩，她們便會以為自己一定是個差勁的母親。出於直覺，她們會開始封閉自己，不想跟外界接觸，尤其是小寶寶，而這就引發了內在衝突和自責感。妳原本有個生物上的存在目的，但現在妳對一切未臻完美感到慚愧，並且深信自己是世上唯一有這種感覺的母親，這個原本能讓妳的生命充滿美好意義的事件，最後竟引來一團烏雲。

就在東尼花了好幾個月時間，小心翼翼地提出這個問題後，史黛西終於明白事情的嚴重性。

「我感覺再也不像自己了，」她說，「我不曉得我要怎麼回到原來的樣子。」

史黛西偶爾會舉舉啞鈴，但我向她和東尼解釋，有氧運動跟舉重不同，而且對情緒的改善很有幫助，所以現在她幾乎每天晚上都會踩四十五分鐘的橢圓機，如果有好幾天沒踩，她就會睡不好，情緒和體力也會變差。這是否代表她仍然有憂鬱症，只是被運動掩飾起來了？並不盡然，這代表的只是如果那些症狀又開始蠢蠢欲動，就像有時在她月經來潮時那樣，她可以隨時踏上橢圓機，確保這些症狀不會變成更嚴重的問題。最重要的是，她知道自己應付得來。「只要我做運動，我就沒事，」她說，「我感覺我正在恢復正常。」

恢復運動習慣

科學家已經充分了解有氧運動在減輕廣泛憂鬱症（見第五章）上的功效，但產後婦女的狀況卻需要特殊考量。**研究顯示，引起產後憂鬱症的主要原因並不是荷爾蒙的大量增加，而是急劇減少。**二〇〇〇年，美國國家精神衛生研究院的米琪．布拉克（Miki Bloch）在《美國精神醫學期刊》（*American Journal of Psychiatry*）上發表了一篇研究報告，在該研究裡，她和實驗團隊以兩組三十多歲的母親為對象，重製了懷孕時的荷爾蒙現象（一組有產後憂鬱症病史，另一組則無，但每組的八名婦女當時都沒有出現憂鬱症症狀）。他們先讓每位受試者服用能促進雌激素和黃體素分泌的藥丸，然後在八週後偷偷換成安慰劑。結果當雌激素開始消退，產後憂鬱症組的八位受試者有五位出現復發的現象，另一組則完全沒有異狀。

由於已知荷爾蒙會對神經傳導物質產生強大的影響，因此布拉克提出的論點是，某些女性的大腦就是無法調節荷爾蒙的急劇變化，或者正常訊號會放大到一種足以干擾情緒的程度。基於這個觀點，運動對產後憂鬱症婦女的幫助，或許比一般大眾更有效，因為它能平衡神經傳導物質的含量。

在這方面做得最好的是多年前澳洲學者所做的一項研究，對象是二十名生產完一年內罹患產後憂鬱症，並且半數已在服用抗憂鬱藥物的婦女。研究人員選了一種對新手媽媽來說相當方便的運動：推嬰兒車走路，然後指派其中一組的十位受試者以六〇~七五%的最大心跳率推嬰兒車步行四十分鐘，每週進行三次，而且還要參加一場支持性團體聚會；至於控制組的十名受試者則保持自己的正常作息。所有受試者都建立了「愛丁堡產後憂鬱症量表」（Edinburgh Postnatal Depression Scale, EPDS）的基線分數，然後在六週後及實驗結束的十二週後分別接受評估，任何人只要分數高於十二就被認為患有臨床憂鬱症。結果，推嬰兒車步行的運動組不只體適能水準較高，兩次的EPDS分數也明顯下降。她們一開始的平均分數是一七·四，後來分別降到七·二和四·六；控制組一開始的平均分數是一八·四，後來降到一三·五，但又上升到一四·八。

照統計數字看，體能較佳的母親較不容易罹患憂鬱症。一項針對英國南部一千名生產完六週的婦女所做的調查也顯示，每週做三次激烈運動的三五%的受試者，明顯較無情緒方面的問題，而且體重下降得較多、人際關係較活躍，對於當媽媽也較有自信和滿足感。**保持運動習慣能幫助新手媽媽重新找回生活的主控權，讓她們不會無所適從，還能提供一個大好機會，讓她們慢慢調適自己，**

而這對憎恨感的消除相當重要。一如史黛西，七〇%的婦女在生產完六個月後都對自己的身材感到不滿，而運動顯然可以讓她們恢復身材，重拾自我形象。

遺憾的是，這種關於運動可以補救生理以外問題的訊息，始終遲遲傳不到醫師和病患的耳裡，「人們傾向把運動視為身體健康的一部分，而非精神健康，」哈佛醫學院臨床講師同時也是麻塞諸塞州布魯克林市（Brookline）執業婦產科醫生的珍妮佛．蕭（Jennifer Shaw）說，「要一個醫師呼籲人們認真看待運動，把它當作一種除了瘦身之外還具有醫學價值的治療法，實在是件困難的事。」

診斷或治療跟懷孕相關的精神問題並不是婦產科設立的真正目的，蕭會向病患建議把運動當成解決方法之一，但她也說，要任何一位醫生花時間跟病患討論預防醫學方面的問題，事實上並不容易，而且她指出，把運動推薦給一個已經忙於應付各種新責任而且對身材或許並不那麼在意的新手媽媽，也不見得可行。「運動是女性在生活變忙碌時最先放棄的事，」蕭說，「我不認為人們對這點有所肯定，但我真的認為它有穩定情緒的效果。」

對正陷入低潮的新手媽媽來說，最糟糕的建議就是要她們放輕鬆。休息是很重要沒錯，卻比不上活動來得重要，因此新手媽媽需要得到另一半的支持，讓她們可以盡快挪出時間鍛鍊自己的身材——還有大腦。

停經：巨大的改變

嚴格說來，停經是為婦女最後一次經期過後的第十二個月畫下句點的單日事件，說得更實際點，它代表了那段荷爾蒙變化期的終止。當卵巢隨著年紀逐漸退化，雌激素和黃體素的分泌就會變得起伏不定，如果這些荷爾蒙失去協調，腦內神經傳導物質之間的微妙平衡也會受到干擾。

停經症狀一般出現於停經前幾年，大約是四十多歲到五十多歲之間（中間值是五十一歲），而且可能會持續好幾年，包括熱潮紅、盜汗、易怒和情緒不穩等血管舒縮症狀（vasomotor symptoms）。就像我之前提過的其他荷爾蒙變化一樣，我們無法預知它會不會影響一個人——有些人幾乎不知不覺地就安然度過這段時期，有些人卻飽受折磨。大多數的女性至少會經歷一、兩種症狀，而那些經常運動的人，都發現自己受惠良多。運動對停經婦女的重要價值在於它能調節荷爾蒙分泌減少所帶來的影響，而且就像你會在下一章看到的，它還能防止認知功能的退化。**從演化的角度來看，運動所做的是欺騙大腦，讓它忽略荷爾蒙在老化方面的提醒，繼續為了生存而保持正常運作。**

運動也能在荷爾蒙的自然減退過程中提供保護作用，防止心血管疾病、乳癌和中風等疾病的發生。停經前婦女除非有遺傳傾向或者肥胖、糖尿病等複雜因素，否則罹患心臟病的機率通常偏低，這也一直是荷爾蒙替代療法（Hormone Replacement Therapy, HRT）背後的理論根據：雌激素和黃體素能協助女性預防慢性病，所以這些荷爾蒙在停經後需要補充。然而在近幾年，這個說法已經遭到推翻，很多醫師現在都不建議採用荷爾蒙替代療法了。

這項爭議性話題爆發於二〇〇二年，當時美國國家衛生研究院的研究人員在一群參與「婦女健康促進計畫」（Women's Health Initiative, WHI）的停經後婦女身上發現一項重大警訊：這些採用荷爾蒙替代療法的婦女，罹患乳癌、腦中風、心臟病的機率分別高達二六％、四一％和二九％。

隨著這件不安消息的出爐，多達數百萬的婦女也開始停止服用荷爾蒙。根據《新英格蘭醫學期刊》發表的一項人口統計結果顯示，二〇〇四年美國婦女的乳癌罹患率下降了九個百分點，後來一項著名的英國研究也發現，接受荷爾蒙療法的婦女罹患失智症的機率是一般人的兩倍，這是任何過了中年的人都不可忽視的大問題，不過也有一些研究對停經後婦女採用短期的荷爾蒙替代療法抱持肯定的態度。無論如何，一個放諸四海皆準的建議就是，最好先諮詢醫師的意見。然而不管答案是什麼，這些矛盾的論點都讓很多女性陷入痛苦的處境。

用運動控制停經後的不適症狀

女性尋求荷爾蒙替代療法最常見的原因，就是為了緩解停經後的生理不適症狀，尤其是熱潮紅，而它在這方面的神奇功效確實是無庸置疑。不過運動也是可行的替代方法之一，雖然它在熱潮紅和盜汗方面的效果還沒有得到證實。有項針對六萬六千名義大利停經後婦女所做的大型觀察研究就指出，運動量偏低跟心血管疾病之間具有相關性，但其他類似的研究並沒有發現這個結果。

有些婦產科醫師會告訴你運動事實上會引發熱潮紅，但至少你可以透過運動親自進行實驗，卻不必擔心會出現任何長期的副作用。運動有可能會緩解你的症狀，有可能不會，但你不用顧慮它會危及你的健康。我們在這個關於運動能否幫助停經後婦女消除熱潮紅的問題上，往往忽略了整個大方向，那就是它可以預防心血管疾病、糖尿病、乳癌和認知功能退化的發生。

停經生理症狀會導致情緒症狀加劇，而運動毫無疑問可以在這方面提供幫助。有位女士告訴我，她在步入老年時遇到的最大挫折，就是感覺自己的身體好像失去了控制，她不僅變胖、患有熱潮紅和高血壓，視力也大不如前；雪上加霜的是，她經常感到焦慮和憂鬱，而運動能提供掌控感，不但在生理方面，在情緒方面亦然。「我知道運動可以控制很多這類症狀，」她說，「它可以幫忙引導我，讓我在面對這些無法掌控的事情時，能夠擁有較多的優勢。」

如同經前症候群一樣，停經後婦女之所以容易感到焦慮和憂鬱，似乎跟荷爾蒙的波動有關，而不是濃度。根據一項由麻塞諸塞州總醫院（Massachusetts General Hospital）婦女健康專家及精神科醫師李．柯恩（Lee Cohen）主持的研究報告結果顯示，女性罹患焦慮症和憂鬱症的機率原本就比男性高一倍，而這個風險會在她們進入停經期時繼續增加。在這個隸屬於「哈佛情緒與週期研究計畫」的實驗裡，柯恩花了六年時間追蹤四百六十名三十六到四十五歲之間的女性，比較她們進入停經期時的情緒變化，這些女性全都沒有憂鬱症病史，但她們在停經後罹患憂鬱症的機率卻增加了一倍。

在最近一項針對八百八十三位女性（四十五到六十歲之間）所做的研究裡，澳洲昆士蘭大學（University of Queensland）的研究人員也發現運動跟停經症候群之間有著強大的相關性，高達八四%的女性反映說她們每週做兩次以上的運動，而這些人出現憂鬱症生理與心理症狀的機率，都明顯低於缺乏運動者，特別是她們變得不易緊張和疲倦，也較少出現頭痛和身體緊繃的現象。整體說來，這項研究認為運動對女性的幸福感和生活品質有著巨大的影響。

運動替代療法

眾所周知，女性罹患阿茲海默症的比例普遍高於男性，儘管統計數字已經根據女性比男性長壽的這個事實做過調整。但另一方面，運動在減緩認知功能退化方面的效果似乎在女性身上特別顯著。在一篇發表於二〇〇一年《神經學檔案》（*Archives of Neurology*）期刊的研究報告裡，加拿大魁比克拉瓦爾大學（Laval University）的丹尼爾．勞倫（Danielle Laurin）針對四千六百一十五名年長男女進行了五年的追蹤研究，藉此分析運動和失智症之間的關係。結果，他發現**運動量較高的六十五歲以上女性罹患任何一種失智症的機率，都比缺乏運動者（男女皆然）少了五〇%**。

直到「婦女健康促進計畫」實行之前，科學家都相信荷爾蒙替代療法可以預防認知功能退化，但研究證據並不支持這項結論。現在，研究人員已經在著手探討的其中一個問題是，運動和荷爾蒙在停經後認知功能的退化上是否具有交互影響。美國加州大學爾灣分校卡爾．卡特曼的實驗室的研究發現，雌激素是讓運動提升母鼠前額葉皮質BDNF含量的必要物質，但這項研究設計並不見得可以轉換成人類的停經狀況，因為那些母鼠在三個月大時被摘掉卵巢，等同於健康的年輕女性。根據第一份針對這個問題所做的人類研究報告顯示，雌激素並不是運動減緩認知功能退化上的必要成分，目前任職於北卡羅萊納大學綠堡分校（University of North Carolina at Greensboro）的生理學家珍妮佛・艾特尼爾（Jennifer Etnier），就在一項研究裡測試了一百零一位停經婦女的腦部運作速度和執行功能，並與她們回報的規律有氧運動量做了比較，結果那些運動量較高的受試者都有較佳的測試成績，無論她們是否接受過荷爾蒙替代療法。

在這方面最具說服力的一項研究，出自伊利諾大學香檳分校心理學家亞瑟・克拉馬（Arthur Kramer）的實驗室。該實驗室一直是透過核磁共振掃描了解大腦認知功能和結構變化之間關聯性的學術先驅，所以他想知道，運動和荷爾蒙替代療法是否會在大腦執行功能和前額葉皮質區容量上產生交互影響。在複雜的研究設計裡，他找來五十四位同意接受核磁共振掃描、執行功能測試，以及用跑步機測試最大攝氧量與體適能水準的停經婦女。這些資料則根據荷爾蒙替代療法的實行程度分成四組，其中一組從未接受過荷爾蒙替代療法，其他則分成短期（十年以下）、中期（十一年到十五年）和長期（十六年以上）治療組。

根據發表於二〇〇五年的研究結果顯示，短期荷爾蒙治療組在執行功能上的表現比較好，腦容量也比其他三組來得大；也就是說，就短期而言，荷爾蒙替代療法事實上是有預防作用的，如果再加入有氧運動這項因素，效果會更加顯著。較佳的體適能水準似乎能補救認知功能方面的退化，而這是未接受過荷爾蒙治療或接受治療超過十年的婦女無法體驗到的效果。

根據老鼠實驗得出的其中一項理論，如果長期接受荷爾蒙替代療法，大腦內的雌激素受體會在負責啟動免疫反應的下視丘裡崩解；如果下視丘無法正常運作，女性罹患癌症等疾病的機會就會增加。同等重要的是，如果對老鼠長期給予雌激素替代治療，還會導致細胞發炎，進而增加罹患阿茲海默症和記憶受損的風險。

克拉馬提出的論點之一是，運動似乎可以加強短期荷爾蒙療法的正向效果，而這也印證了我在本書中不斷提到的神經保護機制。運動能促進神經傳導物質和神經滋養因子的生成，並且在腦部的關鍵區域創造出更多受體，它還能啟動那些會構成良性循環的基因。這股動力對所有女性都很重要，尤其當她們進入停經期之後，畢竟大多數女性都需要在缺乏荷爾蒙的情況下度過數十年的歲月。

努力保持身材的女人，IQ、EQ都不差

我的建議是，至少每週四天到戶外快走、慢跑、打網球或參與某種能達到最大心跳率六〇～六五%的活動，你或許可以以一小時為目標。人們總是想知道究竟哪種有氧運動效果最好，我的答案是任何一種能讓你在生活中養成習慣的運動，最重要的是你必須堅持下去，並且確定你的心跳率大到足以享受運動的好處。另一個重點是每週要搭配一些強度訓練，好讓你的骨骼可以抵擋骨質疏鬆的威脅。

如果是患有經前症候群的年輕女性，我會建議**每週做五天相同程度的有氧運動，而且不妨穿插一些較激烈的運動**，比如挑兩天從事短距離快跑，但不要連續做，有些研究顯示較激烈的運動可能

會引發易怒、焦慮、憂鬱和情緒不穩等症狀。如果妳的症狀特別嚴重，但還不至於到無法運動的地步，那麼在經前期間每天做點活動應該會有幫助。

我想最令人意外的建議應該是在懷孕期間保持運動習慣，而這點目前總算獲得美國婦產科學會的背書，它建議**懷孕的健康女性每天最好做三十分鐘中度激烈的有氧運動**。當然，能從你婦產科醫師那裡直接獲得認可是很重要的，但這對大多數女性來說都很安全。同樣的，我對於產後盡早（以不超過數週最佳）重拾運動習慣的重要性也強調得夠多了，雖然這聽起來有點矛盾，但運動確實能減輕疲勞，對某些女性（比如我的病患史黛西）來說，還能消除焦慮和憂鬱症狀。

女性年輕時，運動多半是為了保持身材；這也無妨，盡量運用任何能讓妳動起來的力量。但我想傳遞給妳的訊息是，在妳身材變好的同時，運動還會鍛鍊妳的大腦，讓它變得更堅強有韌性。這種「腦適能」的狀態，會讓你更有本錢應付所有女性一生中都會經歷到的荷爾蒙波動，當然，還有人生的波動。

9 老化
一條智慧之道

大家都知道我有個健步如飛的母親，身高一七〇的她，在我們這個賓州西部小城上的人行道稱霸。人們總是會問我們家有幾個兄弟姊妹，我媽跑那麼快究竟要去哪兒。我母親每天清晨都會踩著大步去教堂做彌撒，只有星期天例外，那天父親會開車把穿戴正式的一家人載過去。這段路有二．五公里遠，以她的步調來說是相當不錯的健身活動，但她走路並不是為了保持身材，她走路是因為她愛走路（還有在相隔一公里的雜貨店之間來回比價）。

從科學家發現運動對大腦有滋養效果的事實來判斷，我很確定我母親長久以來頭腦還能如此靈光，都要歸功於她的運動量。八十多歲了，芙恩．瑞提還是過著充實活躍的生活，而這有部分純粹是個性使然——她永遠閒不下來。我記得有次我們家新買了一張扶手椅，她花了好幾個星期考慮顏色和尺寸，一再反覆測量才決定。但在扶手椅送來的當天，我從學校返家，卻發現她正忙著鋸掉扶手，好讓新家具可以擺設成她想要的樣子。

她把這股幹勁用在每件事上，無論是在屋外凹凸不平的小空地上種番茄，還是鏟雪。她是個專職義工（我父親不讓她工作），所以我們家的地下室經常堆滿別人捐給教會義賣用的衣服，而這也代表我們擁有優先挑選權。身為來自捷克的美國工人階級第二代，她絕對是大蕭條時代下的產物：節儉、強悍，但充滿愛心。

我父親史帝芬，大我母親四歲，在她五十九歲時過世。雖然她花了好多年才走出傷痛，但她是個性格堅毅而且交友廣闊的人，所以後來她又遇到另一個男人，並且在六十多歲時再婚。他們兩人會去佛羅里達州的維羅灘（Vero Beach）避冬，她老公在那兒教她打高爾夫球。她也學會了游泳，到了夏天，她一起床就把泳裝穿在外衣裡，以便隨時可以跳進泳池；狗爬式是她唯一會的招數，而她每次都會在深水區划上一小時。不僅如此，她也繼續保持走路的習慣：無論是上教堂、到雜貨店買東西、跳舞、打保齡球，或者每週三天到老人中心打橋牌。

我母親在八十六歲時因為絆倒而跌斷髖部，這也正是每年導致一百八十萬名美國老年人被送進急診室的意外事故。雖然心臟病、癌症、腦中風和糖尿病是美國六十五歲以上成年人的前幾大死因，但他們多半都生活在跌倒和骨折的恐懼中，尤其是髖關節骨折，因為患者需要花數個月的時間復健，行動能力也會因為這個支撐身體的重要關節受損而大幅降低，約有二〇%髖關節骨折的老人會在一年內死亡。

至於我母親，她在半年後終於靠助行器站了起來，我們也替她請了看護，讓她不必住進養老院，但她的行動能力還是受到影響——她只能拖著腳走路，快速惡化的骨質疏鬆症也迫使她的脊椎彎曲，成為一個駝背的人。隨著她的身體變慢，她的頭腦也跟著遲鈍起來：她不再打橋牌而開始看起肥皂劇，除了星期天有朋友帶她上教堂，否則她幾乎足不出戶。她的頭腦反應大不如前，但還沒有到失智的地步——她很清楚我是誰，只是愈來愈沒有話可以跟我聊。

然後，就在隔年，她跌斷了另一側的髖部，看到她癱瘓在床我真的心都碎了，而那也是她真正不再是她自己的時候。她無法分辨什麼是真實的，什麼是不真實的，肥皂劇裡的人物成了她生命中的一部分，她甚至會跟他們說話，彷彿他們就在房裡一樣。最後，她以八十八歲高齡在自然狀態下辭世。

運動能預防大腦退化

我在本書裡談了很多身體與大腦之間的生物連結，但它在老化方面的重要性絕對不亞於前述的部分，畢竟如果你的身體停止運作，就算有個健全的心智恐怕也無濟於事。

美國人在一九〇〇年時平均可以活到四十七歲，現在則是七十六歲以上，而且死於慢性病的機率比急性病高。但就算是壽命比較長的人，也同樣面臨其他可怕數據的威脅：根據美國疾病管制局的統計，美國老年人平均到了七十五歲會有三種慢性病纏身，並服用五種處方藥。以六十五歲以上的人來說，最常見的疾病是高血壓；過胖比例超過三分之二；將近二〇%的人患有糖尿病（引發心臟病的機率也增加三倍）；前三大死因分別為心臟病、癌症和腦中風，總共占了這個年齡層死因的六一%。

我們已經知道吸菸、缺乏運動和飲食失調是造成這些身體疾病的主因，最新的研究報告也清楚顯示，生活形態能對隨著老化而來的心智危害造成極大的影響。會殺死身體的，同樣也會殺死大腦，而這點在國家老化研究院的神經科學家馬克．麥特森（Mark Mattson）看來，卻具有正面意義。「我認為好消息是——如果我們認真看待它的話——那些能降低心血管疾病和糖尿病風險的因子，同樣也能降低與老化相關的神經退化疾病的風險。」他說。比方說，我們用來預防糖尿病的一些方法，同樣也能平衡大腦裡的胰島素濃度，防止神經元遭到新陳代謝壓力的損害；跑步在降低血壓、強化心臟之餘，也能避免腦部因微血管破裂或侵蝕而導致中風；舉重能讓骨骼釋放促進樹突增生的成長因子，預防骨質疏鬆，反過來說，攝取能讓大腦聰明的omega-3不飽和脂肪酸，也可以增進骨骼發展。

我們在邁入老年時面臨的心理和生理疾病，都跟心血管系統和新陳代謝系統息息相關，因此這些環節的失常可以幫助我們解釋為何肥胖者罹患失智症的機率是一般人的兩倍，以及心臟病患者比較可能發展出阿茲海默症，也就是最常見的一種失智症類型。根據統計，糖尿病會讓你罹患失智症的風險多出六五%，高膽固醇則會增加四三%的風險。雖然數十年前醫學研究就已證實運動有助於預防這些疾病，但根據美國疾病管制局的統計，六十五歲以上成人大約有三分之一沒有從事休閒體能運動（leisure-time activity），因此我希望如果你了解運動對大腦也有保護作用，你會把它放在心上。

關於運動對大腦退化的預防效果，最能令人信服的證據，部分來自一項從一九七〇年代開始、每兩年調查十二萬兩千名以上護士健康習慣的劃時代研究計畫「護士健康研究」（Nurses' Health Study）。一九九五年，該計畫開始針對部分護士的認知能力進行訪查，而這也讓哈佛大學流行病學家珍妮佛・沃伊弗（Jennifer Weuve）得以分析一八、七六六位七十到八十一歲女性運動量與認知能力之間的關聯。沃伊弗想用這份研究數據解決一個問題：在成年期固定從事運動，是否代表我們老了之後可以擁有較為敏銳的心智功能。這項發表於《美國醫學會期刊》（*Journal of the American Medical Association*）的研究結果，充分證實了她的想法：在跟記憶力與一般智力相關的測試項目中，體能消耗量偏高的女性發生認知障礙的機率比其他女性少了二〇%，這是五組受訪者中平均運動量可換算成每週步行十二小時或跑步將近四小時的最高組，以及每週步行不到一小時的最低組之間的差距數字。但沃伊弗也說，你不必成為超級運動員才能得到這種好處。「最棒的一點是，我們從最溫和的運動量上就可以看到效果——這裡指的是每週走一個半小時的路，」她說，即使是這麼少的運動量，「你都可以看到明顯高於最低組的良好效果。」

我們如何變老

老，是無法避免的事，形毀體衰則否。為什麼有些人可以活到一百歲身體還很硬朗，有些人卻飽受病痛折磨，失去正常的心智和生理功能？從細胞的層面看待生死，或許可以協助我們了解如此南轅北轍的老化現象。

隨著年齡增長，我們全身上下的細胞都會逐漸失去適應壓力的能力。雖然還不清楚這種現象為什麼會發生，但科學家已經知道老舊的細胞對於自由基、過度能量需求和過度興奮所帶來的分子壓力，有比較低的抵抗門檻。當負責製造蛋白質以便清除廢物的基因停止運作，它們就會步入科學家稱作「細胞凋亡」（apoptosis）的死亡循環。如果廢物不斷堆積，免疫系統就會啟動，調派白血球和其他因子去吞噬死亡細胞，進而造成細胞發炎：若發炎狀況長久持續下去，更多受損的蛋白質就會被製造出來，成為與阿茲海默症直接相關的危險因子。

當腦神經元受到細胞壓力的磨損，突觸就會被侵蝕，最後對神經連結形成破壞，隨著活動的減少，樹突也會開始回縮凋萎。雖然訊息的漏失一開始並不是什麼大問題，因為按照大腦的設計，資訊流會繞過神經網路的失效區塊，重新調集其他區塊繼續傳遞下去，但它肯定會為系統帶來負擔。別忘了，我們在這裡談的是一千億個神經元，而它們每個都可能有多達一萬筆的輸入資訊。這是個需要靠建立新的連結才能蓬勃發展的連繫網絡，而且如同我之前提到的，它會不斷重新配置自己的線路，以適應各種狀況——前提是大腦能獲得足夠的刺激，產生新的神經連結。隨著年齡增長，我們會需要更多腦容量以執行所有被賦予的功能，我想，智慧應該就是大腦對補救這種資訊流失有多大適應力的一種反應。

如果突觸衰敗得比神經新生的速度更快，你就會開始發現自己的心智或生理功能出了問題，從

阿茲海默症到帕金森氏症（取決於神經退化發生的位置）都有可能發生。在根本層面上，認知功能的退化和所有神經退化性疾病都會從機能異常和瀕死的神經元中發展出來，這是一種溝通的崩解，科學上關於老化方面的研究主要都環繞在「保存神經細胞的溝通能力及活性」的努力上，麥特森指出：「如果能做到這點，你就能防止它們退化，進而防止那些疾病發生。」

當突觸的活動減少、樹突萎縮時，輸送養分給腦部的微血管也會縮回，導致血流量受限；這個現象反過來也成立：如果你因為沒有經常讓血液湧流全身，導致微血管縮回，那麼樹突也會隨之萎縮。不管怎麼說，它都是殺手——如果沒有血液帶來氧氣、熱量、養分和修復分子，細胞就會死亡。當你愈來愈老，神經滋養因子（諸如腦衍生神經滋養因子〔BDNF〕和血管內皮生長因子〔VEGF〕）的含量會跟著減少，神經傳導物質多巴胺的生成也會減緩，對運動功能和動機造成損害。同時，海馬回會愈來愈沒有新的神經元可以運作。根據一些針對大鼠所做的研究顯示，神經新生的速度會隨著年齡的增長大幅減緩；並不是幹細胞生成的不夠多，而是它們的分裂減少，無法繼續形成機能完整的神經元（有可能是因為VEGF不足）。雖然大部分的神經幹細胞最終都會凋亡，但在大鼠實驗裡，牠們可用的細胞數從中年期（大約是人類的五十歲）的二五％銳減到八％，然後再減少到老年期（也就是六十五歲以上）的四％；也就是說，我們大腦裡沒有一個區域不因為神經新生而受益。大約從四十歲起，我們每十年就會損失平均五％的腦容量，大約直到七十歲，那時任何狀況都可能加速這種退化過程。

不過，像我母親這樣保有活躍生活的人，可以減緩這種退化過程。在一項針對退休不久者所做的研究裡，研究人員發現經常運動的人，過了四年後腦部還能保持幾乎相同的血流量，但缺乏運動組的腦部血流量卻有明顯減少的現象。**如果你的大腦沒有積極地生長，它就在死亡。運動是少數能夠逆轉老化過程的方法之一，因為它能減緩壓力閾值的自然衰減。**「矛盾的是，」麥特森說，「讓細胞定期承受輕微壓力反而是好事，因為它可以提升細胞適應重大壓力的能力。」

不僅如此，運動還會像我在前幾章提到的那樣，能增加血流，調節熱量，促進神經活動和神經新生刺激腦細胞的連結與生長。由於老化的大腦比較禁不起損害，你做的任何強化，效果都比作用於年輕成人的大腦更為深遠。這並不是說提早開始不重要——如果你有一個比較好、比較強壯、連結性比較高的大腦，它肯定會更有復原力，更能減緩神經的衰敗。運動不但是解藥，也是一劑預防針，每個人都會老，雖然無法理解它為何發生，但你絕對可以對它如何發生以及何時發生做出一些改變。

認知上的衰退：別眼睜睜讓你的心智字典萎縮

老化會先從一些小地方顯現出來。當腦中的連結開始崩解，你會愈來愈難記起原本熟悉的人名和地名，每個人或多或少都會有這種經驗：話到了嘴邊，就是沒辦法說出來，那是因為負責搜尋記憶的前額葉皮質區無法達成任務。雖然海馬回會提供其他的關聯，拉回你的記憶，但令人挫折的是，你必須為原本自然而然就會發生的事付出更多的努力，這是大多數人步入老年時會發生的事，但「輕度知能障礙」（mild cognitive impairment）會在不同的人身上造成天差地別的影響。

這種障礙不見得會惡化，但如果一直未能察覺，就可能演變成失智症，你會開始失去那些原本形塑你是誰的事——一種自我正遭到啃噬的可怕感覺。很多面臨這種處境的人都在不知不覺中模仿他們的樹突，出現退縮的傾向，他們擔心自己會不知所措，就不敢冒險或建立新的關係，他們不願跟外界接觸，也許是出於尷尬，也許只是因為在陌生環境下會感到不自在，無論是哪種狀況，他們最終都會脫離正面的人際關係，而那正是刺激大腦運作的重要部分。自我孤立和缺乏互動會助長細胞的死亡循環，導致大腦萎縮。

其中受到侵犯最為明顯的腦部區域，就是由前額葉皮質區灰質與白質組成的前額葉，以及可透過跟海馬回的緊密連結，將單字與名字予以分類並形成長期記憶的顳葉（temporal lobe）。**如果前額葉皮質區失去功能，會帶走更高層的認知功能，導致最基本的日常生活都變得困難重重**。諷刺的是，那些被我們視為理所當然的事：繫鞋帶、用鑰匙開門、開車採買東西，都必須仰賴工作記憶、任務轉換及資訊過濾這些最高層級的腦部功能，而這正是為什麼就連一隻受過訓練的猴子，也無法扣好上衣，或者我一位病患總是忘記拉上褲子拉鍊的原因。不管這位七十八歲的病患的太太再怎麼高聲斥責，他每次都會犯下相同的錯誤，因為他的工作記憶就是無法保存他剛上過廁所的這個事實。

顳葉，我們的心智字典，也是會受阿茲海默症影響而萎縮的區域之一，測試這種症狀有個很簡單的方法：對某人展示一串單字，半個小時後再問問他記得多少。如同我在第一章提到的，美國伊利諾大學的研究人員已經做過一些研究，發現體適能水準跟這些腦部區域的測試表現之間有密切的關聯。比如在其中一項研究裡，過去經常從事有氧運動的高齡者，核磁共振掃描的結果顯示，其大腦結構明顯保存較佳。不過會對這點感興趣的恐怕只有實驗室科學家，他們真正想知道的是，運動會不會對這些腦部區域造成結構性的改變。

一組由神經科學家亞瑟．克拉馬率領的研究團隊，將五十九位六十到七十九歲的缺乏運動者分為兩組，讓他們每週上健身房三次，每次一小時，總共持續六個月；其中控制組的成員固定做伸展操，另一組則在跑步機上步行，並且需要從最大心跳率的四〇%逐漸增加到六〇～七〇%。這個實驗唯一的變數是體適能，結果過了六個月後，步行組的最大攝氧量，也就是肺部存取氧氣的測定單位，平均增加了一六%。

最具突破性的發現，則來自核磁共振掃描的前後對照：那些體適能水準獲得提升的受試者，前額葉與顳葉的腦容量也跟著增加了。科學家知道這種現象有可能發生於海馬回，但說到前額葉皮質區容量也會變大，就遠遠超出首先發現運動跟BDNF有直接關聯的神經科學家卡爾．卡特曼的理解範圍。「我相信他是對的，」卡特曼說，「他是個非常誠實、嚴謹的人，但這項發現絕對是天外飛來的一筆。我的意思是說，我不認為目前已經有任何人藉由動物實驗，證明年長動物的腦容量只要依靠短暫的運動就能變大。」

儘管克拉馬的研究發現還有待進一步複證，但這種只要做六個月的運動就能重塑腦部關鍵區域的論點，還是令人相當振奮。在核磁共振的掃描裡，運動組的大腦看起來就好像年輕了兩、三歲，雖然受限於解析度，這些影像無法清楚顯示增生部分究竟包含了什麼，但根據目前已知的動物實驗結果，克拉馬有他自己的推測，「它們可能是新的血管組織、新的神經元或新的神經連結，」他說：「也有可能以上皆是。」

這項研究最重要的意涵是，運動不僅能預防大腦退化，還能逆轉與老化相關的細胞衰敗現象；更有可能的是，這個掃描結果顯示運動可以增進大腦的彌補能力。「比方說前額葉皮質區的運作沒有達到標準好了，」他解釋道，「大腦還是可以召集皮質區的其他部分，換個方式執行任務。另一個看待腦容量增加的思考角度是，它或許會根據迴路轉換任務的靈活程度，把時鐘往回撥。」

這多出來的兩、三年，可以讓我們的大腦做不少事了。

情緒上的衰退：別讓生命熱情凋謝

難怪有些人愈老，脾氣愈不好，畢竟這是一段損失的時期——無論在職業、人際關係、潛能、目標、復原力、勇氣，還是生命力方面。憂鬱會毫無預警地來襲，這對老年人來說是個重大問題，因為它會增加罹患失智症的風險。此外，**女性荷爾蒙雌激素及男性荷爾蒙睪固酮都會隨著年齡而減少，導致情緒不穩或欠缺活力與興趣。**憂鬱之所以會成為失智症的危險因子，原因之一是它會侵蝕海馬回：如果我們長期承受壓力，使得皮質醇濃度一直居高不下，它就會吞噬我們的突觸。既然老舊神經元的抗壓力原本就很弱，這絕對是我們應該加以防範，甚至積極因應的一項課題。

一旦年紀變大，身體變差，體力日漸下滑，我們會愈來愈不想接受挑戰，無論是到尼泊爾徒步旅行，或甚至只是參加當地的橋牌大賽。但接受挑戰是很重要的，因為這能提振我們的復原力。

回想起我母親，她在沒跌斷髖骨之前是那麼活躍，甚至愈老愈有膽量，面對新奇的經驗時，她總是用「有何不可？」這句話代替斷然拒絕。舉個小例子，有天晚上她來我們家，我們聊到去一間新開幕的高級泰國餐廳用餐的事。我一提出這個點子，馬上就打消了念頭，因為我猜母親大概沒興趣，她已經高齡八十，我根本無法想像她對著一盤看起來像雕塑品的異國料理大快朵頤的樣子，但是她卻說：「走！我想去吃吃看！」直到今天，我只要想起她品嘗我點的咖哩魚（那是她吃過最辣的食物）的模樣，還是會忍不住想笑，不過她倒很喜歡她的椰漿湯，而我們那頓晚餐從頭到尾都笑聲不斷。

運動顯然是挑戰你自己和大腦的好方法，尤有甚者，它能讓你跟別人有所接觸，出門走動走動。根據洛希阿茲海默症中心（Rush Alzheimer's Disease Center）所做的一項研究，感到孤單的人（會說「我懷念以前有朋友陪伴的日子」或「我內心覺得很空虛」的人），罹患阿茲海默症的機率是其他人的兩倍：杜克大學的研究報告則清楚顯示，運動可以減少憂鬱症的發作，甚至比「樂復得」更能防止憂鬱症的復發。

運動對高齡者有一個特別重要的功能：讓原本隨年齡而遞減的多巴胺增加分泌。在老化這方面，多巴胺扮演相當關鍵的角色，因為它是大腦報償及動機系統的主要信使。情感淡漠（apathy）是老年人常見的定義性特徵，對住進養老村或養護中心的老年人來說，這點尤其需要注意，因為即使是在最優良、最舒適的機構裡，憂鬱和缺乏動機仍然會乘虛而入，讓他們感覺自己只是在等死。

我知道有一所養老村就藉由鼓勵住民多做運動，對這個問題提出因應之道。這所位於密西根州安亞伯市（Ann Arbor）的「大學居」（University Living）設有一間健身房，裡面配置了適合行動不靈活，甚至靠助行器走路的老人使用的有氧與肌力訓練器材。所方把這間健身房取名為「養生站」（Preservation Station），並聘請專攻老化領域的運動生理學家為七十位住民上團體課，還有為其中有行動能力者上個人課。至於健身房主任瓊恩．史麥德利（June Smedley）的主要工作，則是敲門叫大家出來運動。「噢，他們有時還會生我的氣！」史麥德利說，「他們會把你趕出房間！」她的目標群大部分是缺乏運動有益身心健康這種認知的八十幾歲老人，因此運動的意願相當低。「他們多半都有憂鬱傾向，而那只會把整個心智都給拖垮，」她說，「他們最喜歡做的事就是坐在那裡。」

她的模範學生裡，有一位是為了每天照料患有阿茲海默症的妻子而一起住進這裡的八十歲退休工程師，我暫且稱呼他為哈洛德。哈洛德每星期都會上健身房五天，進行全套的運動訓練，包括十分鐘熱身、拉一趟舉重機、用抗力球訓練平衡度，以及在斜坐式手搖腳踏訓練機NuStep上做三十分鐘的有氧運動。

「我不是要把它變成一項職業，」哈洛德說，「我最主要的目的是能夠做我喜歡的事。」他指的是冬天滑雪和夏天打高爾夫球，而且每週兩次把十八洞走完。在過了八十大壽六個月之後，哈洛德按照他維持了十五年的傳統，跟朋友到猶他州滑一星期的雪。他說，跟瓊恩一起做的那些核心強化運動（core strengthening）對他的耐力和滑雪姿勢大有幫助，他可以一口氣從高達三千二百公尺的阿爾塔（Alta）滑雪場頂峰滑到坡底，下降高度大約六百公尺，這對任何平地人來說都是困難的事。除了平穩馳騁於滑雪道上，他的運動習慣也有助於紓解照顧妻子時所承受的身心壓力。「雖然這裡有很好的醫療照顧，但我還是有很多丈夫應盡的責任要做，」他說，「我想運動減輕了我的壓力，我總是運動到汗水淋漓的舒暢地步，它讓我每天都有個東西可以期待，也獲得一段屬於自己的時間，我有股成就感。毫無疑問，運動對我的心智、情緒和身體健康都有好處。」

失智症

失智症是一種會嚴重破壞我們日常生活能力的失能現象，發生於一塊特定的腦部區域受損的時候。這有點像家裡電流斷路器的保險絲燒壞那樣：家電用品或許照常運作，但臥室裡的燈都熄了。

失智症可依據大腦迴路損壞的位置與原因分成不同類型，目前最常見的一種就是阿茲海默症，病理特徵包括細胞發炎、沉積於海馬回的澱粉樣蛋白斑塊擴散到前額葉及顳葉，以及一種名為「神經纖維糾結」（neurofibrillary tangles）的細胞內廢物。根據二〇〇〇年人口普查的結果，美國大約有四百五十萬人罹患阿茲海默症，這個數字預料會在接下來的五十年裡，隨著嬰兒潮世代邁入老年期而增為三倍。

中風是腦部任一處微血管發生破裂或阻塞所造成的病症，如果通往顳葉（也就是我們的心智字典）的血流被切斷，你也許能夠說話，但用字舉名會出現困難；如果中風發生在前額葉，你會失去語言能力，但仍然聽得懂別人的話。

普遍程度僅次於阿茲海默症的帕金森氏症，起因是黑質內的多巴胺神經元遭到毀損，導致供應基底核、也就是大腦自動排檔之用的神經傳導物質減少。我們的心理、生理活動和肢體動作的起始與終止，都要靠基底核才能順暢地切換任務；如果多巴胺流量不足，就像車子缺乏排檔油那樣，可能會引發帕金森氏症典型的震顫現象。**帕金森氏症好發於老年期，而且美國有一%的六十歲以上成人深受其害（像影星米高．福克斯〔Michael J. Fox〕那種早發的案例是很罕見的），患者會先出現肢體上的障礙，然後是心理上的障礙，包括憂鬱、注意力缺失與最終的失智問題。**

失智症最大的危險因子是我們與生俱來的基因組，比如阿茲海默症就與「載脂蛋白E4型變異基因」（Apo-E4）等數種基因有關，但要記住的是，具有這些基因並不代表我們的命運就被決定了。以Apo-E4變異基因來說，它大概出現在四〇%的阿茲海默症患者身上，但三〇%未得此症的一般大眾也帶有這種基因，而且很多阿茲海默症患者都不具有Apo-E4變異基因。雖然基因能決定罹病的風險，但我們的生活方式和環境也能誘發或抑制這些風險，比如有項研究顯示，我們每多受一年高中以上教育，罹患阿茲海默症的機率就下降一七%。

撇開統計數字不談，從動物實驗我們知道運動可以重新配置大腦的生物機轉。卡特曼在轉殖了斑塊沉積基因的大鼠身上測試運動的效果，結果發現運動不但能減緩斑塊的沉積，還能預防細胞發炎——這正是卡特曼相信會誘發斑塊沉積的原因，因為發炎會加速認知功能的衰退，演變成阿茲海默症。

麥特森在多巴胺神經元被移除以模擬帕金森氏症生物機轉的大鼠身上，也得到類似的結果，那些在轉輪上跑步的大鼠，大腦都呈現出較高的可塑性，基底核的連結也比較多，這代表牠們已經藉由建立更多迴路補救多巴胺的衰減，取得了適應能力。

不過我們對運動在失智症尤其是帕金森氏症方面的認識，遠遠超越了實驗室的範圍。過去這五到十年來，運動已經逐漸用於治療上，尤其是發病的初期階段。**由於運動能號令受帕金森氏症退化的大腦運動區域活動起來**，所以研究人員也開始研究它產生的效果：透過運動刺激基底核，不但能增加神經連結，還能促進BDNF和其他神經保護因子的分泌。有項研究檢視了運動跟帕金森氏症常用藥物及多巴胺前驅物「左多巴」（levodopa, L-dopa）搭配使用後的影響，左多巴的缺點是它的療效會隨著時間逐漸縮短（而且副作用不少）。結果發現，從事四十分鐘輕度健身車運動然後立刻服用左多巴，可以延長該藥在運動功能方面的療效。

儘管研究人員無法明確說出運動對抗阿茲海默症的道理何在（他們還在試圖了解阿茲海默症的病因），卡特曼卻相信，減少細胞發炎和促進神經滋養因子分泌應該是可能的解釋。

人口調查研究也佐證了運動在減緩失智症方面的效果。例如在一項研究裡，一千五百名芬蘭人首先於一九七〇年代接受調查，然後經過二十一年，也就是到了六十五至七十九歲時，再度接受追蹤，結果那些每週至少運動兩次的受訪者，患有失智症的比例比其他人少五〇%；特別有趣的是，固定運動對失智症所造成的影響竟然在帶有Apo-E4變異基因的人身上更為明顯，研究人員認為，原因之一或許是他們大腦的神經保護系統天生就容易向變異基因妥協，因此使得生活模式變得格外重要。無論如何，重點是麥特森所說的：「我們在此刻唯一能做的，就是修正環境因子，享受任何基因帶來的最大好處。」

益壽健命之道

很多關於高齡化的公共論述，都把焦點放在逐漸步入老年的嬰兒潮世代，以及醫療照護體系會因為失智症及其他高成本健康問題遭到空前衝擊的看法上，但我不認為我們對這個問題只有束手無策的份。儘管我們這一代是速食文化與計次付費的一代，但我們同樣也是肯尼士·庫柏提出有氧運動這種革命性觀念的一代。跟上一輩不同的是，我們已經認識到一副健康的心臟與肺臟是如何抵擋疾病的，也很清楚健身房要怎麼去。我母親只是恰巧具備走路的好習慣，即使是哈洛德這位高齡八十的密西根州滑雪健將，對健康和體適能方面的事也不是很精通。有次他問負責訓練他的瓊恩·史麥德利主任，為什麼他會抽筋，當史麥德利提到抽筋可能跟脫水有關，他噗嗤一聲笑了出來，說：「我喝很多水耶——咖啡、牛奶和酒！」

我相信，只要人們開始認識到他們的生活模式也能延長「健命」（health span）——活得更好而不只是活得更久，並且了解運動對大腦的重要性並不亞於心臟，最起碼他們可以產生更強烈的運動意願，甚至付諸行動。以下就是運動能讓你保有活力的幾點原因：

● **運動能強化心血管系統**。強健的心肺可以降低休息血壓（resting blood pressure），減少身體與腦部血管的緊繃。這牽涉到幾個生理機制的運作：首先，當肌肉因運動而收縮，會釋放出血管內皮生長因子（VEGF）、纖維母細胞生長因子（FGF-2）等生長因子，這些生長因子除了幫助神經元結合、促進神經新生，也能誘發促進內皮細胞生成的分子連鎖反應，補強血管內壁，促進血管新生。這些新生血管會讓網路不斷擴展，讓大腦每個區域連結得更加緊密，並且創造出多餘的迴路，減少日後血管阻塞的問題。其次，運動能產生更多的一氧化氮：一種可以擴張血管、增加血流量的氣體。第三，溫和或激烈運動所增加的血流量可以避免腦部血管的硬化。最後，運動在某個程度上可以彌補血管受損的現象，例如中風患者，甚至阿茲海默症患者，就能透過有氧運動提升他們在認知測試上的表現成績。如果你能趁年輕就開始運動，那是最好的，但運動永不嫌晚。

● **運動能調節熱量**。卡洛林斯卡研究院的研究人員曾對一、一七三名七十五歲以上受試者進行一項長達九年的研究，他們全都沒有罹患糖尿病，但血糖偏高者罹患阿茲海默症的機率比其他人高了七七％。

當我們逐漸變老，胰島素濃度會逐漸下降，使得葡萄糖愈來愈難被細胞吸收，燃燒成熱量。在這種情況下，葡萄糖的含量可能會急劇升高，在細胞內產生多餘的廢物（例如自由基），進而損壞血管，增加我們中風和罹患阿茲海默症的風險。當含量適當，胰島素可以防止澱粉樣蛋白斑塊沉積，但過多反而會促進沉積和細胞發炎，損害周遭的神經元。

運動能增加第一型類胰島素生長因子（IGF-1）的分泌，幫助調節體內的胰島素，並且提升腦中突觸的可塑性。它還能藉由消耗多餘熱量，確保腦衍生神經滋養因子（BDNF）的供應正常，因為高血糖會減少BDNF的生成。

- **運動能減少肥胖問題**。體脂肪除了會大肆破壞心血管和新陳代謝系統，也會對大腦造成不良的影響。根據美國疾病管制局的估計，美國有七三％的六十五歲以上成年人過胖，再加上肥胖可能引發的健康隱憂（從心血管疾病到糖尿病），該中心把它稱為一種流行病是相當正確的。光是過胖這項因素，就可能讓罹患失智症的機率增為兩倍，如果再把高血壓和高膽固醇（通常伴隨肥胖而來的常見症狀）也考慮在內，罹患風險將會增為六倍。當銀髮族邁入退休生涯，他們總認為自己工作了大半輩子，也該到了休息的時候，便開始用食物犒賞自己，但他們不了解的是，每餐都吃甜點並不是一件好事。運動可以自然而然地在兩方面對抗肥胖：它能燃燒熱量，並且節制食欲。
- **運動能提高你的壓力閾值**。運動可以抵制過多皮質醇所帶來的侵蝕效應，那是一種能引發憂鬱與失智症的長期壓力下的產物。運動也能幫助神經元對抗過多的葡萄糖、自由基和興奮性神經傳導物質麩胺酸，雖然這些全都是必要物質，但如果置之不理，廢物就會開始堆積，破壞細胞機制，使之變成有害物質，例如誘發潛在且無可避免的細胞死亡過程的受損蛋白質和破碎DNA，而運動可以製造具有修復能力且延緩老化的蛋白質。
- **運動能提振情緒**。運動可以製造出更多的神經傳導物質、神經滋養因子和神經連結，幫助海馬回對抗憂鬱和焦慮所產生的萎縮現象。有些研究也顯示，保持心情愉快可以減少發展成失智症的機率，這不只適用於臨床憂鬱症，也適用於一般的心理狀態。經常活動可以讓我們多跟人群接觸、結交新朋友；人際關係對情緒的改善和維持來說相當重要。

● **運動能增強免疫系統**。壓力和老化會抑制免疫反應，而運動可以從兩方面直接予以強化：首先，即使是溫和運動也能增強免疫系統裡的抗體和淋巴細胞，也就是你或許有所耳聞的T細胞，抗體會攻擊細菌和病毒感染，而擁有較多的T細胞則能讓身體對某些疾病如癌症的發展更有警覺性。人口調查研究也證實了這點：癌症最普遍的危險因子就是缺乏活動，像經常從事運動的人，罹患大腸癌的機率就比其他人少了五〇%。

其次，免疫系統的工作之一是啟動負責修復受損組織的細胞，所以如果它出了毛病，那些受損部分就會惡化，導致長期發炎。這正是為什麼一旦你超過五十歲，接受身體檢查時會加測血液中C–反應蛋白（C-reactive protein, CRP），這些蛋白質是細胞長期發炎的指標，也是心血管疾病和阿茲海默症的主要危險因子。運動可以讓免疫系統回到平衡狀態，讓它終止發炎現象，戰勝疾病。

● **運動能鞏固你的骨骼**。骨質疏鬆症跟大腦並沒有太大的關係，但在這裡卻值得一提，因為你需要強壯的支架才能長久運動下去，而且這是一種高度可預防的疾病。

美國大約有兩千萬名女性和兩百萬名男性為骨質疏鬆症所苦，每年死於髖關節骨折（骨質疏鬆症導致的傷害）的女性也比乳癌多。女性大約在三十歲左右會達到「巔峰骨質」（peak bone mass），之後便以每年一％的速度流失；到了停經期，流失速度會加倍，導致女性在六十歲之前骨質就已經流失掉三〇％，除非有攝取鈣質和維生素D（最不花錢的方法是每天早上曬十分鐘的太陽）以及從事運動或肌力訓練，讓骨骼變得緊實。步行不大能發揮儲存骨本的效果，但是對年輕的成人來說，重量訓練或任何涉及跑跑跳跳的體育活動，都可以預防這種自然的損失，而且程度令人刮目相看。根據一項研究顯示，女性只要接受幾個月的重量訓練，腿力就可以增強一倍，就算是年逾九十的女性，一樣也能增強肌力，預防這種令人悲痛的疾病發生。

- **運動能激發動機**。成功的老化之路真的始於渴望，如果沒有那股想保持忙碌、活躍和活生生的渴望，很快就會落入孤獨和多坐少動的死亡陷阱。老化的問題之一就是缺乏挑戰，但藉由運動，我們可以持續不斷地提升自己、鞭策自己。

運動能抵抗多巴胺的自然衰減，而多巴胺正是動機與運動系統的關鍵性神經傳導物質。當你動起來，你就在藉由強化多巴胺神經元之間的連結，激發你的動機並防止帕金森氏症的發生，而這真的突顯了一點：如果你沒有忙著過好自己的人生，你的身體就會忙著死亡。所以設定計畫、目標與排定約會是很重要的，這也是為什麼像高爾夫和網球這種運動對人極有益處，它們都需要不斷地檢視自己、超越自己。

- **運動能強化神經可塑性**。預防神經退化性疾病最好的方法，就是打造一個強健的大腦。有氧運動之所以能達到這個目的，是因為它可以強化腦細胞之間的連結，製造更多突觸以擴展神經網路，並且刺激海馬回裡的新生幹細胞分裂，使之成為正常運作的神經元。活動身體可以增加神經滋養因子的供應，讓這些神經可塑性與神經新生所必須具備、卻會隨著年齡自然減少的物質，可以繼續維持大腦的生長。當肌肉收縮，血管內皮生長因子（VEGF）、纖維母細胞生長因子（FGF-2）和第一型類胰島素生長因子（IGF-1）等因子就會從身體釋放到大腦，協助大腦運作。這些結構性的改變都能夠提高大腦的學習力與記憶力、執行更高層級的思考並管理你的情緒。這些神經連結愈強壯，你的大腦就愈能因應任何可能的損害。

閒散的大腦是魔鬼的工坊

我們家大約在我八歲時買了第一部電視機，但我們從來沒有守著它不放，我母親不准，她總是說：「別只坐在那裡，出去玩。」我們每個禮拜都吃魚，並不是因為我們信天主教的關係，而是因為即使在那個年代，魚都有「大腦食物」之稱，而且學校修女也一再用「閒散的大腦是魔鬼的工坊」（An idle mind is the devil's workshop）這句箴言，強調保持心智靈活的重要性。早在科學家證實運動的好處之前，這些從小拉拔我長大、要求嚴謹的女性就已經堅守健康生活的三大支柱：飲食、運動、讓頭腦保持靈活。從這點來看，人們為長壽充實的人生開立的處方並沒有太大的改變，只是現在我們對於為什麼愈來愈難忽視那些忠告，已經有了更多認識。

飲食：吃得對，吃得輕

目前已證實的一條長壽之道，就是攝取較少的熱量——這是假設你是一隻實驗室老鼠的最低要求。根據實驗，熱量攝取少了三〇%的老鼠，比其他可盡情吃喝的動物多活了四〇%的壽命。「我們的控制組真的過胖且缺乏運動，」神經科學家馬克·麥特森說，而且他說「這正是許多美國人的翻版」。美國國家老化研究院老年學實驗室從十八年前開始針對猴子所做的一項研究，也在靈長類動物身上找到相同的證據。另外，根據一項人類實驗顯示，如果讓氣喘患者接受兩個月嚴格的飲食控制（第一天吃三餐，第二天只攝取五百卡的熱量，如此進行下去），就能減少血中氧化壓力與細胞發炎的標記（氣喘症狀也得到了改善）。這項發現印證了如果對細胞施予輕微的壓力（在這個例子裡是剝奪它們的能量），它們會更有能力應付未來的挑戰，並且減少自由基的產生。「這有點像每天運動一小時，」麥特森說，「這是輕度的壓力，只要給予復原的時間，就是好事。」

他不敢貿然建議大家節食，但那正是他所做的事：不吃早餐，午餐只吃沙拉，晚餐照常吃，總共攝取兩千卡左右的熱量。但這種做法似乎對體重正常的人沒那麼大的功用，而且任何年過五十的人都應該注意營養不良的問題，因為他們的肌肉與骨質正在流失，但如果你已經過胖，你其實就在對大腦造成損害。

至於你該吃些什麼，就像我在第三章提到的一樣，**你可以選擇一些能啟動細胞修復機制的食物，比方蒔蘿、大蒜、洋蔥和花椰菜這些蔬菜，它們全都含有預防蟲害的天然毒素，但因為含量**

低，反而可以誘發有益的壓力反應。這個道理在自由基方面也同樣成立（可對抗自由基的食物包括藍莓、石榴、菠菜和甜菜），換句話說，細胞修復機制的啟動是需要毒素和抗氧化物並存的，綠茶和紅酒有益健康也是基於這個道理。

其他你應該補充的食物還有全穀類、蛋白質和脂肪，低碳水化合物的飲食或許能幫助你減重，但對你的大腦並不好。全穀類含有複雜的碳水化合物，它們不是會造成血糖急速升降的簡單醣類，可以穩定地供應熱量，也是運送色胺酸等胺基酸進入大腦的必要物質。正如你在第四章了解到的，色胺酸是製造血清素的必要元素，而它與其他重要的胺基酸都來自蛋白質。

大腦有五〇％以上是脂肪，所以脂肪也很重要，只要選對種類就行。反式脂肪、動物性脂肪和氫化油對人體健康有害，但魚類所含的omega-3不飽和脂肪酸卻能提供極大的好處。根據人口研究的結果，經常食用魚類的國家，人民罹患躁鬱症的比例都偏低，有些人甚至單獨仰賴omega-3來治療情緒異常和注意力缺失過動症。知名的「佛明罕心臟研究」（Framingham Heart Study）在追蹤九百名社區居民長達九年之後發現，**每週吃魚一次的人，認知功能的年衰退率比其他人慢一〇％；而每週吃魚三次的人，罹患失智症的機率比其他人少了一半。**Omega-3不飽和脂肪酸具有降血壓、減少膽固醇及預防神經發炎的效果，也能提升免疫反應和BDNF的含量，你可以從深海魚類如鮭魚、鱈魚、鮪魚身上攝取，也可以服用含有一千兩百毫克EPA（eicosapentaenoic acid，二十碳五烯酸）與兩百毫克DHA（docosahexaenoic acid，二十二碳六烯酸）這兩大不飽和脂肪酸的營養補充品。

除了被認為在強健骨骼方面具有重要作用，維生素D也是癌症和帕金森氏症的衡量指標。我會建議你攝取一千IU（international unit，國際單位）的維生素D，女性朋友則可以再攝取一千五百毫克的鈣，我也建議服用至少含有八百毫克葉酸的維生素B群，以提升記憶力和大腦的處理速率。

運動：持之以恆就對了

任何年過六旬的人，我都會建議你盡可能每天做運動。既然退休了，有何不可呢？一週能運動六天是最理想的，但你要讓自己樂在其中，而不只是按表操課。你可以採用心跳監測器，它不但在追蹤訓練進度上具有極大的價值，可以激發動機，還能給你一種確定感，讓你不用猜測自己需要運動到什麼程度。這些產品都附有使用說明，但基本上你得用二二〇減去年齡，算出理論上的最大心跳率，再用這個數字判斷你的運動程度（我會在第十章詳加解釋）。

你的整體運動策略應該包括四大部分：有氧訓練、肌力訓練、平衡與柔軟度訓練，你應該先請教熟悉你狀況的醫師或教練，但我在這裡可以提供幾個確切的原則。

- **有氧訓練：每週四天以六〇～六五%的最大心跳率進行三十分鐘到一小時的運動**，以這個程度來說，你可以燃燒體內的脂肪，並且製造前面提到大腦結構性改變所必需的所有元素。走路應該可以滿足這個標準，但盡可能在戶外與他人一同進行。無論你做何選擇，試著找出能讓你長期樂於從事的運動。你可以挑兩天進行二十到三十分鐘較為激烈（可達到你最大心跳率的七〇～七五％）的運動，如果你很久沒運動了，不妨慢慢來，別擔心，持之以恆恐怕比運動強度來得重要。「你不必費力到你以為的那種程度，」克拉馬說，「如果你能下更大的工夫並且用跑步代替走路，那很棒，但如果你辦不到，走路就夠了，而且走路其實可以發揮一些滿戲劇性的效果。」

● **肌力訓練：每週兩次使用重量或阻力訓練器材，每次做三節能讓你連續做十到十五下的重量運動**，這對預防和對抗骨質疏鬆症是相當關鍵的；就算你做盡天底下所有的有氧運動，你的肌肉和骨骼還是會隨著年齡而耗損。根據美國塔夫斯大學（Tufts University）針對五十到七十歲女性所做的一項研究顯示，接受一年的肌力訓練可以為髖部和脊椎增加一％的骨質密度，缺乏運動則會流失二．五％。如果你沒有做過阻力訓練，一開始最好先請個教練或尋求某方面的指導——正確的姿勢對運動傷害的防範相當重要。與彈跳相關的運動也能幫助強化你的骨骼，例如網球、跳舞、有氧課、跳繩、籃球，當然還有跑步。

● **平衡與柔軟度訓練：每週做這類運動兩次，每次大約三十分鐘**。瑜伽、彼拉提斯、太極拳、武術和跳舞，全都會用到這些技巧，因此對維持身體的靈活相當重要，如果缺乏平衡感與柔軟度，你將失去持續從事有氧運動和肌力訓練的能力。除了身體上的活動，你也可以利用健身球、平衡板或Bosu球（一種可以讓你站上去鍛鍊核心肌肉的半圓橡皮球）做練習。還記得那位熱愛滑雪的八旬老翁哈洛德嗎？他就是用Bosu球為最近一次滑雪做行前訓練的。

心智運動：不斷學習

我的建議是，不斷挑戰你的大腦。現在你已經知道運動可以促進腦神經元的連結，心智刺激則能將它們派上用場，難怪一篇又一篇的研究顯示，你所受的教育愈高，愈可能保存你的認知能力和預防失智症的發生。但它不見得等同於學歷，只是花大量時間在求學的人，比較有可能持續對學習新事物感興趣。在這些統計數字中，有不少是沒上過大學卻對周遭世界充滿濃厚興趣的人，而最令人得到啟發的例子，就是由美國約翰霍普金斯大學（Johns Hopkins University）流行病學家主導的一項名為「經驗志工團」（Experience Corps）的都會區健康研究計畫。研究人員徵召了一百二十八位六十到八十六歲以非裔女性居多，教育程度、社經地位都不高的志工，訓練他們教授小學生閱讀和圖書館使用等技巧。結果發現，不但孩子們的考試成績進步了，那些志工的健康狀況也獲得實質的改善：半數的女性不再依賴枴杖；四四％的人感覺自己變強壯了；他們花在看電視上的時間減少了四％，也發現自己有能力可以幫助更多的人。

志工服務對健康有益，因為牽涉到人際接觸，而那原本就是對大腦的一項挑戰。任何需要持續與他人接觸的事物都能讓你活得更久、活得更好。統計結果顯示，社交活動和死亡率之間有緊密的負相關。**新奇經驗會對大腦產生更多需求，從而建立自我彌補能力，你會獲得更多神奇肥料、更多神經連結、更多神經元和更多的可能性。**

一九九〇年代中期，有位貝納黛修女（Sister Bernadette）因心臟病去世，享年八十五歲。死後，她跟其他超過六百位修女一樣，陸陸續續地把自己的大腦捐出來，供流行病學家大衛．斯諾登（David Snowdon）進行長期研究之用，而斯諾登也在他所寫的《在恩寵中變老》（*Aging with Grace*）一書裡，為文紀念明尼蘇達州曼卡托市（Mankato）聖母院修女學校（School Sisters of Notre Dame）的修女們。這些修女生前經常用字彙測驗、動腦遊戲和公共議題的辯論挑戰自己的大腦，而且很多都是百歲人瑞。貝納黛修女最令人感興趣的地方是，她直到死前都高居認知測驗成績裡的第九十百分位，但根據解剖結果顯示，她的大腦已經遭到阿茲海默症的大規模損害，從海馬回到皮質區的組織全都布滿斑塊與神經纖維糾結，而且已經到最嚴重的程度了，她本身也帶有Apo-E4變異基因。換句話說，她早就應該成為失智老人才對，但除了大腦組織受損，她的思考還是相當敏銳。

斯諾登把「認知儲備」（cognitive reserve）的觀點當成可能的解釋之一，那是一種大腦會徵召其他區域協助完成任務，藉以適應與補救損害的能力。由於直到晚年還在教書，而且始終維持活躍的心智，貝納黛修女幾乎毫無疑問地訓練她的大腦適應了與生俱來的基因問題。她的例子，跟我母親一樣，都是值得效法的典範。

10 訓練計畫
塑造你的大腦

我一直在鼓吹有氧運動對大腦的驚人影響，目的是希望如果你能知道你的身體在跑步時究竟發生了什麼事，你會每天更自動自發地繫上慢跑鞋，或者去游個泳、蹬上單車，做任何能讓你通體順暢、汗水淋漓的運動。簡單說，我就是要讓你迷上運動。

我在本書試圖提出的觀點：**運動是唯一能讓你大腦達到最佳化的有力工具**，是以我蒐集到的千百篇研究報告做為根據，這些大都是近十年才發表的研究報告，我們對大腦運作的認識，絕對是在這段短時間裡突然有了爆炸性的發展。對任何有興趣研究人類狀況的人來說，這都是令人興奮無比的時刻。對我個人而言，為本書進行研究不僅讓我對運動的好處產生加倍的興趣，也讓我用嚴謹的科學證據取代了純粹的直覺判斷。

為了說明這個領域有多新，我要重提神經新生的故事，也就是那個一度被視為異端，認為大腦終其一生都會長出新神經細胞的理論。「十年前，人們根本不相信會發生這種事。」神經科學家史考特．史莫說。二〇〇七年，就在他美國哥倫比亞大學的實驗室裡，研究人員首次在活的人腦裡親眼目睹了神經新生的跡象。「五年前人們會說，沒錯，它或許會發生，但那代表什麼？現在，幾乎每個星期都會有一篇新的研究報告發表，顯示神經新生會對大腦產生某種影響。」

在史莫的研究裡，他讓一組志願者接受三個月的運動訓練，然後拍攝他們的大腦影像。藉由操控核磁共振掃描的標準程序（基本上就是把鏡頭拉近，增加曝光時間），他捕捉到新生微血管的影像，而那些新生微血管正是初生神經元存活的必備要件。史莫發現海馬回記憶區裡的微血管數量增加了三〇%，那真是驚人的變化；但這裡真正的創舉，或許是不用切開大腦就能描繪神經新生現象的能力，而這也讓研究焦點開始從實驗室老鼠轉移到人類身上。這項新科技應該足以讓科學家試驗任何變數對神經新生會造成什麼影響，例如至少要做多少的運動才夠。「是每週一小時嗎？是每天早上做嗎？還是只有殘酷的馬拉松長跑才能產生最佳的神經新生效果？」史莫問道。「我們並不知道，沒有人知道答案，但靠著這種能間接測量神經新生的工具，我們確實能讓某項運動訓練計畫達到最佳效果。」

他的意思是，多年以後。至於現在，他和他的同僚基本上是將運動視為肯定能夠促成細胞新生的一項誘因，那是他們用來觀察另一個過程的工具，而他們大多數還抽不出時間來研究運動本身的奧祕。

體能愈好，大腦愈有復原力

就像我前面提到的許多其他例子，這個故事再次證明運動的正面效果，不管是增加神經傳導物質和神經滋養因子，還是從肌肉中釋放生長因子以便製造新的腦微血管並促進突觸的可塑性。一九七〇年代初利用電子顯微鏡發現運動能讓神經元冒出新樹突的神經科學家威廉．格林諾，也會告訴你有氧運動毫無疑問對你的大腦有益，而且他十分相信將複雜的肢體運動（例如有氧舞蹈或武術）納入你的運動習慣中是很重要的事，但他那時還無法提供具體的建議。

不過沒關係，我們不必完全仰賴神經科學家說服自己付諸行動。首先，我們可以從他們的研究得出一些結論；其次，很多領域的專家也提出了深具啟發性的證據，例如一篇又一篇包括運動學到老人學在內的研究報告，即顯示體適能水準愈高，你的大腦就運作得愈好。查爾斯．希爾曼證實了體能佳的學童在大腦執行功能的認知測試項目上，表現得比體能差的更好；亞瑟．克拉馬發現保持身材能增加老年人的腦容量；一些包含上萬名各年齡層人士所做的調查也顯示，較佳的體適能跟正面情緒、焦慮及壓力的減輕有直接的關係。

在被問到究竟要做多少運動才對大腦有益時，我會告訴他們最好的建議就是不斷地鍛鍊體能並挑戰自我。儘管進行方式因人而異，但**不斷有研究顯示，體能愈好，你的大腦愈有復原力，在認知和心理功能方面也會運作得愈好。如果你的身材維持得好，你的大腦也會跟著受益。**

但這是不是代表你必須變得跟內衣模特兒一樣，才能享受運動對大腦帶來的好處？當然不是。

事實上，很多研究報告都把走路視為運動模式，我之所以把焦點放在身材上，是因為我們都知道保持正常的身體質量指數（BMI）和強健的心血管系統，可以讓大腦達到最佳的運作。當然，任何強度的活動都對你有益，但從實際的角度看，如果你打算為你的大腦做點什麼，或許可以選擇能同時讓自己免於心臟病、糖尿病、癌症等疾病威脅的活動，既然身體和大腦相連，何不雙管齊下？

天生的跑者

在《和羚羊競速：動物在跑步和生活上能教導我們什麼》（*Racing the Antelope: What Animals Can Teach Us About Running and Life*）一書中，生物學家伯恩德．漢瑞奇（Bernd Heinrich）把人類描述成一種耐力型的掠食者，今日主宰著我們身體的基因，都是從數十萬年前演化而來的，那時我們總是處於活動狀態，無論在覓食，還是耗費好幾天的時間在大草原上追逐羚羊。漢瑞奇提到我們的老祖先即使面對羚羊這種數一數二的飛快動物，還是能夠藉由耗盡牠們的精力（不停地在後面追逐，直到牠們沒有力氣脫逃）成功獵取其性命。羚羊是短跑健將，但牠們的新陳代謝系統沒辦法讓牠們無止境地跑下去，我們卻可以，而且我們的快縮肌纖維與慢縮肌纖維的分布相當均勻，因此即使橫越了數公里遠，我們還是擁有短距離衝刺與進行獵殺的新陳代謝能力。

當然，今天我們不再需要靠狩獵維生，但我們的基因卻已內建了這種機制，我們的大腦也注定會發出這些指令，把這項機制拿掉，你就是打斷了歷經數十萬年微調的精細生物平衡。所以道理很簡單，我們只要讓這種耐力十足的新陳代謝功能派上用場，就能使身體和大腦保持在最佳狀態。那些深植在我們DNA裡的古老活動節奏，可以粗略轉換成不同強度的走路、慢跑、快跑和短跑，因此廣泛來說，**我想最好的建議就是追隨老祖先的生活習慣：每天走路或慢跑，每週快跑幾次，然後三不五時使出短距離衝刺的獵殺絕招。**

你的選擇當然不必局限於這類有氧活動，但我認為把運動區分為輕度（步行）、中度（慢跑）和激烈（快跑）會是很有幫助的做法。如果你想在時間和體力上獲得最有效的運用，你會需要一套精確的判斷標準。比方說在講到走路或輕度運動時，我指的是達到你最大心跳率五五～六五％的運動量，按照這個定義，中度運動就落在六五～七五％的範圍內，激烈運動則在七五～九〇％之間；其中有時令人痛苦、但效果總是強大的激烈運動，是近年來頗受科學家注意的研究領域。

關於運動：你該知道的事

除非你對內建有脈搏感應功能的笨重健身器材感到滿意，否則唯一能幫你精準計算運動強度的方法就是使用心跳監測器，這個裝置是替內帕維市的革命性體育計畫奠定基礎的大功臣，而且簡單到連小學生都懂得操作。心跳監測器包含一條可感應心跳的胸帶，以及一只負責接收訊號並且在螢幕上顯示每分鐘心跳數的電子錶。比方說你把激烈跑步當成訓練計畫好了，如果你的年齡是四十五歲，那麼理論上你的最大心跳率應該是一七五左右，也就是用二二〇減去年齡這個粗略公式所得出的結果；計算一下最大心跳率的七五%和九〇%，你運動強度的下限和上限即是一三一和一五八，也就是你的目標心跳率區間。你唯一要做的，就是像設定時間一樣把這些數字輸進電子錶，然後依據螢幕的指示調整你的步調，如果你的心跳率偏離了目標區間，你的錶就會發出嗶嗶聲，這是一個能讓你傾聽自己身體的準確方法。

心跳監測器不但平價、容易操作，而且是任何亟欲開發運動潛能的人不可或缺的工具，它能讓你知道你的運動量夠多，沒有超過限度，但還是回到那個老問題，究竟運動量是多少？無論是美國的疾病管制局還是美國運動醫學學會，公共衛生的建議值都是每週至少五天從事三十分鐘的中度有氧運動，但我想他們只是求個保險而已，畢竟在美國人普遍缺乏運動的情況下，這些專家都唯恐過於僵化的標準會使整個國家放棄運動。「每個人都想知道最低的運動量是多少，」杜克大學運動生理學家布萊恩．達斯查（Brian Duscha）說，他在發表一篇關於每週只要走路三小時就對心血管系統有益的研究之後，就不斷接到媒體的詢問。「我盡量避免給大家壓力，因為人們很容易放棄。」但他也向所有願意聽從建議的人強調，增加運動時間或強度，可以讓體適能大幅提升。

達斯查是心血管方面的專家，但他的說法跟本書引用的每位神經科學家的說法完全一樣：「做點運動很好，多做一點更好。」不過根據我的所見所聞，**最好是每週六天從事四十五分鐘到一小時的有氧運動，並且其中四天進行時間較長的中度運動，另外兩天進行時間較短的激烈運動。**雖然有些證據顯示，強迫身體進入有氧狀態作用的激烈運動會對思考和情緒帶來影響，但它卻明顯可以釋放體內重要的生長因子，促進大腦發展。所以在運動較激烈的那幾天，你不妨納入一些肌力或阻力訓練，但必須錯開進行；你的身體和大腦需要時間從激烈運動中復原。總之，我的建議是每週花六個小時鍛鍊你的大腦，那只不過占你清醒時間的五％而已。

我的確同意達斯查這些專家的說法，最重要的就是**做點什麼**，還有，開始行動。這聽起來似乎有些多餘，但是在鮮少活動（尤其是憂鬱症造成的）的人眼中，要踏出第一步有時真的是遙不可及。對某些人來說，這有點像陷入兩難的局面：他們沒辦法開始運動，是因為他們沒有體力；而他們沒有體力，是因為他們沒有運動。我在我一些病患身上看過這種事，這是個非常實際的問題，不光是缺乏意志力而已。至於解決之道，就是把開始行動當成一項挑戰，然後戰勝它。

目前已經有充足的證據顯示，有人陪伴會讓運動變得比較容易，無論你是跟朋友一塊跑步、加入單車隊或只是陪鄰居走走；不僅如此，有幾篇新的研究報告也指出，跟他人一起運動可以大為強化我前面提過的神經方面的益處。我常常建議那些陷入困境的病患，不妨考慮暫時聘請一位私人教練，因為這樣就不大可能隨便取消課程（無論上課當天有沒有現身，你都得付費，而錢是個頗為強大的外在誘因）。我建議你可以像排定牙醫看診日那樣把運動寫進行事曆，一陣子之後，你的大腦會自動把它納入生活作息，就像刷牙一樣。

如果你還沒有養成運動習慣，我想最好的方法就是從步行開始：多爬樓梯，少坐電梯、刻意把車停遠一點、利用午休時間到街上走一圈。有個已經推行數十年之久，名為「行一萬步」（Ten Thousand Steps）的健康計畫，就是鼓勵人們用簡單的計步器計算自己每天走多少步，讓運動自然而然成為生活的一部分。以平均一大步七十公分計算，一萬步就有七公里遠，這是個可以保持身材又不用刻意抽出太多時間的聰明方法，而且真的有效。如同量體重或者用心跳監測器設定努力目標一樣，計算自己走多少步可以讓你變得更為專注、更有動機，尤其當你了解自己的身體和大腦在不同的運動強度下會得到什麼改變之後。

步行，養成運動的習慣

健身這件事全都跟打造你的有氧基礎有關，你愈鍛鍊你的心肺功能，它們就會愈有效率地把氧氣輸送進你的身體和大腦。當血流變大，製造血清素、腦衍生神經滋養因子（BDNF）等其他營養成分的化學連鎖反應也會跟著增加。

如果你開始以最大心跳率的五五～六五%每天步行一小時，你會自然而然拉長那段時間的步行距離，逐漸達到保持身材的目的。**在這種運動強度之下，你的身體會開始燃燒脂肪，加快新陳代謝的速率，人的身體一旦囤積過多的脂肪，肌肉會對胰島素產生阻抗性，於是更加重脂肪的囤積，也妨礙了第一型類胰島素生長因子（IGF-1）的分泌。**一篇由美國密西根大學於二〇〇七年發表的研究報告就指出，一節有氧運動課程就能在隔天完全逆轉胰島素的阻抗，研究人員比較了該節運動前後的肌肉切片，也觀察到肌肉在運動之後會製造出脂肪合成所需的蛋白質。雖然他們不知道這個效果能維持多久，但這項發現印證了即使是少量的運動，都能迸發正面的骨牌效應。

當你對身體提出要求，你的肌肉感覺到需要更多能量，所有的好事就會發生。除了上述的部分，可燃燒脂肪的輕度運動還能促進血液中**色胺酸**的釋放，而色胺酸正是製造血清素並幫助穩定情緒的必要成分。這種強度的運動也能改變**正腎上腺素**和**多巴胺**的分泌，當你把它套進漢瑞奇的耐力型掠食者這個革命性觀點中，一切就很合邏輯了：我們的老祖先在追蹤獵物時，需要有耐心、專注力、樂觀態度和動機感才能達成任務，而這些特質全都會受血清素、多巴胺和正腎上腺素的影響。

步行會讓你對周遭的世界更有投入感，不用多久，你就會更想往外跑。醫師用來測量病患體適能水準的一個簡單方法，就是看看他們在六分鐘之內能走多遠，但是阿拉巴馬大學醫學院（University of Alabama School of Medicine）的研究人員發現，受試者進步得實在太快了，因此要得到準確讀數的最好方法，就是讓他們先試走兩次；也就是說，你或許會很驚喜自己那麼快就能靠運動得到改善。

當你能以微喘的步調走上一小時，就可以開始加入中度運動。一旦啟用這個方法挑戰自己，無論在運動還是生活的各個層面上，你都會變得更有能力：活力體力會提升，負面心態減少，而且會發展出更強的自我掌控感；最重要的是，如果處於活躍狀態，你就不會老是坐在家裡，變得孤單而毫無生氣。

慢跑，釋放多種因子讓大腦強壯

當你開始從事中度運動，也就是達到你最大心跳率的六五～七五%時，你的身體不僅會消耗脂肪，也會開始消耗葡萄糖，而肌肉組織也會因為承受較大壓力而產生細微撕裂（microtears）。你身體和大腦細胞全處於受損與修復狀態，但新陳代謝的需求會逐漸激化這個反應，你的身體知道它需要一個更強大的供氧系統，所以肌肉會釋放**血管內皮生長因子**（VEGF）**和纖維母細胞生長因子**（FGF-2），讓它們進行細胞分裂，製造出更多的血管組織——也就是史考特．史莫用核磁共振儀拍攝到的新生微血管。在培養皿中，研究人員發現到VEGF和FGF-2暴露不到兩小時就會啟動製造新生血管的細胞，在大腦內部，這兩種生長因子除了能建造更多血管，還能促進細胞連結與神經新生。

受到較激烈運動的影響，你的腦細胞會開始釋放出**蛋白質**和**酵素**，以清除自由基、DNA碎屑和會導致細胞斷裂的發炎因子等新陳代謝的廢物。愈來愈多的研究顯示，服用抗氧化物的錠劑可能沒什麼效果（甚至可能有害）。但大多數人並不曉得，有氧運動其實會幫助細胞自行製造**抗氧化物**，不僅如此，假設給予一段適當的復原期，運動引起的修復反應會讓神經元變得更強壯。

中度運動還能釋放腎上腺素到血液中，啟動人體的下視丘—腦下垂體—腎上腺軸（HPA軸），應付我在第三章提到的會讓身體處於高度警戒狀態、讓皮質醇充滿大腦的「戰或逃反應」。從事中度運動時，皮質醇會誘發負責記錄生死關頭的細胞機制，但如果皮質醇的濃度一直居高不下，就會對神經細胞造成傷害。BDNF是神經元最佳的防禦者，藉由從事溫和運動增加這種化學物質的含量，你就在強化大腦迴路並調節HPA軸，讓它不會那麼容易被未來的壓力事件所誘發。同樣的，你的免疫系統也會增強，更能面對外來的侵襲，抵抗小自感冒大至癌症的各種疾病。

另一個與之相關的是隨著心肌強烈跳動而分泌出來的**心房利鈉胜肽**（ANP），它會循著血流輸送到大腦，進而調節壓力反應，減少大腦內的噪音。它也是一系列可紓解情緒壓力與焦慮感的化學物質中較為強效的一種，除了可減輕痛楚感的腦內啡和內生性大麻素，它的增加也能幫助我們解釋為何人們在做完中度有氧運動之後常會感到放鬆和鎮靜。當你談到運動減壓，這些就是從中發揮作用的元素。

在這個強度下，你的身體會對細胞進行破壞與建設的工作，讓它們變得比以前更強壯。因此擁有一段復原時間很重要的，這樣你的身體和大腦才有機會恢復正常。

快跑，大幅提升青春之泉HGH濃度

當你從事激烈運動，也就是達到最大心跳率的七五～九〇%時，你的身體會進入一種血脈賁張的緊急狀態，並且產生適當的強大反應。就在這個範圍內（通常是偏於激烈的那一端），你的新陳代謝會從有氧模式轉換到無氧模式，導致肌肉進入缺氧狀態，因為它們無法從血液中吸收到足夠的氧氣。氧氣是有效燃燒肝醣的必要元素，沒有它，你的肌肉就會燃燒直接儲存在肌肉裡的肌酸與肝醣，形成不斷堆積乳酸（亦即你大腿與胸口灼痛感的來源）的混亂機制。所謂的「無氧閾值」（anaerobic threshold）會因個人的不同而出現在不同的運動強度，從事激烈運動時，你會想要閃躲那種大腿灼痛感（在熱身之後），以剛好低於無氧閾值的強度跑完全程。雖然生理學家還不能明確說出你的身體會在到達哪個神奇的心跳率時，從有氧代謝模式進入無氧代謝模式，但一項由美國愛荷華州立大學（Iowa State University）運動學家潘特雷蒙・艾克卡基斯（Panteleimon Ekkekakis）所做的研究指出，最可靠的代謝轉換指標是當受試者反映說他們的運動狀態變得「有點吃力」時，這聽起來似乎很模糊，但艾克卡基斯卻發現這跟代謝轉換有極為一致的關聯。另一種判斷的標準是，雖然以剛好低於無氧閾值的激烈程度做運動會感到「有點吃力」，但也不應該會吃力到讓你半小時到一小時都無法保持相同速度的地步。

如果想透過間歇訓練給自己真正的挑戰，你可以在激烈運動進行到一半時，以超過無氧閾值的強度練習短距離衝刺。

中度運動和激烈運動最大的差別之一，就在於當你接近最大心跳率，尤其是進入無氧代謝模式時，腦下垂體會釋放出人類生長激素（human growth hormone, HGH），也就是追求長生不老的延壽團體所謂的「青春之泉」。HGH會隨著年齡增加自然地減少分泌，所以在中年之前，它們就只會剩下童年期的十分之一，男性和女性都一樣，而缺乏活動的生活模式將使這種現象更加惡化：血液中大量的皮質醇、胰島素阻抗和過剩脂肪酸，更會妨礙人類生長激素的釋放。

HGH是燃燒腹部脂肪、堆砌肌肉纖維和擴充腦容量的塑體大師，研究人員相信，它可以幫助我們逆轉隨年齡自然產生的腦容量耗損。運動員如奧運短跑選手或足球選手在做間歇訓練時，基本上就是藉由自然的方法衝高HGH含量，以徵召更多的快縮肌纖維，增加爆發力。不止如此，它也能提升整體的新陳代謝，讓身體可以在間歇訓練過後，擁有更多燃燒脂肪和碳水化合物的能力。

通常HGH只會在血液中暫存幾分鐘，但如果進行一連串的短跑衝刺，就能提高它的含量長達四小時之久。在大腦內部，HGH可以平衡神經傳導物質的濃度，促進我先前提過的所有生長因子的分泌，但它似乎特別能影響**第一型類胰島素生長因子**，也就是與活動、能量與學習密切相關的革命性關鍵物質，它能進入細胞核，啟動可刺激神經生長機制的基因。

在心理層面上，套句我在第三章提到的精神科醫師及馬拉松好手同時也是我同事羅伯特．派爾斯的話，這是你「面對自我」的時刻。藉由超越自己，承受壓力並忍受一、兩分鐘的痛苦，你會昇華到更高的境界，感覺自己可以克服一切挑戰。如果你曾經有過「跑者愉悅感」的經驗，那應該是你幾乎用盡全力所得到的結果，這種欣快感很可能是大量的**腦內啡、ANP、內生性大麻素與神經傳導物質**共同透過激烈運動釋放出來，在你體內各處流動所引發的感覺。這是大腦屏除一切障礙，讓你可以克服痛苦、達成目的的高明手法。

激烈運動可以在生理和心理上讓你變得更加堅強，這正是為什麼我們會去登山、報名體能魔鬼營和參加野外冒險之旅。但你不需要走到如此極端的地步才能得到我所提過的種種好處，一項由英國巴斯大學（University of Bath）所做的研究發現，**只要在運動訓練中（例如踩健身車時）加入三十秒的短跑衝刺，就可以讓HGH的濃度增為六倍，並且持續兩小時之久。**

德國敏斯特大學（University of Münster）的神經科學家在一篇研究報告中，指出間歇訓練有助於提升學習能力。研究人員讓志願者在跑步機上跑步四十分鐘，並在中途進行兩次三分鐘的短跑衝刺（以兩分鐘輕度運動區隔開），結果跟單純進行輕度運動的受試者比較之後，他們發現短跑衝刺組的BDNF和正腎上腺素含量都有明顯的增加。在跑步結束後立即進行的認知測試裡，短跑衝刺組的字彙學習速度也快了二〇％。所以，即使是短暫的超越自我極限，都能對你的大腦產生深遠的效果。

雖然這一切聽起來很棒，但間歇訓練並不是你馬上從沙發上跳起來就可以做的事，你需要具備扎實的有氧基礎，而且要先詢問過你的醫師才行。讓你的心臟突然承受這種負荷並非明智之舉，取決於你目前的體型，我會建議你至少每週進行六天的有氧運動，並持續六個月後，再開始加入間歇訓練，同樣的，你得先詢問專業醫師的意見。

非有氧運動，讓大腦重拾年輕活力

我一直沒有在這方面著墨太多，因為坦白來說，目前關於非有氧運動對大腦的學習、情緒、焦慮、注意力及其他部分有何影響的研究實在少之又少，畢竟要老鼠練舉重或瑜伽是不太可能的事，因此科學家只能以人體為研究對象。但這也表示他們無法在實驗結束後進行大腦切片分析，而必須仰賴血液樣本和行為測試，如此一來，便會留下更大的解釋空間，也導致我們在非有氧運動研究上得到的證據，不如有氧運動來得有力。

儘管如此，肌力訓練在塑造肌肉和保護關節上還是有明顯的重要性，而且瑜伽、太極拳這類運動可以提升平衡感與柔軟度——這些都是讓你直到老年都能保持活動力的元素。最近有一項針對老年人所做的研究發現，**每週練習舉重兩次並持續六個月，不但可以讓人變得更強壯，還能實際從基因層面逆轉老化現象，那些負責製造大腦生長因子（如VEGF、FGF-2、IGF-1）的基因，都表現得像是三十歲一樣，完全不像是六十五歲。**

大多數跟阻力訓練相關的大腦研究，已經把注意焦點從學習和記憶問題擴展到情緒與焦慮問題上。在一項十年前由波士頓大學（Boston University）所做的研究裡，研究人員讓一組老人接受為期十二週的肌力訓練計畫（每週三次），並且測量他們心理及認知功能方面的表現，結果發現，那些老人的肌力增強了四〇％，焦慮感獲得減輕，情緒和自信心也得到提升，但思考力並沒有明顯的變化。大約在同一時間，由瑞士伯恩大學（University of Bern）心理學院所做的一項研究，也測試了為期八週的肌力訓練效果，他們發現，每週在做完十分鐘熱身運動後進行一次重量訓練，連續八週，可以增強心理上的幸福感，記憶力也會有些微的提升，而且根據後續實驗，無論後來進行的是哪種強度的運動，這些效果可以維持一年之久。但由於存在太多變數，研究人員無法論定肌力訓練對記憶具有可以量化的效果。

在這項研究裡，肌力訓練的強度似乎對結果具有影響性，因為強度適中的重量訓練比重度訓練更能發揮正面效果，至少對一小群年長女性來說是如此。其他研究報告也顯示，激烈的肌力訓練事實上會增強焦慮感，男女皆然，而這裡所謂的激烈訓練，是指舉起最大極限八五％的重量，但很多研究尚未明確界定這個關鍵的變數。一項多年前發表於《美國運動醫學期刊》（*The American Journal of Sports Medicine*）的研究顯示，結合三十分鐘重量訓練與三十分鐘健身車訓練的交叉訓練，有助改善焦慮，但受限於實驗的設計方式，我們無法從結果得知其原因。順帶一提，幾乎所有針對這個題目所做的研究都以年長者為對象，那是因為他們的肌肉正在自然地減損，所以容易顯現效果。

肌力訓練會明顯影響的生長因子之一是HGH，最近有項研究檢視了重量訓練和有氧運動對運動員體內荷爾蒙濃度的影響，結果發現，跟激烈跑步相比，**蹲舉可以讓HGH濃度增為兩倍，並且持續三十分鐘之久**，我想這點將會成為重要的運動參考依據。

至於探討韻律、平衡和技巧運動對大腦有何影響的研究，更是寥寥可數。有一小部分研究顯示，瑜伽呼吸可以紓解壓力和焦慮感，太極拳也具有減緩交感神經系統活動（從心跳和血壓來判斷）的作用。最近有項研究針對八位瑜伽修習者進行核磁共振掃描，結果發現，受試者做完一節六十分鐘的瑜伽練習後，神經傳導物質γ胺基丁酸（GABA）的濃度上升了二七%。GABA是「贊安諾」等抗焦慮藥物鎖定的標的物，與焦慮有相當密切的關係，因此這或許是瑜伽之所以能幫助某些人放鬆的原因之一。目前關於這方面的研究，大多數還停留在觀察性的敘述階段，但我相信隨著神經科學家不斷深入大腦進行探索，他們將會拼湊出更完整的圖像。

持之以恆，強化自我

根據統計，實行全新運動計畫的人，大約有二分之一會在半年到一年內打退堂鼓。不難想像，最大的原因之一是他們一開始就運動得很激烈，導致自己在生理上和情緒上出現不適，最後乾脆喊停。運動學家艾克卡基斯長期以來一直研究運動強度與運動不適之間的關係，雖然每個人從有氧代謝模式轉換到無氧代謝模式的感受會有所出入，但他發現，幾乎所有人一旦跨過那條線，都會在心理測驗上呈現出負面結果，自我評斷的疲勞指數也會偏高，那是因為大腦正在發出警報。所以重點是，**如果你連輕度運動都感覺應付不來，請別在運動計畫進行之初貿然採行間歇訓練**（再強調一次，**讓自己做點什麼才是最重要的**）。

還有，別因為你不愛運動而感到沮喪，那可能是天生的。二〇〇六年，一群歐洲研究者比較了一三、六七〇對同卵雙胞胎和二三、三七五對異卵雙胞胎的運動程度，結果發現，影響一對雙胞胎是否具有運動傾向的變數，有六〇%可以用基因解釋；其他研究也指出，基因變異對你是否樂在運動、是否能持之以恆、甚至是否能注意到自己的情緒正在好轉，都具有影響力。在許多基因裡，研究人員已經鎖定一個跟多巴胺這個報償與動機神經傳導物質有關的基因，以及另一個可以控制BDNF表現的基因。帶有多巴胺變異基因的人，可能會患有報償不足症候群，奪走他們想像中健身房裡每個人都在經歷的那份欣快感；而如果你的BDNF訊號處於關閉狀態，運動的情緒改善機制就可能變差。我提供這項資訊不是為了讓你找藉口，而是要提醒你——我們每個人都可以藉由採取行動，重新配置大腦迴路，雖然沒辦法像我們孩提時代那樣容易，但是有可能辦到的。

運動可以立即提升多巴胺的濃度，如果保持規律的習慣，你大腦動機中心裡的細胞還會分出新的多巴胺受體，讓你變得更積極。運動能幫助你獲得新的神經通路，或者把荒廢生鏽的線路換新，而且只需花你幾個星期就可以成為習慣。運動可以是一種自我強化行為，幫助你戰勝自己的基因。事實上，你的基因只是一個極為複雜的方程式中的一部分而已，很多變數仍然在你的掌握之中。

這就跟BDNF的道理一樣：你或許需要花點時間越過那道養成習慣的門檻，享受運動的樂趣；但只要你辦到了，你的大腦製造「神奇肥料」的效率就會愈來愈高。負責主持美國加州大學爾灣分校大腦老化與失智研究中心的神經科學家卡爾・卡特曼發現，海馬回擁有他所謂可以製造BDNF的「分子記憶」（molecular memory），在為期三個月的實驗裡，他測量了運動頻率不同（每天跑轉輪對每隔一天跑轉輪）的實驗室老鼠的BDNF含量，並且觀察停止運動數週對牠們所產生的影響。他之所以做這個研究，是因為他觀察到雖然多數的實驗室研究都採用每日運動的模式，「但在現實世界裡，人們的運動模式通常沒那麼固定，也很少真的做到每天運動的程度。」

卡特曼最後得出幾項有力的結論。首先，**每日運動比隔日運動更能快速刺激BDNF的分泌——經過兩週後，兩者的BDNF增加量分別是一五〇%以及一二四%**，但令人好奇的是，隔日運動組在一個月後就趕上了每日運動組。其次，一旦都停止運動，兩組老鼠的BDNF含量只要兩個星期就會退回到基線水準。最有意思的發現是，如果讓牠們再度自由使用轉輪，BDNF含量在短短兩天內就會回升（每日運動組是一三七%，隔日運動組是一二九%）。這就是卡特曼所謂的分子記憶：如果你有固定運動的經驗，你的海馬回很快就可以重拾反應。

因此卡特曼推論，雖然每天運動是最佳的做法，但間歇性運動也能產生不可思議的效果。我認為人們需要體認到，運動並不是個全贏或全輸的選擇，如果你有幾天或甚至一、兩個星期沒做運動，請想像在你重新開始運動的隔天，就會有大量的BDNF從你的海馬回釋放出來。

人多力量大：結合心智活動與肢體鍛鍊

要讓自己動起來，最佳方式之一就是加入某個團體，在社交互動的刺激下，你的神經元會像石破天驚那樣爆發出來——這是一個具有複雜性、挑戰性、報酬性和趣味性的過程，而且當你結合了這種心智活動跟運動效果，你就在把大腦的生長潛能發揮到極致。運動可以幫助我們堆砌學習的基石，社交互動則能進一步鞏固它。

長期研究經驗和環境因素如何改變大腦的神經新生領域先驅，美國普林斯頓大學神經科學家伊莉莎白·顧爾德，就對過著孤獨生活與群體生活的動物測試了運動在各方面的效果，結果發現，社交互動對神經新生具有強大的影響。在一項實驗裡，經過十二天跑步訓練的群體生活組老鼠，其神經新生的數量明顯多於運動量相同但離群索居的老鼠。事實上，獨自跑步的老鼠的細胞增生數量就和不運動的群體生活組老鼠一樣少，而這跟壓力荷爾蒙「皮質醇」很有關係。在這篇發表於二〇〇六年《自然神經科學》（*Nature Neuroscience*）期刊的研究報告裡，顧爾德發現，雖然所有跑步者在運動時都有皮質醇上升的現象，但獨自跑步組的皮質醇在其他時候同樣還是居高不下；換句話說，在孤獨的狀態下，皮質醇的影響力會壓過神經新生，但社交上的支援可以「弱化HPA軸的反應」，讓這種壓力荷爾蒙不會干擾到大腦生長。這是否意味著一個人跑步不好？完全不是。

別忘了，運動本身就是一種會啟動HPA軸，促進皮質醇分泌的壓力源，孤獨也是，所以如果跑步再加上孤獨，累積起來的壓力就會讓皮質醇上升到阻礙神經新生的地步——這或許也是因為那些老鼠沒有被給予適當復原期的關係；雪上加霜的是，牠們原先就缺乏運動，所以一下子每天跑上幾公里，自然會對身體系統帶來巨大的壓力。

當顧爾德把跑步的天數拉長，整件事又有了完全不同的發展，她發現如果老鼠的生活條件不變，長期下來，孤獨生活組的表現會追上群體生活組，大約經過二十一天到四十八天的跑步訓練，孤獨生活組的神經新生速率就會跟群體生活組打平。據她推測，原因之一可能跟血清素有關，血清素是一種會透過社交互動增加分泌，進而促進神經新生的神經傳導物質，處於孤獨狀態和延長暴露於皮質醇的時間，都會減少血清素在海馬回裡的受體數量，所以雖然跑步會增加血清素的分泌，但如果沒有足夠的受體可以嵌入神經元裡，也發揮不了作用。

顧爾德的企圖是解開壓力、環境與運動之間的複雜關係，從這篇研究裡，我們可以歸納出幾個重點：**第一，如果你已經很久沒運動，在生活中也面臨了很多其他的壓力，那麼請別操之過急；第二，社交互動對大腦會產生巨大的影響，它不但可以防範壓力的負面效應，還能幫助運動強化大腦的生長機制，所以為了保有你的神經連結，請盡量與人接觸；第三，如果你能養成運動習慣，你的大腦系統就會進行自我調整，以便從運動中受益。**

當然，顧爾德也強調動物研究有其限制。「嚙齒類跟人類真的不一樣，」她說，「如果你讓小鼠或大鼠自由使用轉輪，牠們肯定每一隻都會去跑。但人類就很難講了，很多人買了跑步機回家後，只是擺在一旁當成掛衣架而已。」

的確，我們是天生的跑者，但我們天生也懂得享用取之不盡的時間，保留體力以應付曠日費時的獵食行動；這種一屁股坐進沙發的本能，不是近幾百年才突然從我們DNA裡跑出來的，它是我們的基因跟現代生活環境格格不入的結果，我們再也不必為了填飽肚子出遠門——覓食只需要走幾步路打開冰箱，而不是在稀樹草原上跋涉數公里遠。因此，利用有氧運動取代這種原始需求，是相當重要的事。

但也別讓自己成為一隻實驗室老鼠，你可以把跑步機留到下雨天無法跟其他人從事活動時使用。加入某個隊伍、把參加十公里公益路跑賽設成目標、跟一群朋友從事體能訓練，都可以激發動機，達到強迫自己運動的目的。前面說過內帕維市的齊恩塔斯基先生教導學生的是合作，不是競爭，但對一些成年人來說，參加隊伍可以讓他們更迷上運動，無論是三對三的城市籃球隊、成人足球隊，還是游泳隊。

或許跟你心愛的人一起健走會得到最佳的效果，或許你一直都想學跆拳道，也或許就跟內帕維中央高中的畢業生潔西．伍夫朗姆一樣，你會發現自己對攀岩這種永無止境的挑戰（必須有同伴在場）充滿熱情。潔西很幸運，身為一個高中生就有十八種不同的運動可以選擇，但你也有你幸運的地方：你可以選擇任何一種你能想像得到的運動。**運動最美妙的地方就是，當你做得愈多，你想像自己可以做的事也會愈多。**

保持彈性

努力運動固然重要，讓你的大腦保持彈性也很重要。所有的固定作息都有個問題：違反自然，這個世界總是充滿變化，所以我們很難不斷地重複做同一件事，我也不會要求你這麼做。**最好的策**

略應該是幾乎每天做點什麼，但在這個架構下保留一點彈性空間，以免適得其反，只要善加結合不同的訓練內容及嘗試新的活動，你就能持續適應並挑戰自己。我個人在運動方面的經驗，就是說明你可能會做對什麼、做錯什麼的最好例子。

我從小在美國賓州西部長大，在那個年代，這裡是專門出產美式足球明星如喬．納馬斯（Joe Namath）、麥克．迪卡（Mike Ditka）和東尼．多塞特（Tony Dorsett）的地方，我雖然也打美式足球、籃球和棒球這三大主流運動，但總是自我磨練的成分居多，很難樂在其中。後來我在網球場上發現了我的運動天賦，並且整整高中三年都跟我最好的朋友和雙打搭檔一起打球。我原本可以打進高露潔盃網球賽，但就在上大學之前，一場車禍撞斷了我的手臂和腿，兩次的手臂手術也讓我多年都無法申請入賽。從此以後，我便放棄了網球夢，也至少有十年的時間沒再做什麼運動。

我是在當住院醫師時才又重拾運動習慣的，那時全國正因比爾．羅傑斯的成功和波士頓馬拉松賽的聲名大噪而興起一股長跑熱。跑步再度燃起我對網球的渴望，於是我跟幾個同事開始打起壁球，其中也包括我的好友及工作老夥伴奈德。我們有將近二十五年的時間每週都打三次壁球，彼此切磋、勸誘和鼓勵，雖然我們個個都是大忙人，但從來不敢違背神聖的壁球之約，那真的是很神奇的事。

大約七年前，我右肩的旋轉肌腱嚴重斷裂，再也無法揮拍擊球，於是我開始靠重量訓練復健。那是我有史以來第一次固定上健身房，我每週會去三到四次，每次用Stairmaster踏步機或橢圓機做四十分鐘左右的運動，再進行每週兩次的重量訓練；之後我愈來愈上手，每天都會撥出一小時練習。儘管如此，我還是懷念過去大夥兒一塊打球的那種親密氣氛，所以奈德強迫我僱用他的私人教練賽門．薩爾茲曼（Simon Zaltzman），一位帶著濃厚俄國口音，似乎打算好好調教我一番的老拳擊教練。

於是我在重量訓練之外，也開始每週進行兩次的腹肌訓練和平衡訓練，狀況好的話就多加一次，至於其他時候，我會踏四十分鐘的橢圓機，或者用跑步機給自己一點間歇訓練。

在為本書蒐集資料的過程中，我認識到HGH的神奇之處以及短跑衝刺可以如何幫助我達成目標，於是我開始每週兩天在跑步機訓練中加入幾次短跑。讓我告訴你，那真的很痛，光是寫到這裡就讓我不禁畏縮，但真的很值得。就在練習了一個月後，我終於甩掉多年來一直減不下來的最後五公斤——我的小腹就這麼沒了。其實不是我過胖，而是我試過的每種方法，似乎都無法消除我身上的那層游泳圈。現在，在我每週兩天（絕不超過兩天）的有氧訓練裡，我只做二十分鐘的慢跑，中間穿插五次二十到三十秒的短跑衝刺，當人們想知道如何在抽不出時間的情況下做運動時，我都會告訴他們這個故事。

雖然我已經快六十歲了，但我感覺自己還很年輕，如果我可以讓亞瑟．克拉馬掃描我的大腦，我敢說它看起來一定也很年輕，因為我正在盡一切努力保持前額葉皮質區與其他相連部分的活躍發展。當然，我也有沒空的時候，但我盡量避免連續中斷兩次，如果我真的沒辦法上健身房，我會跟老婆一起用快走三十分鐘而非散步十分鐘的方式出門遛狗。對傑克和山姆這兩隻永遠活力充沛的傑克羅素㹴來說，我的忙裡偷閒正是牠們最大的福氣，雖然牠們並不知情。

11 後記

讓靈光繼續綻放

在寫這本書的過程中，我對這個國家和下一代的未來依然充滿希望。這道靈光絕對是從他們身上迸現的，而我也目睹它燃起熊熊火焰，就像發生在內帕維市的事一樣，一萬九千個孩子，只有三％過胖，而且比以前更聰明。撇開我們正肥死自己還有殺死自己大腦的事實不談，情況真的在改變，運動正重返美國人的日常生活中：二〇〇七年，佛羅里達州新州長查理．克里斯特（Charlie Crist）上任後的第一件事，就是立刻推動一項要求小學生每天至少運動三十分鐘的法案，他還找來NBA明星球員俠客歐尼爾（Shaquille O'Neal）一起大力宣傳。在密蘇里州的堪薩斯市，教育廳長也看到其中一所市內小學幾乎在一夕之間脫胎換骨，不但暴力事件減少，考試成績也提升了，因此決定把每日體育課推廣到整個學區。至於在其他州，國會議員也紛紛舉辦公聽會，期待能擊敗無情的統計數字，對抗這股缺乏運動的浪潮。

就連在醫界，我們也開始看到運動愈來愈受到重視。二〇〇七年，美國醫學學會（AMA）主席拉諾・戴維斯（Ronald M. Davis）力促所有會員詳讀一本名為《運動是良藥》（*Exercise Is Medicine*）的小冊子，以便幫助每位病患訂定合適的運動計畫。同樣的事也發生於精神病學界，二〇〇七年五月，精神病學會首度在《臨床精神病學期刊》（*Journal of Clinical Psychiatry*）提供跟運動相關的醫學繼續教育（Continuing Medical Education, CME）課程「情緒及焦慮症運動療法」，CME課程一直是醫師們掌握最新醫學訊息的重要管道，所以這個議題勢必會引起廣泛討論。每天，我們都可以看到新的研究發表，公布運動在精神疾病治療方面的實驗結果，運動生理學家紛紛成為養老村和養護中心招募的對象，私人教練在健身俱樂部也愈來愈供不應求。

我們已經從神經科學領域找到線索，也從所有見證過運動對大腦有益的人身上獲得啟發。我期望我在本書闡述的一切，都能對你產生激勵作用，讓你隨手拎起你的健身袋，而非遙控器，把時間花在運動場上，而非邊線之外。從你的基因到你的情緒，你的身體和大腦正渴望擁抱活躍的生活，你生來就是要動的。當你這麼做，你將會熱力四射。

名詞解釋

（文中的黑體字請參照名詞解釋中的條文）

A

adrenal glands 腎上腺　位於腎臟上方的小腺體，由兩部分組成，一部分製造並分泌用於啟動壓力生理反應的腎上腺素，另一部分則依照下視丘—腦下垂體—腎上腺軸傳送過來的訊息，製造並分泌應付壓力所需的腎上腺皮質荷爾蒙及類皮質荷爾蒙。請參見**下視丘—腦下垂體—腎上腺軸**。

aerobic metabolism 有氧代謝　氧氣的取得量足以燃燒食物燃料（脂肪及葡萄糖），以供肌肉細胞使用的一種長期能量轉換模式。此種代謝模式發生於低到中度激烈且持久的身體運動。

anaerobic metabolism 無氧代謝　氧氣的取得量不足以將脂肪及葡萄糖轉換成可用能量的一種能量轉換模式。當身體從事短暫而激烈的運動，肌肉的氧氣需求量超過血液循環的氧氣供給量時，肌肉就會開始無效率地消耗燃料。

anandamide 花生四烯乙醇胺（或極樂醯胺）　存在於腦部等身體部位跟大麻素受體緊密結合的一種神經傳導物質。大麻煙裡的有效成分四氫大麻酚（Tetrahydrocannabinol, THC）也具有活化這些受體的作用，當這些大麻素受體受到活化，就能協助身體及腦部產生愉悅感、緩解痛苦。

atrial natriuretic peptide 心房利鈉胜肽（ANP）　一種在心房及腦部自然產生的荷爾蒙，當心跳率增高，ANP的製造量也會跟著提升並釋放到血液裡，以便抵消或中和某些特定的壓力反應，它能穿透血腦障壁，達到舒緩壓力、焦慮及穩定情緒的目的。請參見**血腦障壁**。

B

blood-brain barrier 血腦障壁　由一層緊密接合的微血管組成的薄膜組織，可避免血液裡的某些營養成分及有害物質進入腦部。

brain-derived neurotrophic factor 腦衍生神經滋養因子（BDNF） 一種在神經細胞活躍時生成於內部的蛋白質，就像腦的神奇肥料一樣可以滋養腦細胞，使之保持正常運作及成長，它也能刺激神經元的新生。

C

cerebellum 小腦 這一小塊結構緊實的腦部組織，囊括了腦部半數的神經細胞，主要負責感覺功能及自主運動功能的連結與協調，無時無刻不在忙著計算與更新各種進進出出的資訊。過去這二十年來，科學家已經確知小腦對維持腦部諸多功能如情緒、記憶、語言、人際互動的節奏與連貫性有關，還包括能讓我們走一直線，我稱它為「節奏藍調中心」。

cortex 皮質 由灰質組成的淺薄腦部外層，厚度不過六個細胞。皮質是人類腦部最後演化出來的部分，也是從事快速計算及帶領其他腦部執行任務的區域。整個腦部的神經元都將軸突延伸連結到皮質，以便獲知各種心智活動的訊息。

cortisol 皮質醇 一種長時間作用的主要壓力荷爾蒙，能幫助我們調節能量配置，提升注意力與記憶力，讓身體和腦部進入警戒狀態，克服外來挑戰並恢復平衡。皮質醇能監控脂肪的儲存，為未來壓力做好準備，因此是我們不可或缺的生存元素。但如果濃度居高不下，就會對神經元產生毒性反應，破壞神經元之間的連結，並且瓦解肌肉及神經細胞，達到立即取得燃料的目的。

D

dopamine 多巴胺 一種能左右我們的行動力、注意力、認知力、動機、愉悅感及成癮傾向的神經傳導物質。

E

endocannabinoids 內生性大麻素 素有「大腦中的大麻」之稱的一類荷爾蒙，它們雖然能像腦內啡一樣緩解疼痛，但由於代謝速度比四氫大麻酚（THC）快很多，因此只有曇花一現的效果。

endorphins 腦內啡 一種在體內及腦部生成，可產生天然嗎啡效果的荷爾蒙。當身體和腦部承受壓力時，這種荷爾蒙就會釋放出來，阻擋痛苦的訊息，讓我們繼續熬過生理不舒適的狀態。腦內啡可以激發愉悅感、滿足感、極樂感等多種生理功能。

epinephrine 腎上腺素　又名adrenaline，既是腦部的神經傳導物質，也是腎上腺分泌的一種荷爾蒙。當人處於壓力狀態時，腎上腺素就會立刻釋放出來，以便讓神經系統做好迎接生存挑戰的準備。

F

fibroblast growth factor 纖維母細胞生長因子（FGF-2）　人體組織受壓迫時在體內及腦部生成並分泌出來的一種蛋白質。就像血管內皮生長因子（VEGF），FGF-2也能幫助製造更多的血管及其他組織，它不僅能啟動神經細胞新生所需的分裂過程，也能促進長期增益作用（LTP）與記憶的形成。請參見**長期增益作用**、**神經新生及血管內皮生長因子**。

G

gamma aminobutyric acid γ 胺基丁酸（GABA）　腦部一種主要的抑制性神經傳導物質，能抑制所有過度活躍的神經活動，尤其是大腦邊緣系統——也就是人體的情緒中樞扁桃體（amygdala）所在位置——的神經活動。許多抗焦慮藥物都把GABA受體當作標的物，因為它對焦慮、攻擊行為、癲癇及情緒不穩具有控制效果。

glutamate 麩胺酸　腦部一種主要的興奮性神經傳導物質，對細胞結合及神經可塑性（neuroplasticity）具有關鍵作用。

H

hippocampus 海馬回　腦部許多學習與記憶過程的中途站，它將所有進入腦部的刺激訊息蒐集起來，跟舊有資訊進行交叉比對，然後集結成一段記憶，送到前額葉皮質區進行處理。近年來已有證據顯示，海馬回在情緒壓力的生理反應上也占有一席之地，因為它包含相當多的皮質醇受體，也是調節「戰或逃反應」這種回饋迴路的第一步；這種跟皮質醇緊密相連的關係，也讓海馬回特別難招架壓力與老化的侵襲，並且成為腦部唯一會自製新生神經細胞的兩大區域之一。請參見**神經新生**。

HPA axis 下視丘—腦下垂體—腎上腺軸　一條從下視丘經由腦下垂體抵達腎上腺（也就是壓力反應基地）的訊息傳遞路線，對人體的能量調節及免疫系統等重要功能有極大影響。請參見**腎上腺**、**下視丘**及**腦下垂體**。

human growth hormone 人類生長激素（HGH）　一

切荷爾蒙的主宰，跟身體組織的建造有密不可分的關係，也是所有腦部及身體細胞生長發育以便邁入成年期的關鍵元素。它能控制能量的配置，也可以抵消細胞的自然老化現象。

hypothalamus 下視丘　位於腦下垂體上方的小腺體，會製造並分泌荷爾蒙，讓腦下垂體接收到訊號，進而釋放出荷爾蒙及其他因子。下視丘就像個轉輸站，會把神經化學物質從大腦攜帶過來的指令轉譯成可經由血管傳輸出的荷爾蒙訊號，下達包括性、飢餓、睡眠和攻擊行為在內的各種生理命令。請參見**腦下垂體**。

I

insulin-like growth factor I 第一型類胰島素生長因子（IGF-1）　主要由肝臟製造分泌的荷爾蒙，會跟人類生長因子（HGH）及胰島素緊密合作，刺激細胞生長並消抵細胞的自然衰敗現象。

L

long-term potentiation 長期增益作用（LTP）　一種為了學習與記憶，必須藉由腦細胞容量或潛能的強化讓訊號跨越突觸溝（synaptic gap）往外傳送的細胞機制，這對細胞結合以及溝通能力相當重要。

M

Maximum heart rate 最大心跳率　心臟在一分鐘內所能跳動的極限次數，這個數值可用來正確估算運動強度，它能透過在生理學實驗室裡進行竭力運動的方式取得，不過一般運動愛好者較常用二二〇減去自己的年齡，以取得理論上的最大值。

mitochondria 粒線體　一種存在於所有細胞核內負責生產能量的微小結構。它在有氧代謝過程中會利用氧氣把葡萄糖轉換成可用能量，當含氧量不足時，能量轉換工作就會移到粒線體外面進行，形成效率遠低於有氧代謝的無氧代謝。請參見**有氧代謝**及**無氧代謝**。

N

neurogenesis 神經新生　幹細胞藉由細胞分裂形成新生神經元的過程。一九九八年科學家證實成人的腦細胞可以再生，並且相信這種過程只局部出現於海馬回及與嗅覺相關的腦室下區（subventricular zone）這兩個腦部區域。請參見**幹細胞**。

norepinephrine 正腎上腺素　一種能提高警覺、增加注意力、引發衝動及情緒反應的神經傳導物。正腎上腺素訊息會啟動交感神經系統，讓感官變得敏銳。請參見**交感神經系統**。

P

pituitary gland 腦下垂體　位於下視丘下方、豆狀的內分泌腺體，會分泌多種荷爾蒙及因子，以控制體內的其他荷爾蒙。請參見**下視丘**。

prefrontal cortex 前額葉皮質區　大腦最前方的皮質區域。這個最後演化出來的灰質部分控管了我們之所以成為人類的特質，包括計畫、排序、默述、評估、了解能力等等，可說是大腦的執行長。不僅如此，它也是存放工作記憶之處，或者說腦部的記憶體，因此是幫助我們下決定的重點區域。請參見**皮質**。

S

serotonin 血清素　對心情好壞、焦慮感、衝動傾向、學習能力及自尊心會產生重大影響的神經傳導物質。這個素有腦部警察之稱的物質，會幫助我們制伏腦部各個區域裡過於活躍或失控的反應。

stem cells 幹細胞　可發育成健全新細胞的未分化細胞。以成人的腦部來說，它們分布在海馬的齒狀回（dentate gyrus）及腦室下區這兩個區域。當幹細胞受到纖維母細胞生長因子（FGF-2）及血管內皮生長因子（VEGF）的激勵，就會分裂形成新的神經元。請參見**纖維母細胞生長因子**、**海馬回**及**血管內皮生長因子**。

sympathetic nervous system 交感神經系統　一種靠正腎上腺素傳遞訊息以便讓腦部控管身體的廣大神經網路，它是自主神經系統的一部分，始終處於活動狀態，但面臨壓力反應時，活動力會變得格外旺盛。

synapse 突觸　兩個鄰近神經元的軸突與樹突之交接部分。在軸突相接處，電脈衝會經過轉譯，變成傳遞化學訊息的信使——也就是神經傳導物質，然後帶著指令跨過突觸溝往外傳送；在樹突相接處，神經傳導物質的信號則會變回電脈衝，讓接收到訊息的神經元開始執行任務。

V

vascular endothelial growth factor 血管內皮生長因子（VEGF）　一種重要的訊息蛋白質，當身體組織承受重擔，血流量不足以供應能量需求時就會在體內生成並分泌出來。跟纖維母細胞生長因子（FGF-2）一樣，VEGF也能發揮細胞分裂素（mitogen）的功能，通知其他細胞開始分裂出更多新生血管。近年來科學家已經認識到VEGF也會在腦部生成，並且跟鞏固記憶有關。請參見**纖維母細胞生長因子**。

VO2 max 最大攝氧量 氧氣消耗量的最大值，它是測定心肺功能的數值，也是心血管適能的重要指標，又稱為「aerobic capacity」。

國家圖書館出版品預行編目資料

運動改造大腦：活化憂鬱腦、預防失智腦 ,IQ 和 EQ 大進步的關鍵 / 約翰 . 瑞提 (John Ratey), 艾瑞克 . 海格曼作；謝維玲譯 . -- 四版 . -- 新北市：野人文化股份有限公司出版：遠足文化事業股份有限公司發行 2021.06
面； 公分 . -- (野人家；43)
譯自：Spark：the revolutionary new science of exercise and the brain
ISBN 978-986-384-512-6(平裝)

1. 運動心理 2. 運動生理學 3. 運動療法 4. 運動健康 5. 腦部

528.9014 110005983

運動改造大腦

野人文化官方網頁　野人文化讀者回函

線上讀者回函專用 QR CODE，你的寶貴意見，將是我們進步的最大動力。

野人家43

運動改造大腦

活化憂鬱腦、預防失智腦，IQ和EQ大進步的關鍵

活化大腦4.0版

作　　者　約翰・瑞提醫師、艾瑞克・海格曼
（John J. Ratey, MD, with Eric Hagerman）
譯　　者　謝維玲
審　　訂　洪　蘭

野人文化股份有限公司
社　　長　張瑩瑩
總 編 輯　蔡麗真
責任編輯　溫芳蘭、蔡麗真、陳韻竹
協力編輯　陳錦輝
專業校對　簡淑媛、魏秋綢
行銷企劃　林麗紅
封面設計　比比司設計工作室
內頁排版　洪素貞

出　　版　野人文化股份有限公司
發　　行　遠足文化事業股份有限公司（讀書共和國出版集團）
地址：231新北市新店區民權路108-2號9樓
電話：（02）2218-1417　傳真：（02）8667-1065
電子信箱：service@bookrep.com.tw
網址：www.bookrep.com.tw
郵撥帳號：19504465遠足文化事業股份有限公司
客服專線：0800-221-029
法律顧問　華洋法律事務所　蘇文生律師
印　　製　成陽印刷股份有限公司
初　　版　2009年6月
二　　版　2015年7月
三　　版　2019年7月
四　　版　2021年6月
四版4刷　2024年6月

ISBN：9789863845126（紙本書）
9789863845317（PDF）
9789863845348（EPUB）

野人文化
讀者回函卡

書 名

姓 名 □女 □男 年齡

地 址

電 話 手機

Email

□同意 □不同意 收到野人文化新書電子報

學 歷 □國中(含以下)□高中職 □大專 □研究所以上

職 業 □生產/製造 □金融/商業 □傳播/廣告 □軍警/公務員 □教育/文化 □旅遊/運輸 □醫療/保健 □仲介/服務 □學生 □自由/家管 □其他

◆你從何處知道此書？

□書店：名稱 ______ □網路：名稱 ______

□量販店：名稱 ______ □其他 ______

◆你以何種方式購買本書？

□誠品書店 □誠品網路書店 □金石堂書店 □金石堂網路書店

□博客來網路書店 □其他 ______

◆你的閱讀習慣：

□親子教養 □文學 □翻譯小說 □日文小說 □華文小說 □藝術設計

□人文社科 □自然科學 □商業理財 □宗教哲學 □心理勵志

□休閒生活（旅遊、瘦身、美容、園藝等） □手工藝／DIY □飲食／食譜

□健康養生 □兩性 □圖文書／漫畫 □其他 ______

◆你對本書的評價：（請填代號，1. 非常滿意 2. 滿意 3. 尚可 4. 待改進）

書名 ____ 封面設計 ____ 版面編排 ____ 印刷 ____ 內容 ____

整體評價 ____

◆你對本書的建議：

野人文化部落格 http://yeren.pixnet.net/blog

野人文化粉絲專頁 http://www.facebook.com/yerenpublish

廣 告 回 函
板橋郵政管理局登記證
板 橋 廣 字 第 143 號

郵資已付　免貼郵票

23141
新北市新店區民權路108-2號9樓
野人文化股份有限公司 收

野人

請沿線撕下對折寄回

野人

書號：0NFL7043